Daniela Wünsch

# Änderungsflexibilität in der kundenindividuellen Fertigung

Daniela Wünsch

# Änderungsflexibilität in der kundenindividuellen Fertigung

Südwestdeutscher Verlag für Hochschulschriften

**Impressum/Imprint (nur für Deutschland/only for Germany)**
Bibliografische Information der Deutschen Nationalbibliothek: Die Deutsche Nationalbibliothek verzeichnet diese Publikation in der Deutschen Nationalbibliografie; detaillierte bibliografische Daten sind im Internet über http://dnb.d-nb.de abrufbar.

Alle in diesem Buch genannten Marken und Produktnamen unterliegen warenzeichen-, marken- oder patentrechtlichem Schutz bzw. sind Warenzeichen oder eingetragene Warenzeichen der jeweiligen Inhaber. Die Wiedergabe von Marken, Produktnamen, Gebrauchsnamen, Handelsnamen, Warenbezeichnungen u.s.w. in diesem Werk berechtigt auch ohne besondere Kennzeichnung nicht zu der Annahme, dass solche Namen im Sinne der Warenzeichen- und Markenschutzgesetzgebung als frei zu betrachten wären und daher von jedermann benutzt werden dürften.

Coverbild: www.ingimage.com

Verlag: Südwestdeutscher Verlag für Hochschulschriften GmbH & Co. KG
Heinrich-Böcking-Str. 6-8, 66121 Saarbrücken, Deutschland
Telefon +49 681 37 20 271-1, Telefax +49 681 37 20 271-0
Email: info@svh-verlag.de

Zugl.: Dresden, TU Dresden, Diss., 2010

Herstellung in Deutschland (siehe letzte Seite)
**ISBN: 978-3-8381-3160-3**

**Imprint (only for USA, GB)**
Bibliographic information published by the Deutsche Nationalbibliothek: The Deutsche Nationalbibliothek lists this publication in the Deutsche Nationalbibliografie; detailed bibliographic data are available in the Internet at http://dnb.d-nb.de.

Any brand names and product names mentioned in this book are subject to trademark, brand or patent protection and are trademarks or registered trademarks of their respective holders. The use of brand names, product names, common names, trade names, product descriptions etc. even without a particular marking in this works is in no way to be construed to mean that such names may be regarded as unrestricted in respect of trademark and brand protection legislation and could thus be used by anyone.

Cover image: www.ingimage.com

Publisher: Südwestdeutscher Verlag für Hochschulschriften GmbH & Co. KG
Heinrich-Böcking-Str. 6-8, 66121 Saarbrücken, Germany
Phone +49 681 37 20 271-1, Fax +49 681 37 20 271-0
Email: info@svh-verlag.de

Printed in the U.S.A.
Printed in the U.K. by (see last page)
**ISBN: 978-3-8381-3160-3**

Copyright © 2012 by the author and Südwestdeutscher Verlag für Hochschulschriften GmbH & Co. KG and licensors
All rights reserved. Saarbrücken 2012

# ÄNDERUNGSFLEXIBILITÄT IN DER KUNDENINDIVIDUELLEN FERTIGUNG

Dissertation
zur Erlangung des akademischen Grades
Dr. rer. pol.

vorgelegt an der
Fakultät Wirtschaftswissenschaften
der Technischen Universität Dresden

von
Dipl.-Wirt.-Inf. Daniela Wünsch
geboren am 28.09.1978 in Dresden

Betreuender Hochschullehrer:
Prof. Dr. rer. oec. habil. Dr. h.c. Wolfgang Uhr

Gutachter:
Prof. Dr. rer. oec. habil. Dr. h.c. Wolfgang Uhr
Prof. Dr. rer. pol. habil. Susanne Strahringer

Tag der Abgabe: 23. August 2010
Tag der Verteidigung: 7. Dezember 2010

Dresden 2010

# Danksagung

Diese Arbeit ist während meiner Tätigkeit bei SAP Research Dresden in Kooperation mit dem Lehrstuhl für Wirtschaftsinformatik, insbesondere Informationssysteme in Industrie und Handel der TU Dresden, entstanden. Ich danke besonders Herrn Prof. Dr. rer. oec. habil. Dr. h.c. Wolfgang Uhr für die Begleitung dieser Arbeit sowie für die zahlreichen Anregungen und konstruktiven Diskussionen. Ebenso gilt mein Dank Frau Prof Dr. rer. pol. habil. Susanne Strahringer für die hilfreichen Hinweise und ihre Bereitschaft als Zweitgutachterin zu fungieren.

Weiterhin möchte ich all meinen Kollegen von SAP Research Dresden danken, die mir während der Bearbeitung meines Themas stets ein kollegiales und freundschaftliches Arbeitsklima boten. Besonderer Dank gilt Dr. Jochen Rode, der mich während des gesamten Zeitraums betreut, fachlich unterstützt und darüber hinaus immer einen motivierenden Beitrag geleistet hat.

Herzlich danken möchte ich auch meiner Familie und meinen Freunden, die mich während der Bearbeitung stets unterstützt und motiviert haben und insbesondere in der Endphase der Arbeit viel Verständnis für meinen Zeitmangel aufbrachten.

# Danksagung

# Kurzfassung

Die Anforderungen des Marktes in Bezug auf Flexibilität und Geschwindigkeit, welchen sich Produktionsunternehmen stellen müssen, nehmen immer weiter zu. Die Kunden wollen in jeder Hinsicht individuell bedient werden. Sie wollen das Produkt nach ihren Vorstellungen konfigurieren können, es in kurzer Zeit zur Verfügung gestellt bekommen und trotzdem bei Bedarf individuelle Änderungen integrieren können. Aus diesem Grund muss ein Produktionsunternehmen sowohl in der Planungs- als auch in der Ausführungsphase flexibel auf Änderungen, die vom Kunden ausgelöst werden oder durch interne Ereignisse erforderlich sind, reagieren können. Studien unter produzierenden Unternehmen haben gezeigt, dass im Fall der Notwendigkeit nachträglicher Änderungen das Produktionsplanungs- und -steuerungssystem oft nicht miteinbezogen wird, insbesondere dann, wenn die Änderungen sehr prozessnah stattfinden. Da Änderungen jedoch heutzutage keine Seltenheit mehr sind, führt dies dazu, dass die im System gehaltenen Daten häufig von dem tatsächlichen Produktionsablauf abweichen.

Eine im Rahmen der Arbeit durchgeführte Analyse führender ERP-Systeme und MES hat gezeigt, dass dieses Problem auf Systemunzulänglichkeiten zurückzuführen ist. Auf Basis der Systemuntersuchung schlägt die Arbeit deshalb ein Konzept für ein flexibles Produktionsplanungs- und -steuerungssystem vor: das PPS II-System. Dieses System soll gewährleisten, dass nachträgliche Änderungen, die durch interne oder externe Ereignisse ausgelöst werden, in die Produktionsplanung integriert werden können. Die Architektur des PPS II-Systems basiert auf der Idee, die starre Trennung zwischen den Planungs- und Steuerungssystemen der Fertigung aufzulösen. Um dies zu gewährleisten, besteht das PPS II-System aus lose gekoppelten Services, deren Zusammenwirken das Verhalten des Systems beschreibt. Die Funktionalität des PPS II-Systems orientiert sich am Konzept der prozessnahen Gestaltungsentscheidung, welches die Ausführungszeit, die zu verwendenden Materialien und die einzusetzenden Ressourcen auf Basis verschiedener Abstraktionen erst unmittelbar vor Produktionsbeginn bestimmt. Eine umfangreiche theoretische und praktische Evaluierung bestätigt, dass das PPS II-System auf diese Weise sehr flexibel auf Änderungen reagieren kann.

# Abstract

Today, production companies face big challenges, in particular with regards to flexibility and speed. Their customers want to be served individually in every respect. They want to configure the product individually and receive it as fast as possible. However, they also want to be able to integrate late changes. For this reason, a production company must be able to react to changes in the planning phase as well as in the production phase in a very flexible way. Such changes might be initiated by the customers or they might be necessary due to internal events. Surveys, which analyzed the processes of production companies, have revealed that their production planning and control systems are often not involved if late changes are necessary. This is particularly true, if the changes occur shortly before the production starts. Therefore, system data deviate from the real production procedure often already in the planning phase.

An analysis of leading ERP systems and MES carried out in this thesis has shown that the reason for the problems is the limited flexibility of these systems. On the basis of the analysis, this thesis proposes a new concept for a flexible production and control system: the PPC II system. This system should ensure that late changes triggered by internal or external events can be integrated in the production schedule. The architecture of the PPC II system is based on the idea to eliminate the separation between the planning system and the control system. To reach this goal, the system consists of loosely coupled services that are flexibly orchestrated to control production processes. The PPC II system realizes the concept of late order freeze. Process-relevant decisions for the execution time, the used materials, and the resources are made shortly before production starts. A comprehensive theoretical and practical evaluation verifies that the PPC II system is able to react flexibly to changes.

# Inhaltsverzeichnis

Danksagung ........................................................................................................................ I
Kurzfassung ...................................................................................................................... III
Abstract ............................................................................................................................ IV
Inhaltsverzeichnis .............................................................................................................. V
Formelzeichen .................................................................................................................. VII
Abkürzungen .................................................................................................................... VII
Abbildungsverzeichnis ...................................................................................................... XI
Tabellenverzeichnis ......................................................................................................... XIII
Formelverzeichnis ........................................................................................................... XIV

1 Einleitung .................................................................................................................. 1
   1.1 Motivation ........................................................................................................ 1
   1.2 Zielstellung und Forschungsfragen .................................................................. 2
   1.3 Aufbau der Arbeit ............................................................................................. 6

2 Abgrenzung und Anforderungen ............................................................................... 9
   2.1 Begriffliche Grundlagen und Abgrenzung ........................................................ 9
      2.1.1 Systembezogene Begriffswelt ................................................................ 9
      2.1.2 Produktions- und Logistikflexibilität ..................................................... 14
      2.1.3 Basissystem .......................................................................................... 22
      2.1.4 Umfang, Grenzen und Umgebung des PPS II-Systems ....................... 26
   2.2 Anforderungen an das PPS II-System ........................................................... 27
      2.2.1 Funktionale Anforderungen .................................................................. 28
      2.2.2 Technische Anforderungen .................................................................. 33
      2.2.3 Ökonomische Anforderungen .............................................................. 37

3 Analyse existierender Systeme zur Produktionsplanung und -steuerung ............. 43
   3.1 ERP-Systeme auf der Unternehmensleitebene ............................................. 43
      3.1.1 Definition .............................................................................................. 43
      3.1.2 Vorgehensweise bei der Systemanalyse ............................................. 44
      3.1.3 Ergebnisse der Systemanalyse ............................................................ 46
   3.2 MES auf der Fertigungsleitebene .................................................................. 59
      3.2.1 Definition .............................................................................................. 59
      3.2.2 Vorgehensweise bei der Systemanalyse ............................................. 60
      3.2.3 Ergebnisse der Systemanalyse ............................................................ 67

| | | |
|---|---|---|
| 3.3 | Systemübergreifende Betrachtungen | 77 |
| **4** | **Architektur und Funktionalität des PPS II-Systems** | **85** |
| 4.1 | Entwurfsgrundlagen des PPS II-Systems | 85 |
| 4.2 | Fachkonzept des PPS II-Systems: Paradigma der prozessnahen Gestaltungsentscheidung | 87 |
| 4.2.1 | Modulare Systemarchitektur zur Unterstützung der prozessnahen Gestaltungsentscheidung | 88 |
| 4.2.2 | Prozessnahe Festlegung der Arbeitsplanstruktur | 93 |
| 4.2.3 | Prozessnahe Festlegung der eingesetzten Materialien | 98 |
| 4.2.4 | Prozessnahe Festlegung der eingesetzten Ressourcen | 103 |
| 4.2.5 | Zusammenfassung des Paradigmas der prozessnahen Gestaltungsentscheidung | 115 |
| 4.3 | IT-Konzept des PPS II-Systems: Zusammenspiel von Services in einem modularen System | 118 |
| 4.3.1 | Vergleich der Architekturparadigmen | 119 |
| 4.3.2 | Serviceorientierte Architektur des PPS II-Systems | 129 |
| 4.3.3 | Modul Datenmanagement | 131 |
| 4.3.4 | Modul Produktionsvariantenplanung | 136 |
| 4.3.5 | Modul Produktionssteuerung | 142 |
| 4.3.6 | Zusammenfassung der Servicebeschreibung des PPS II-Systems | 146 |
| **5** | **Evaluierung des PPS II-Systems** | **151** |
| 5.1 | Evaluierung der Wirksamkeit | 151 |
| 5.1.1 | Evaluierung auf Basis der funktionalen Anforderungen | 151 |
| 5.1.2 | Evaluierung durch Prototyping | 174 |
| 5.2 | Evaluierung der Qualität | 189 |
| 5.2.1 | Evaluierung des Design-Prozesses | 189 |
| 5.2.2 | Evaluierung auf Basis der technischen Anforderungen | 199 |
| 5.3 | Evaluierung des Nutzens | 203 |
| 5.3.1 | Evaluierung auf Basis der ökonomischen Anforderungen | 203 |
| 5.3.2 | Gegenüberstellung von Nutzen und Kosten des PPS II-Systems | 206 |
| **6** | **Zusammenfassung und Ausblick** | **215** |
| Literatur | | 221 |
| Anlage 1: Ordnungsrahmen der Wirtschaftsinformatik als Basis für die Arbeit | | 237 |
| Anlage 2: Vordefinierte Fähigkeiten des PPS II-Systems | | 239 |
| Anlage 3: Bewertung der Input-Artefakte | | 245 |

# Formelzeichen

| | |
|---|---|
| F | Fähigkeiten |
| M | Materialtypen |
| MR | Materialregeln |
| P | Parameter |
| R | Ressourcen |
| V | Arbeitsschritte |
| VR | Reihenfolgeregeln |
| x | Variable |
| y | Variable |
| z | Variable |

# Abkürzungen

| | |
|---|---|
| AOA | Agentenorientierte Architektur |
| ANSI | American National Standard Institution |
| ATO | assemble-to-order |
| ATP | available-to-promise |
| BAPI | Business Application Programming Interface |
| BOD | Business Object Document |
| bzw. | beziehungsweise |
| B2MML | Business to Manufacturing Markup Language |
| CeBIT | Centrum für Büroautomation, Informationstechnologie und Telekommunikation |
| CEN | Comité Européen de Normalisation |
| CENELEC | Comité Européen de Normalisation Electrotechnique |
| EAI | Enterprise application integration |
| ETSI | European Telecommunications Standards Institute |
| CNC | Computerized Numerical Control |
| CIM | Computer Integrated Manufacturing |
| CRM | Customer Relationship Management |
| CTO | configure-to-order |
| DIN | Deutsches Institut für Normung |

| | |
|---|---|
| DV | Datenverarbeitung |
| EN | Europäische Norm |
| ERP | Enterprise Resource Planning |
| et al. | et alii |
| ETO | engineer-to-order |
| f | folgend |
| ff | fortfolgend |
| HTTP | Hypertext Transfer Protocol |
| IA | Input-Artefakt |
| ID | Identifier |
| IDoc | Intermediate Document |
| IEC | International Electrotechnical Commission |
| IKS | Informations- und Kommunikationssystem |
| IPA | Fraunhofer-Institut für Produktionstechnik und Automatisierung |
| IS | Information Systems |
| ISA | Instrumentation, Systems, and Automation Society |
| ISO | International Organization for Standardization |
| IT | Informationstechnik |
| MES | Manufacturing Execution System |
| MESA | Manufacturing Enterprise Solution Association |
| MRP | Material Requirements Planning |
| MRP II | Manufacturing Resource Planning |
| MTO | make-to-order |
| MTS | make-to-stock |
| OA | Output-Artefakt |
| OAGIS | Open Application Group Integration Specification |
| OMG | Object Management Group |
| OOA | Objektorientierte Architektur |
| OPC | OLE for Process Control |
| PABADIS'PROMISE | Plant Automation Based on Distributed Systems' Product Oriented Manufacturing Systems for Re-Configurable Enterprises |
| PPC | Production planning and control |
| PPS | Produktionsplanungs- und -steuerung |
| REST | Representational State Transfer |

| | |
|---|---|
| RFC | Remote Function Call |
| SCADA | Supervisory Control and Data Acquisition |
| SCM | Supply Chain Management |
| SOA | Serviceorientierte Architektur |
| SOAP | *ursprünglich: Simple Object Access Protocol, heute: eigenständiger Name* |
| SPS | Speicherprogrammierbare Steuerung |
| SQL | *ursprünglich: Structured Query Language, heute: eigenständiger Name* |
| SQuaRE | Software product Quality Requirements and Evaluation |
| SRM | Supply Relationship Management |
| TAVIAS | Tool for Assessing and Visualizing Input Artifacts' Suitability |
| TUL | Transportieren, Umschlagen, Lagern (einschließlich Kommissionieren) |
| UDDI | Universal Description, Discovery and Integration |
| UDSL | Universal Service Description Language |
| UML | Unified Modeling Language |
| VDE | Verband der Elektrotechnik, Elektronik und Informationstechnik |
| VDI | Verein Deutscher Ingenieure |
| vgl. | vergleiche |
| WBF | World Batch Forum |
| WIP | Work-in-Progress |
| WSDL | Web Service Description Language |
| W3C | World Wide Web Consortium |
| XML | Extensible Markup Language |
| z. B. | zum Beispiel |

# Abbildungsverzeichnis

Abbildung 1-1: Aufbau der Arbeit .................................................................................. 6

Abbildung 2-1: Abgrenzung des PPS II-Systems am Modell der Automatisierungspyramide 13

Abbildung 2-2: Potentielle Flexibilität als Rahmenbedingung für Änderungsflexibilität ........ 22

Abbildung 2-3: Grundmodell der Unternehmung (in Anlehnung an [Gro75, 13]) ............... 23

Abbildung 2-4: Kundenentkopplungspunkt ..................................................................... 29

Abbildung 2-5: Funktionale Anforderungen an das PPS II-System .................................... 33

Abbildung 2-6: Ökonomische Zielgrößen der Fertigungsleistung ....................................... 38

Abbildung 3-1: Ablauf der MES-Analyse (in Anlehnung an [HoK06, 253]) ........................ 60

Abbildung 3-2: Zeitlicher Ablauf der Interviews mit den MES-Anbietern ........................... 66

Abbildung 3-3: Felder des Informationsaustausches nach ISA 95 [ANS00, 40] .................. 80

Abbildung 4-1: Modularer Aufbau des PPS II-Systems .................................................... 88

Abbildung 4-2: Mögliche Verteilung der Module des PPS II-Systems ................................ 89

Abbildung 4-3: Parameter der Gestaltungsentscheidung ................................................... 91

Abbildung 4-4: Skizze der Etanorm-Pumpe (in Anlehnung an [KSB10]) ........................... 91

Abbildung 4-5: Syntax der Regeln .................................................................................. 94

Abbildung 4-6: Beschreibung des Arbeitsplans der Etanorm-Pumpe .................................. 95

Abbildung 4-7: Grafische Darstellung des Arbeitsplans der Etanorm-Pumpe (in UML-Notation) ........................................................................................... 95

Abbildung 4-8: Variantenspezifischer Arbeitsplan der Etanorm-Pumpe ............................. 97

Abbildung 4-9: Regelbasierte Stückliste für die Etanorm-Pumpe ..................................... 100

Abbildung 4-10: Zuordnung der Materialtypen zu Arbeitsschritten .................................. 101

Abbildung 4-11: Variantenspezifische Stückliste der Etanorm-Pumpe ............................. 102

Abbildung 4-12: Variantenspezifische Arbeitsschrittzuordnung des ausgeführten Arbeitsplans ....................................................................................... 103

Abbildung 4-13: Ressource-Fähigkeit-Arbeitsschritt-Beziehung (in UML-Notation) ......... 104

Abbildung 4-14: Relevante Fähigkeiten für die Pumpenherstellung .................................. 108

Abbildung 4-15: Zuordnung von Fähigkeiten zu ausgewählten Ressourcen des Pumpenwerks ..................................................................................... 109

Abbildung 4-16: Zuordnung von Fähigkeiten zu Arbeitsschritten der Pumpenherstellung ..... 110

Abbildung 4-17: Zuordnung der Fähigkeiten zum variantenspezifischen Arbeitsplan der Etanorm-Pumpe ................................................................................. 111

Abbildung 4-18: Mögliche Zuordnung der Ressourcen zum variantenspezifischen Arbeitsplan der Pumpe .................................................................. 114

Abbildung 4-19: Datenmodell des PPS II-Systems (in UML-Notation) ....................... 118

Abbildung 4-20: Zusammenarbeit in einer SOA (in Anlehnung an [TiS07, 24]) ............ 123

Abbildung 4-21: Services des Moduls Datenmanagement .......................................... 132

Abbildung 4-22: Services des Moduls Produktionsvariantenplanung ......................... 136

Abbildung 4-23: Services des Moduls Produktionssteuerung ..................................... 143

Abbildung 4-24: Servicenetz des PPS II-Systems ....................................................... 148

Abbildung 5-1: Zusammenwirkende Services bei Änderung einer Produkteigenschaft ........ 153

Abbildung 5-2: Zusammenwirkende Services bei Änderung der Menge ..................... 158

Abbildung 5-3: Zusammenwirkende Services bei Änderung des Liefertermins ........... 159

Abbildung 5-4: Zusammenwirkende Services bei Platzierung eines zusätzlichen Auftrags.. 161

Abbildung 5-5: Zusammenwirkende Services bei Stornierung eine Auftrags ............... 163

Abbildung 5-6: Zusammenwirkende Services bei der Definition alternativer Arbeitsschritte, deren Festlegung (Nummern 1-4) und der darauf basierenden Unterstützung von Änderungen (Nummern 5-7) .................. 165

Abbildung 5-7: Zusammenwirkende Services bei der Definition alternativer Ressourcen.... 168

Abbildung 5-8: Zusammenwirkende Services bei der Definition und Ausführung paralleler Arbeitsschritte (Nummern 1-4) und der darauf basierenden Unterstützung von Änderungen (Nummern 5-8) .......................................... 171

Abbildung 5-9: Zusammenwirkende Services bei Verfolgung des Echtzeitstatus ......... 173

Abbildung 5-10: Beschreibung des variantenunabhängigen Arbeitsplans des Kolbens (Produkt-ID 3855) .................................................................................. 176

Abbildung 5-11: Beschreibung der Ressourcen zur Herstellung des Kolbens .............. 177

Abbildung 5-12: Benutzerschnittstelle für Bestellungen im Prototyp .......................... 178

Abbildung 5-13: Arbeitsplanvariante 11772 .............................................................. 180

Abbildung 5-14: Arbeitsplanvariante 11773 .............................................................. 181

Abbildung 5-15: Benutzerschnittstelle zur Auftragsverfolgung und -änderung ........... 184

Abbildung 5-16: Kategorien zur Analyse der Kosten (in Anlehnung an [Bru09, 64]) ...... 212

Abbildung 5-17: Gegenüberstellung der Nutzen- und Kostenpotentiale des PPS II-Systems . 214

# Tabellenverzeichnis

| Tabelle 2-1: | Produktionsflexibilität und ihre Bedeutung für das PPS II-System ................ 19 |
| --- | --- |
| Tabelle 2-2: | TUL-Prozesse und Einflussmöglichkeiten des PPS II-Systems .................... 21 |
| Tabelle 2-3: | Technische Anforderungen an das PPS II-System......................................... 37 |
| Tabelle 2-4: | Ökonomische Anforderungen an das PPS II-System..................................... 41 |
| Tabelle 3-1: | Ausgewählte Systeme für die MES-Analyse (Stand 2008) ........................... 63 |
| Tabelle 4-1: | Richtlinien der Designwissenschaften (vgl. [HMPR04, 82ff])...................... 87 |
| Tabelle 4-2: | Varianten der Etanorm-Pumpe und verfügbare Baugrößen........................... 92 |
| Tabelle 4-3: | Prozesse zur Ermittlung der Qualität nach ISO 9000 [DIN05].................... 107 |
| Tabelle 4-4: | Eignung der Architekturparadigmen für das PPS II-System ....................... 128 |
| Tabelle 4-5: | Abbildung der MRP II-Prozesse durch das PPS II-System ......................... 148 |
| Tabelle 5-1: | Einfluss von Änderungen der individuellen Produkteigenschaften ............. 156 |
| Tabelle 5-2: | Rückgemeldete Arbeitsschritte des Arbeitsplans 11772............................... 183 |
| Tabelle 5-3: | Effizienzkriterien zur Bewertung des Nutzens des PPS II-Systems (in Anlehnung an [Fre05, 302]) ................................................................... 208 |

# Formelverzeichnis

Formel 4-1: Variantenspezifische Anpassung der Arbeitsschritte ............................................. 96

Formel 4-2: Variantenspezifische Anpassung der Regeln ......................................................... 97

# 1 Einleitung

Die Notwendigkeit, Änderungsflexibilität in der kundenindividuellen Fertigung zu unterstützen, wird durch verschiedene Aspekte motiviert (Abschnitt 1.1). Daraus leiten sich die Forschungsziele der Arbeit (Abschnitt 1.2) ab, an denen sich auch der Aufbau der Arbeit (Abschnitt 1.3) orientiert.

## 1.1 Motivation

Der Innovationsdruck auf heutige Fertigungsunternehmen ist hoch. Die Kunden möchten die Produkte nach ihren Vorstellungen konfigurieren können und erwarten gleichzeitig, diese Produkte innerhalb kürzester Zeit und in hoher Qualität bereitgestellt zu bekommen. Weiterhin sind die Fertigungsunternehmen daran interessiert, die Prozesskennzahlen wie Termintreue, Lieferzeit und Kosten ständig zu verbessern (vgl. [ARC05]; [Löd08, 19]; [Tot04]).

Um den Anforderungen bestmöglich zu begegnen, muss sich ein Unternehmen darauf konzentrieren, Flexibilität und Geschwindigkeit in der Fertigungsplanung und -steuerung zu gewährleisten (vgl. z. B. [See06]). So hat beispielsweise eine Studie von Goodhue gezeigt, dass sich Unternehmen der diesbezüglichen Anforderungen bewusst werden müssen, um erfolgreich zu agieren (vgl. z. B. [GCC+09, 81]). Dabei bedeutet Flexibilität nicht nur eine Vielzahl von Varianten anzubieten, sondern im Stande zu sein, die Fertigungsplanung an unterschiedliche interne und externe Faktoren anzupassen. Externe Faktoren für Planänderungen können beispielsweise produkt- oder lieferungsbezogene Änderungen einer Kundenbestellung oder die Verdrängung von bereits eingeplanten Aufträgen durch höher priorisierte Aufträge sein. Beispiele für unternehmensinterne Ereignisse sind Verzögerungen in der Fertigungsausführung oder unvorhergesehene Störungen wie Maschinenausfälle, Personalausfälle oder Fehlteile. Ohne eine flexible Produktionsplanung und -steuerung führen derartigen Störungen häufig zu Produktionsstillständen. Laut einer Studie des Fraunhofer IPA verbrauchen solche ungeplanten Produktionsstillstände mehr als 30% der für die Bearbeitung von Produktionsaufträgen zur Verfügung stehenden Kapazität (vgl. [MW09]). Ein Beispiel aus der Automobilindustrie zeigt, dass es nicht nur kostensparend, sondern auch gewinnbringend ist, auf Änderungen durch eine flexible Fertigungsplanung und -steuerung reagieren zu können. Im BMW-Werk in Dingolfing gehen monatlich mehr als 120.000 Änderungswünsche von Kunden an der ursprünglichen Bestellung ein, die in den meisten Fällen eine Aufwertung des Fahrzeuges um kostenpflichtige Extras bedeuten (vgl. [Fet04]). Betrachtet man weiterhin, dass bei BMW zwischen Kundenauftrag und Fertigstellung des Fahrzeuges bei freien Kapazitäten nur 3-4 Tage vergehen (vgl. [Fäh10]), muss es eine originäre Aufgabe der Fertigungsplanung und -steuerung sein, auf solche Änderungen zu reagieren.

In Fertigungsplanungs- und -steuerungssysteme realer Produktionsumgebungen ist es derzeit jedoch sehr schwer auf interne und externe Ereignisse durch eine Änderung des Produktionsplans zu reagieren. Notwendige Anpassungen werden vielmehr spontan durch den Schichtleiter auf operativer Ebene vorgenommen. Dadurch kommt es zu einer großen Diskrepanz zwischen den im System vorhandenen Daten und dem tatsächlichen Produktionsablauf. Eine Studie unter Produktionsunternehmen (vgl. [GIZ08]) und einzelne Unternehmensbefragungen (vgl. [DSA10]) haben gezeigt, dass das Planungs- und Steuerungssystem im Falle von Änderungen außen vor bleibt. Ob dies auf Unzulänglichkeiten der sich im Einsatz befindenden Systeme zurückzuführen ist, wird in der vorliegenden Arbeit ausführlich untersucht werden. Auf Basis dieser Untersuchung soll die Arbeit einen Beitrag dazu leisten, die genannten Probleme durch eine flexiblere Gestaltung des Produktionsplanungs- und -steuerungssystems zu überwinden. Dieses System soll gewährleisten, dass nachträgliche Änderungen, die durch interne oder externe Ereignisse ausgelöst werden, in die Produktionsplanung integriert werden können.

## 1.2 Zielstellung und Forschungsfragen

Das Forschungsdesign dieser Arbeit ergibt sich in Orientierung am wissenschaftlichen Ordnungsrahmen der Wirtschaftsinformatik aus der wissenschaftstheoretischen Grundpositionierung, den Forschungszielen und der Forschungsmethodik (vgl. [BHKN03, 5]; [BHW04, 3]). Auf Basis der in Anlage 1 erläuterten wissenschaftstheoretischen Grundlagen nimmt diese Arbeit eine epistemologisch rationale und realistische Position, die auf deduktivem Weg zu Erkenntnissen gelangt und bei der die Sprache dazu dient, den Forschungsgegenstand objektiv zu beschreiben, ein. Um die Erkenntnisziele und Gestaltungsziele, die im Folgenden formuliert werden, zu erreichen, wird ein inhaltlich funktionaler Auftrag verfolgt. Das bedeutet, dass zunächst das Verständnis betrieblicher Informationssysteme und ihrer Anwendungsbereiche im Vordergrund steht, um anschließend auf dieser Basis ein Gestaltungskonzept eines bestimmten Informations- und Kommunikationssystems (IKS) für eine bestimmte Branche bereitzustellen.

Die vorliegende Arbeit ist dem Forschungsfeld der Architekturen, welches einem von drei von Sinz definierten Forschungsfeldern der Wirtschaftsinformatik entspricht (vgl. [WKS+09, 226]), zuzuordnen und zielt darauf ab, ein flexibles Produktionsplanungs- und -steuerungssystem zu entwickeln, das es ermöglicht, nachträgliche Änderungen in die Produktionsplanung zu integrieren. Das Gesamtziel setzt sich aus Erkenntnis- und Gestaltungszielen zusammen. Erkenntnisziel ist es, Systeme, die sich gegenwärtig zur Produktionsplanung und -steuerung im Einsatz befinden, zu verstehen und ihre Grenzen zu erkennen. Ausgehend von dieser Situation, ist das Gestaltungsziel ein Produktionsplanungs- und -steuerungssystem zu entwerfen, welches die Grenzen bestehender Systeme überwindet und neue Möglichkeiten für die Änderungsflexibilität in der Produktion bietet.

Dieses Ziel wird auf die im Folgenden erläuterteten vier Forschungsfragen herunter gebrochen. Die Forschungsfragen zielen auf die Gestaltung, die Funktionalitäten und die Evaluierung dieses Produktionsplanungs- und -steuerungssystems ab.

*1. Welche Anforderungen werden an ein Produktionsplanungs- und -steuerungssystem gestellt, um ausführungsnahe Änderungen in der Produktionsplanung zu ermöglichen?*

Die erste Forschungsfrage konkretisiert und operationalisiert das übergeordnete Ziel Änderungsflexibilität in der Produktionsplanung zuzulassen. Als Ergebnis sollen realisierbare Anforderungen funktionaler, technischer und ökonomischer Art genannt werden, die das Produktionsplanungs- und -steuerungssystem umsetzen soll. Um die Anforderungen zu bestimmen, kommt die argumentativ-deduktive Analyse zum Einsatz (vgl. [WiH07, 282]), bei der ausgehend von auftragsbezogenen Produktionsstammdaten und allgemeinen Systemanforderungen die für das hier angestrebte Ziel geltenden Anforderungen logisch hergeleitet werden. Diese Anforderungen dienen als Grundlage für die anschließende Systemanalyse und für die Erstellung des Systemkonzeptes für ein neuen Produktionsplanungs- und -steuerungssystems.

*2. Welche Defizite weisen bestehende Produktionsplanungs- und -steuerungssysteme hinsichtlich der genannten Anforderungen auf?*

Als Ergebnis zielt diese Frage auf eine Untersuchung einer repräsentativen Auswahl der Systeme ab, die sich gegenwärtig in Unternehmen im Einsatz befinden, um die Produktion zu planen und zu steuern. Insbesondere sollen dabei Enterprise Resource Planning (ERP)-Systeme, Manufacturing Execution Systems (MES) und die Schnittstellen zwischen diesen Systemen betrachtet werden. Die Funktionalitäten von ERP-Systemen werden durch eine umfassende Dokumentenanalyse und eine spezifische Primäranalyse ermittelt und den funktionalen Anforderungen gegenüber gestellt.

Um zu prüfen, inwieweit MES den Anforderungen genügen, wird eine qualitative Querschnittsanalyse unter MES-Anbietern durchgeführt. Die Querschnittsanalyse gehört zu den empirischen Forschungsmethoden, bei der eine einmalige Erhebung über mehrere Subjekte hinweg dazu dient, durch eine qualitative Auswertung Rückschlüsse auf die Grundgesamtheit zu erhalten (vgl. [WiH07, 282]). Bei der Analyse der MES kommen die Fragebogen- und Interviewtechnik kombiniert zum Einsatz.

Um die Schnittstelle zwischen ERP-Systemen und MES zu untersuchen, wird zunächst eine Dokumentenanalyse von in Frage kommenden Standards durchgeführt, um auf Basis dessen konkrete Ausprägungen der Schnittstelle zu analysieren. Im Anschluss an die Systemanalyse folgt der Entwurf des neuen Produktionsplanungs- und -steuerungssystems.

*3. Welche Systemkomponenten müssen auf welche Art und Weise interagieren, um die geforderten Funktionalitäten, die notwendig sind, um ausführungsnahe Änderungen in der Planung zuzulassen, anzubieten?*

Das Vorgehen bei der Entwicklung der Systemarchitektur des neuen Produktionsplanungs- und -steuerungssystems entspricht dem Entwurfsprozess im Rahmen der Gestaltungswissenschaften, zu denen auch die Wirtschaftsinformatik zählt. Im Unterschied zu Naturwissenschaften geht es bei der Gestaltungswissenschaft nicht darum allgemeines theoretisches Wissen zu erzeugen, sondern auf bestimmte Aufgaben oder Situationen zugeschnittenes Wissen zu erzeugen bzw. anzuwenden (vgl. [MaS95, 253]). Die bestimmte Aufgabe, die sich diese Arbeit stellt, wird durch das Ziel, Änderungsflexibilität zu gewährleisten und den daraus abgeleiteten Anforderungen, beschrieben.

Die Hauptaktivitäten im Entwurfsprozess sind das Erstellen von Artefakten und das Evaluieren dieser. Artefakte können Konzepte, Modelle, Methoden und Implementierungen sein (vgl. [MaS95, 254]). Das Artefakt, welches als Antwort auf die dritte Forschungsfrage erstellt werden soll, ist ein Konzept des Produktionsplanungs- und -steuerungssystems, welches den vorher definierten Anforderungen gerecht wird. Der dabei zur Anwendung kommende gestaltungswissenschaftliche Erstellprozess folgt den designwissenschaftlichen Richtlinien nach Hevner et al. (vgl. [HMPR04]). Das resultierende Systemkonzept wird weiterhin an dem Mehrwert gemessen, den das entstehende Konzept für eine bestimmte Nutzergruppe hat (vgl. [MaS95, 260]). Um diesen Wert nachzuweisen, muss bei gestaltungswissenschaftlichen Erstellprozessen eine wissenschaftliche Evaluierung erfolgen (vgl. [MaS95, 258]), die in der nachfolgenden Forschungsfrage adressiert wird.

Da das Systemkonzept unter anderem durch die Arbeit in einem öffentlich geförderten Forschungsprojekt beeinflusst wird, wurden einige Systemaspekte in einer damit in Verbindung stehenden Fokusgruppe diskutiert. Eine Fokusgruppendiskussion ist eine qualitative Forschungsmethode, um ein bestimmtes Thema (das fokussierte Thema) in strukturierter oder moderierter Weise in einer Gruppe zu diskutieren (vgl. [SSR07, 8ff). Außerdem wird die Methode des Prototyping benutzt, um anhand der dabei entwickelten Vorabversionen des Systems neue Erkenntnisse zu gewinnen (vgl. auch [WiH07, 42]). Die Prototypen, die im Entwicklungsprozess entstehen, dienen nicht nur der Gestaltung, sondern auch der Evaluierung des Systems, der sich die letzte Forschungsfrage widmet.

*4. Erfüllt das vorgestellte Systemkonzept alle gestellten Anforderungen, um ausführungsnahe Änderungen in der Planung umzusetzen?*

Bei der Evaluierung soll die Wirksamkeit, die Qualität und der Nutzen des neuen Produktionsplanungs- und -steuerungssystems in Bezug auf die zuvor definierten Anforderungen nachgewiesen werden. Der Nachweis erfolgt hinsichtlich der Funktionalität, der Qualität und des Nutzens anhand wissenschaftlicher Methoden und folgt damit den von Hevner et al. vorgeschlagenen Evaluierungskriterien (vgl. [HMPR04, 85]). Zum Nachweis der Wirksamkeit dienen einerseits die funktionalen Anforderungen als Evaluationskriterien. Diese theoretische Evaluierung wird durch eine prototypische Evaluierung ergänzt. Die Qualität des Systemkonzeptes wird anhand der technischen Anforderungen nachgewiesen, während die Qualität des Erstell- und Evaluierungsprozesses durch die Richtlinien von Hevner et al. (vgl. [HMPR04]) evaluiert wird. Die

Evaluierung des Nutzens erfolgt auf Basis der ökonomischen Anforderungen und einer strukturierten Gegenüberstellung der Nutzen- und Kostenpotenziale.

## 1.3 Aufbau der Arbeit

Die Struktur der Arbeit folgt einem für Entwurfsprozesse typischen Phasenmodell (vgl. [VeH05, 734ff]) und orientiert sich dabei an den in Abschnitt 1.2 genannten Forschungsfragen. Abbildung 1-1 gibt einen Überblick über die einzelnen Kapitel.

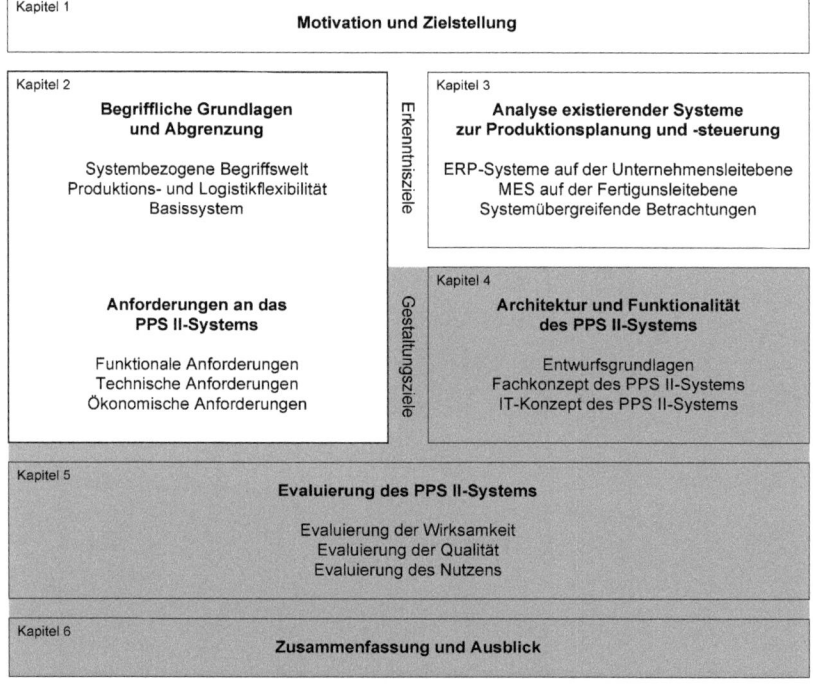

Abbildung 1-1: Aufbau der Arbeit

Im Anschluss an das einleitende Kapitel, welches die Ziele bestimmt, beschreibt das zweite Kapitel, womit sich die Arbeit im Detail beschäftigen wird, indem es die Abgrenzung und die Anforderungen spezifiziert (vgl. Phase 1 und 2 in [VeH05, 734ff]). Die Abgrenzung bezieht sich auf drei Perspektiven. Auf Basis der Automatisierungspyramide steckt die systembezogene Abgrenzung die Systemgrenzen des zukünftigen

Produktionsplanungs- und -steuerungssystems (PPS II-System[1]) ab. Die zweite und dritte Perspektive charakterisieren die Umgebung, in der das System eingesetzt werden soll, wobei einerseits die potentielle Flexibilität und andererseits der Fertigungstyp der Unternehmen beschrieben werden. Der zweite Teil des Kapitels 2 beantwortet die erste Forschungsfrage und stellt die funktionalen, technischen und ökonomischen Anforderungen, die an das PPS II-System gestellt werden, dar. Kapitel 3 leitet sich aus der zweiten Forschungsfrage ab und analysiert existierende Systeme, Schnittstellen und Standards hinsichtlich ihrer Flexibilität in Bezug auf Änderungen. Dabei werden die Systeme und Systembestandteile untersucht, die sich bei der systembezogenen Abgrenzung herauskristallisiert haben. Mit Abschluss von Kapitel 3 ist der wesentliche Erkenntnisgewinn der Arbeit erreicht. Die Gestaltungsziele werden beginnend mit Kapitel 4 aufgegriffen. Dieses Kapitel beschreibt den Aufbau des PPS II-Systems und die Funktionsweise zur Realisierung der ausführungsnahen Planänderungen als Antwort auf die dritte Forschungsfrage. Der Entwurfsprozess geht damit in die Phase 3, welche per Definition die aus den Anforderungen abgeleitete, strukturelle Systemspezifikation beinhaltet (vgl. [VeH05, 736]).

Der in Kapitel 4 beschriebene gestaltungswissenschaftliche Erstellprozess ist unabdingbar mit dem Evaluierungsprozess, dem sich das folgenden Kapitel widmet, verbunden (vgl. [MaS95, 258]). Kapitel 5 evaluiert anhand der funktionalen, technischen und ökonomischen Anforderungen die Wirksamkeit, die Qualität und den Nutzen des PPS II-Systems und beantwortet damit die vierte und letzte Forschungsfrage. Die theoretische Evaluierung der Wirksamkeit, der Qualität und des Nutzens wird durch eine praktische Evaluierung unterstützt. Dies geschieht am Beispiel einer prototypischen Implementierung, die ausgewählte Systemfunktionalitäten realisiert. Der Prototypbau entspricht der vierten Phase des Entwurfsprozesses, die die Grundlagen für die anschließende Implementierung legt (vgl. [VeH05, 737]). Diese fünfte Phase der Implementierung wird im Rahmen dieser Arbeit nicht durchgeführt. Basierend auf den kritischen Erfolgsfaktoren werden jedoch Hinweise für die Implementierung gegeben. Die sechste und letzte Phase ist die theoretische Evaluierung, bei der geprüft wird, ob das System die angestrebten Ziele und Anforderungen erfüllt (vgl. [VeH05, 737]). Diese Phase wird durch die bereits erwähnte Systemevaluierung in Kapitel 5 abgedeckt.

---

[1] Der Begriff PPS II steht für Produktionsplanungs- und -steuerungssystem der 2. Generation und wird im Abschnitt 2.1.1 näher erläutert.

Abschließend gibt das sechste Kapitel eine Zusammenfassung der gesamten Arbeit und einen Ausblick auf weiteren Forschungsbedarf.

## 2 Abgrenzung und Anforderungen

Dieses Kapitel beschreibt die durch die Arbeit abgedeckten Inhalte und ihre Grenzen und nennt die zugrundeliegenden Rahmenbedingungen (Abschnitt 2.1). Weiterhin erläutert es die funktionalen, technischen und ökonomischen Anforderungen, die an das zu entwickelnde Produktionsplanungs- und -steuerungssystem gestellt werden (Abschnitt 2.2).

### 2.1 Begriffliche Grundlagen und Abgrenzung

Dieser Abschnitt wird damit eingeleitet, grundlegende Begriffe wie Produktion, Fertigung und das zu entwickelnde Produktionsplanungs- und -steuerungssystem (PPS II-System) zu definieren (Abschnitt 2.1.1). Abschnitt 2.1.2 gibt ein einheitliches Verständnis der Begriffe Flexibilität und Änderungsflexibilität und beschreibt auf deren Basis die Rahmenbedingungen und die Einflussgrößen des PPS II-Systems. Der Produktionstyp bzw. das Basissystem, welches dem PPS II-System zugrunde liegt, wird im Abschnitt 2.1.3 erläutert. Der letzte Abschnitt 2.1.4 fasst den Umfang, die Grenzen und die Umgebung des PPS II-Systems zusammen. Die Beschreibung der Systemgrenzen und der -umgebung basiert auf dem $IS^2$-Modell von Hevner et al (vgl. [HMPR04, 80]; [Hev07, 88]), nach dem die für die spätere Konzeption relevante Umgebung von allen Seiten charakterisiert werden soll.

#### 2.1.1 Systembezogene Begriffswelt

Durch den **Produktionsbegriff** sollen sowohl die innerbetrieblichen Prozesse als auch die Prozesse, die darauf abzielen, Leistungen für den externen Kunden zu erstellen, abgedeckt werden. Ausgeschlossen werden sollen andererseits alle Prozessen, die zu anderen Unternehmensfunktionen wie Beschaffung, Absatz und Finanzierung gehören. Aus diesen Gründen wird Produktion entsprechend der Definition von Corsten wie folgt definiert:

„Produktion ist die sich in betrieblichen Systemen vollziehende Bildung von Faktorkombinationen im Sinne einer Anwendung technischer oder konzeptioneller Verfahren zur Transformation der dem Betrieb zur Verfügung stehenden originären und derivativen Produktionsfaktoren in absetzbare Leistungen oder in derivative Produktionsfakto-

---

[2] IS steht für Information Systems, das anglo-amerikanische Pendant der Wirtschaftsinformatik.

ren, die in weiteren Faktorkombinationsprozessen unmittelbar genutzt oder in absetzbare Leistungen transformiert werden, um das Sachziel des Unternehmens unter der Maßgabe der Formalziele zu erfüllen." [Cor07, 2]

Die Begriffe Produktion und Fertigung werden in dieser Arbeit synonym verwendet. Das Ziel von Produktionsplanungs- und -steuerungssystemen ist es, die Produktionsprozesse zu unterstützen. Welche Aufgaben diese Unterstützung umfasst, wird im Folgenden analysiert.

Erste Informationssysteme für die *Produktionsplanung und -steuerung* entstanden bereits Anfang der siebziger Jahre des 20. Jahrhunderts. Diese Systeme unterstützten damals lediglich die Materialbedarfsplanung in der prognosebasierten Fertigung und wurden deshalb als MRP (Material Requirements Planning)-Systeme bezeichnet (vgl. [Kurb05, 105]). Ziel dieser Systeme war es, ausgehend von der prognostizierten Absatzmenge aller Produkte, die Primär- und Sekundärbedarfsmengen für eine Reihe von Perioden zu ermitteln. Die Produktionskapazitäten blieben jedoch unberücksichtigt, so dass man keine Aussage treffen konnte, ob sich die geplanten Mengen auch tatsächlich realisieren lassen.

Diese Schwachstelle wurde durch den Ansatz des Manufacturing Resource Planning (MRP II) behoben (vgl. [GGR92, 2ff]; [Kur05, 135]; [Swa00, 641f]). Dieser Ansatz verbindet die Kapazitätsplanung mit der Materialplanung und bietet außerdem Möglichkeiten der Rückkopplung. Stellt sich bei der Kapazitätsbedarfsplanung, die nach der Materialbedarfsplanung folgt, heraus, dass die Produktionskapazitäten nicht ausreichen oder nicht ausgelastet sind, kann die Materialplanung angepasst werden. Eine Anpassung der Materialplanung hat ebenfalls Einfluss auf die Produktionsprogrammplanung und die Absatzplanung, zu denen im MRP II ebenfalls Rücksprungmöglichkeiten vorgesehen sind. Ein weiteres Anliegen von MRP II ist die Einbindung des Top Managements, um eine ganzheitliche markt- und ressourcenorientierte Planung der Absatz-, Produktions- und Bestandsmengen durchzuführen.

Die Planungs- und Steuerungslogik des MRP II-Ansatzes bildete die Grundlage der Produktionsplanungs- und -steuerungssysteme (PPS-Systeme), die sich seit den achtziger Jahren des letzten Jahrhunderts entwickelten. Zu Beginn adressierten diese Systeme nur die Fertigung von standardisierten Produkten für einen anonymen Markt und fanden so vorrangig Anwendung in der Massen- und Serienfertigung (vgl. [GGR92]). Später unterstützten die PPS-Systeme auch die auftragsorientierte Fertigung, bei der sich der Primärbedarf nicht mehr nur aus dem prognostizierten Bedarf, sondern auch aus Kundenaufträgen ergibt (vgl. [Wie97a, 12]). Die definierte Kernaufgabe von PPS-Systemen hat sich seit ihrer Entstehung bis heute nicht geändert und besteht darin, auf Grundlage vorliegender und/oder erwarteter Aufträge den Ablauf der Produktion zu planen, zu veranlassen und zu überwachen. Dabei sind als Entscheidungsvariablen, die Primärbedarfe, die Produktions- und Bestellaufträge sowie die Auftrags- und Arbeitsgangtermine zu bestimmen (vgl. [Cor07, 511]; [GGR92, 1]; [Wie97a, 12]).

Obwohl der definierte Umfang von PPS-Systemen geblieben ist, ging die Eigenständigkeit dieser Systeme mit Aufkommen des Enterprise Resource Planning (ERP)-Begriffes verloren und sie wurden Bestandteil der ERP-Systeme. Ziel von ERP-Systemen ist es, alle für die Geschäftstätigkeit eines Unternehmens notwendigen Prozesse zu unterstützen. Neben der Fertigung werden somit auch andere Bereiche wie beispielsweise Finanzwesen, Personalwesen, Einkauf und Vertrieb abgedeckt. Viele der sich auf dem Markt befindenden ERP-Systeme sind ursprünglich aus PPS-Systemen entstanden (vgl. [Kur05, 246]).

Mit zunehmender Durchsetzung von ERP-Systemen wurde eine Schwachstelle immer offensichtlicher. Die produktionsnahe Steuerung fehlte. Obwohl das „S" in PPS genau dies impliziert, wurde dieser Anspruch weder durch die alleinstehenden PPS-Systeme noch durch die nachfolgenden ERP-Systeme erfüllt. Aus der Notwendigkeit heraus, die Lücke zwischen den maschinennahen Steuerungssystemen und dem zentralen ERP-System zu schließen, entwickelte sich Anfang des 21. Jahrhunderts die MES (Manufacturing Execution System)-Idee (vgl. [Kle06]).

Um die MES-Idee vor der Bagatellisierung zu bewahren und zu verhindern, dass ihr dadurch das gleiche Schicksal droht wie der CIM-Idee circa 10 Jahre zuvor[3], schlossen

---

[3] Computer Integrated Manufacturing (CIM) bezeichnet ein Konzept, welches die Integration der Informationssysteme für betriebliche und technische Aufgaben eines Produktionsbetriebes anstrebt (vgl. [Sch90, 14]). Dabei repräsentiert PPS die betriebswirtschaftliche Seite, während der technische Teil durch die sogenannten CA-Systeme (z. B. Computer Aided Design für die Konstruktion) abgebildet wird. Detaillierte Informationen zu den Inhalten von CIM sind [Sch90] zu entnehmen. Eine zu vereinfachte Sichtweise auf die Problemstellung und fehlende Standardisierung führten dazu, dass der CIM-Begriff teilweise für einfachste Erfassungsterminals missbraucht wurde. Außerdem war das Ziel einer allumfassenden Integration zu hoch gesetzt. Es berücksichtige beispielsweise den Menschen als Konfliktlöser und

sich schon früh eine Reihe von Institutionen und Unternehmen zusammen, um den MES-Begriff und die dahinterstehende Funktionalität einheitlich zu definieren und später auch zu standardisieren.

Erste Bestrebungen, die MES-Funktionalitäten zu definieren, wurden von Unternehmen, deren Produkte im Bereich der Produktionssteuerung angesiedelt sind, initiiert. So veröffentlichte beispielsweise die MESA International[4] 1997 eine Übersicht mit 11 MES-Funktionalitäten (vgl. [MES97]). Diese frühen Versuche waren jedoch noch sehr allgemein gehalten, nicht auf das konkrete MES oder Fertigungsmanagementsystem bezogen und in dieser Form noch nicht operationalisierbar oder für Softwarevergleiche anwendbar. 2007 gab der Verein Deutscher Ingenieure (VDI) die Richtlinie 56000 (vgl. [VDI07b]) heraus, die die Anforderungen, die an MES gestellt werden, sehr detailliert beschreibt.

Obwohl mit Aufkommen der MES nun auch die Produktionssteuerung abgedeckt zu sein schien, führte die Einführung dieser Systeme gleichzeitig dazu, dass die Produktionsplanung und -steuerung voneinander getrennt wurden. Dies birgt verschiedene Nachteile in sich, die in Kapitel 3 näher beleuchtet werden sollen. Das in dieser Arbeit vorgeschlagene Produktionsplanungs- und -steuerungssystem der 2. Generation (PPS II) soll beide Teile abdecken. Es umfasst sowohl Grobplanungsfunktionalitäten, die typischerweise durch ERP-Systeme angeboten werden, als auch Feinplanungs- und -steuerungsfunktionalitäten, die einem MES zugerechnet werden. Das PPS II-System adressiert damit explizit alle drei Zeitdimensionen: die Zukunft durch die Grob- und Detailplanung, die Gegenwart durch die Echtzeitsteuerung und die Vergangenheit durch die Berücksichtigung von historischen Daten in der Planung und Steuerung. Im Gegensatz zu den PPS-Systemen der 80er Jahre soll das PPS II-System das Versprechen der Steuerung auch einlösen.

Den Systemumfang des PPS II-Systems verdeutlicht Abbildung 2-1 anhand des Modells der Automatisierungspyramide. Die Automatisierungspyramide (vgl. [ANS00, 19]; [Hei09, 5]; [LiE07, 140]) bietet einen guten Gesamtüberblick über alle Systeme, die

---

Entscheider im Produktionsprozess gar nicht. Das führte dazu, dass die an CIM gestellten Erwartungen unmöglich erfüllt werden konnten (vgl. [Kur05, 325]; [Kle06, 21]).

[4] Die Manufacturing Enterprise Solution Association (MESA), vormals Manufacturing Execution Systems Association, ist ein Zusammenschluss von anfänglich hauptsächlich in Nordamerika angesiedelten Unternehmen, welche das Ziel verfolgen, MES-Software zu entwickeln und zu vertreiben.

sich in der Produktionsumgebung im Einsatz befinden. Sie unterscheidet von oben nach unten fünf Produktionskontrollebenen: die Unternehmensleitebene, die Fertigungsleitebene, die Prozessleitebene, die Steuerungsebene und die Feldebene. Jeder dieser Ebenen werden bestimmte produktionsrelevante Systeme zugeordnet. Zur Vereinfachung werden die drei unteren Ebenen oftmals zu einer Ebene, der Fertigungsebene, zusammengefasst (vgl. beispielsweise [VDI07b]).

Das PPS II-System deckt die vom ERP-System ausgeführten Funktionen der Produktionsplanung und des Materialmanagements und die gesamte MES-Funktionalität ab (gestrichelter Rahmen in Abbildung 2-1). Der Fokus der in dieser Arbeit beschriebenen Prozesse liegt hauptsächlich auf den Funktionalitäten, die mit der Produktionsplanung und -steuerung in direktem Zusammenhang stehen (durchgezogener Rahmen in Abbildung 2-1). Die restlichen Funktionalitäten unterstützen diese Hauptfunktionen, werden jedoch nicht im Detail behandelt.

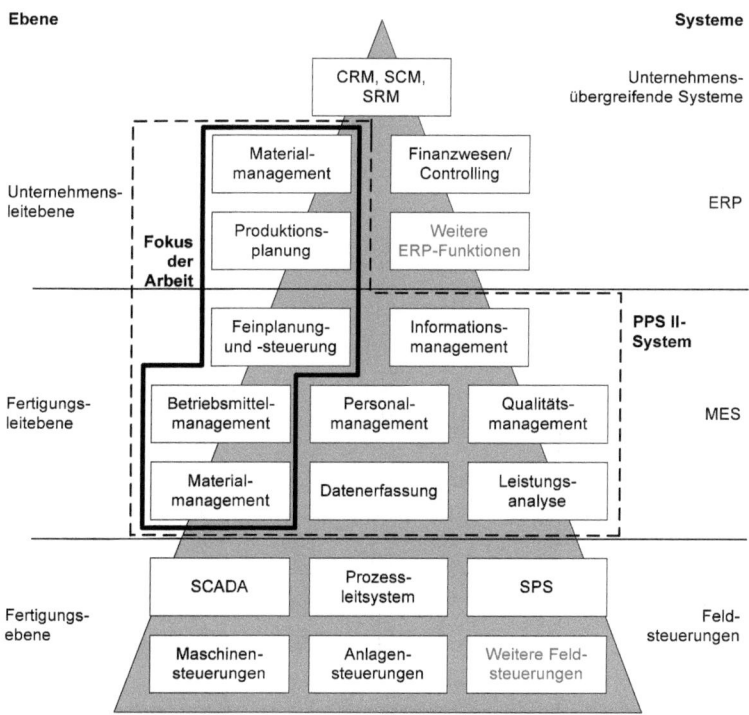

Abbildung 2-1: Abgrenzung des PPS II-Systems am Modell der Automatisierungspyramide

Zusammenfassend lässt sich die Aufgabe des PPS II-Systems wie folgt charakterisieren. Das PPS II-System plant, überwacht und steuert den Produktionsablauf unter Berücksichtigung der aktuellen Materialverbräuche und Betriebsmittelverfügbarkeiten. Dabei werden folgende Schritte durchlaufen

- Produktionsgrobplanung: Auf Basis der vorliegenden Kundenaufträge[5] erfolgt hier die Materialbedarfsplanung der Primär- und Sekundärmaterialien.
- Produktionsfeinplanung: In der Feinplanung werden Fertigungsaufträge angelegt, welche zeitlich unter Berücksichtigung der verfügbaren Kapazitäten terminiert werden.
- Produktionssteuerung: Die Produktionssteuerung startet, sobald die Fertigungsaufträge freigegeben werden und die Ausführung beginnt. Sie kontrolliert die Einhaltung der Fertigungspläne und greift regulierend ein. Während dieser Phase finden die entscheidenden Anpassungen statt, die die Änderungsflexibilität des PPS II-Systems begründen.

Die grundsätzlichen Aufgaben unterscheiden sich somit nicht von denen bestehender PPS-Systeme (vgl. [Cor07, 521]; [Kur05, 207ff]; [Wie97a, 12f]). Allerdings werden die Aufgaben in Hinblick auf das Ziel der Änderungsflexibilität in anderer Art und Weise ausgeführt.

### 2.1.2 Produktions- und Logistikflexibilität

Ziel dieses Abschnittes ist es, die Begriffe Flexibilität und Änderungsflexibilität in der Fertigung zu klären. Auf Basis dessen wird bestimmt, welche potentielle Flexibilität als Rahmenbedingung für den Einsatz des PPS II-Systems vorliegen muss und auf welche Flexibilitätsarten das PPS II-System Einfluss nehmen kann.

Der Begriff Flexibilität steht für Biegsamkeit und Anpassungsfähigkeit. Bezogen auf den Anwendungsbereich Produktion ist Flexibilität die Fähigkeit eines Produktionssystems effektiv auf interne und externe Veränderungen reagieren zu können (vgl. [Swa00, 412]). Insbesondere in der englischsprachigen Literatur wird diese Art der Flexibilität auf unerwartete Ereignisse schnell und effizient reagieren zu können auch als Agilität bezeichnet (vgl. z. B. [GNF09, 410]; [See06]). Während Unternehmen, welche diese

---

[5] Da das PPS II-System nur die kundenindividuelle Fertigung adressiert, basiert die Produktionsgrobplanung allein auf Kundenaufträge und nicht auf anonymen Prognosen (siehe auch Abschnitt 2.1.3).

Fähigkeit besitzen, agil genannt werden, spielt bei Systemen, mit deren Hilfe die Agilität ermöglich wird, der Grad der Flexibilität eine Rolle. Um die Flexibilität von Systemen, die Unternehmen dabei helfen sollen agil zu agieren, zu bewerten und beeinflussen zu können, ist es notwendig die einzelnen Dimensionen der Flexibilität näher zu betrachten. Eine Analyse dieser Dimensionen (auch als Flexibilitätsarten oder -aspekte bezeichnet) zeigt, dass eine Vielzahl verschiedenster Systematisierungen existiert (vgl. [BDR+84]; [Got06]; [SeS90]; [ToT98]; [VoOK00]; [Zel82]).

Es gibt zeitbezogene Klassifizierungen, welche die Schnelligkeit, mit der sich die Produktionsleistung an Umfeldveränderungen anpasst, messen (vgl. [Zel82, 324]). Andere Autoren analysieren den Grad der Flexibilität auf verschiedenen granularen betrieblichen Ebenen, angefangen von der einzelnen Maschine, über das Werk bis hin zum gesamten Unternehmen (vgl. [ToT98, 1588]). Derartige Klassifizierungen betrachten allerdings immer die gesamte Produktionsleistung ohne genauer zu bestimmen, durch welche Dimensionen diese beeinflusst wird. Will man die Produktionsleistung inhaltlich strukturieren, bietet sich eine Unterscheidung in Produktionsflexibilität und Logistikflexibilität an. Diese inhaltliche Strukturierung dient als Grundlage für die folgende Bestimmung der Rahmenbedingungen und der beeinflussbaren Größen des PPS II-Systems.

*Produktionsflexibilität*

Eine grundlegende Einteilung der internen Produktionsflexibilität wurde durch Browne et al. (vgl. [BDR+84]) gelegt. Er unterscheidet acht Arten: Produktflexibilität, Maschinenflexibilität, Outputflexibilität, Arbeitsschrittflexibilität, Wegeflexibilität, Aufgabenflexibilität, Erweiterungsflexibilität und Volumenflexibilität. Spätere Arbeiten (vgl. z. B. [SeS90]; [VoOK00]) nutzten diese Arbeit als Basis und erweiterten die Unterscheidung auf 11 bzw. 15 verschiedene Flexibilitätstypen oder führten weitere übergeordnete Kategorien ein (vgl. z. B. [Got06, 9]). Die inhaltliche Abdeckung änderte sich durch die größere Anzahl der Arten jedoch nicht, es erfolgte lediglich eine weitere Unterteilung oder andere Zuordnung der von Browne et al. (vgl. [BDR+84]) genannten Typen. Als Basis für die in dieser Arbeit betrachtete Produktionsflexibilität soll die Unterscheidung nach Browne et. al (vgl. [BDR+84]) dienen, wobei die von anderen Autoren genannten Spezifizierungen als untergeordnete Kategorien berücksichtigt werden.

Der Grad der Produktionsflexibilität wird hauptsächlich durch zwei Faktoren determiniert: das Produktlayout und das Fabriklayout. Das Produktlayout beeinflusst eine Flexibilitätsart, wenn durch den Aufbau des Produktes bzw. das Verfahren oder den Ablauf der Herstellung des Produktes die Flexibilität erhöht oder vermindert wird. Die Höhe der Flexibilität wird durch das Fabriklayout bestimmt, wenn die Anzahl, Anordnung oder der Typ der in der Fabrik vorhanden Maschinen für den Flexibilitätsgrad eine Rolle spielt. Entsprechend dieser Faktoren lässt sich jede der acht Flexibilitätsarten einer der beiden Kategorien zuordnen. Die Produkt- und Arbeitsschrittflexibilität werden durch das Produktlayout beeinflusst, während die Maschinen-, Output-, Erweiterungs-, Volumen-, Wege- und Aufgabenflexibilität durch das Fabriklayout determiniert werden.

*Produktflexibilität* liegt vor, wenn mehrere Varianten für ein Produkt existieren. In Bezug auf kundenindividuelle Fertigung haben sich vier Ansätze etabliert, Produktflexibilität zu unterstützen: „make-to-order (MTO)", „configure-to-order (CTO)", „assemble-to-order (ATO)" und „engineer-to-order (ETO)" (vgl. [Kur05, 200]; [Sch06, 88]; [Sys06, 93f]). MTO steht für Auftragsfertigung im Allgemeinen und bedeutet, dass Produkte erst dann produziert werden, wenn ein konkreter Kundenauftrag vorliegt (vgl. z. B. [Swa00,75]). Über den Einfluss, den der Kunde dabei auf die Produkteigenschaften hat, wird keine Aussage getroffen. Dies wird erst mit dem CTO-Ansatz deutlich, der besagt, dass der Kunde das Produkt aus vorgegebenen Komponenten selbst zusammenstellen bzw. konfigurieren kann. Ein Beispiel für die Anwendung des CTO-Ansatzes ist die Bestellung von Fahrzeugen, bei der der Kunde sein zukünftiges Fahrzeug meist sogar mit Hilfe einer visuellen Simulation selbst konfigurieren kann (vgl. z. B. [BMW10]). ATO, welches auch als Programmfertigung bezeichnet wird, stellt eine Mischform aus Lagerfertigung und Auftragsfertigung dar. Während die Vorfertigung noch auftragsneutral vonstatten geht, erfolgt die Endfertigung bzw. Montage kundenspezifisch. Den Übergang von der auftragsneutralen zur kundenindividuellen Fertigung, nennt man Entkopplungspunkt oder auch Order-Penetration-Point. Der ATO-Ansatz liegt beispielsweise bei der Herstellung von Mobiltelefonen zugrunde, bei der erst im finalen Schritt kundenindividuelle Schalen montiert werden.

CTO und ATO werden auch als Spezialisierung von MTO verstanden, da der Produktentwurf in allen Fällen vor dem Eingang des Kundenauftrages abgeschlossen ist. Somit existiert nur eine endliche Anzahl an Produktvarianten, wenn diese auch sehr groß sein kann[6]. Eine andere Herangehensweise verfolgt der ETO-Ansatz, bei dem das Produkt nicht nur kundenindividuell gefertigt, sondern auch den Kundenwünschen entsprechend gestaltet wird. Der Entwurfsprozess folgt somit erst nach Eingang des Kundenauftrages. Beispiele für ETO sind Konstruktionen im Bauwesen oder Anlagenbau. Diese Arbeit grenzt sich vom ETO-Ansatz ab und betrachtet nur die Produktflexibilität, die im Rahmen der verschiedenen Arten des MTO-Ansatzes unterstützt wird.

Die *Maschinenflexibilität* bezieht sich auf die Fähigkeit einer einzelnen Maschine verschiedene Arbeitsgänge auszuführen. Wird diese Fähigkeit durch den Einsatz von unterschiedlichen Werkzeugen beeinflusst, spricht man auch von Werkzeugflexibilität. Eine Maschine ist beispielsweise flexibel, wenn sie sowohl bohren als auch fräsen kann und dabei verschiedenste Bohr- bzw. Frästiefen, -durchmesser und -grade eingestellt werden können.

*Outputflexibilität* bezieht sich auf die Vielfalt der Produkte und Prozesse, die in einer Fabrik produziert bzw. unterstützt werden können. Es bildet damit die physische Voraussetzung, dass ein Arbeitsplan Arbeitsschritt-, Wege- und Prozessflexibilität bieten kann. *Arbeitsschrittflexibilität* liegt vor, wenn ein Teil durch alternative Arbeitsschritte zum Zielzustand kommen kann. Eine spezielle Art ist die Reihenfolgeflexibilität, bei der dieselben Arbeitsvorgänge in einer anderen Sequenz ablaufen. Ein Produktionsplan ist *wegeflexibel*, wenn ein Teil auf alternativen Wegen, das heißt durch die Bearbeitung auf alternativen Maschinen zum Zielzustand kommen kann. Ergänzend dazu besagt die *Aufgabenflexibilität,* dass Aufgaben (Aufträge, Auftragsteile) parallel abgearbeitet werden können.

Ist es ohne großen Aufwand möglich, die Fabrik um zusätzliche Maschinen zu erweitern bzw. existierende Maschinen zu entfernen, liegt *Erweiterungsflexibilität* vor. *Volumenflexibilität* heißt, dass eine Fabrik fähig ist, verschieden große Mengen profitabel zu produzieren. Erweiterungs- und Volumenflexibilität spielen im Rahmen der Arbeit keine Rolle. Sie müssen weder als Rahmenbedingung erfüllt sein, noch gehören sie zu den Faktoren, die das PPS II-System aktiv beeinflussen kann.

---

[6] Allein vom 5er BMW existieren beispielsweise theoretisch $10^{17}$ verschiedene Varianten (vgl. [Fet04]).

Ob die anderen sechs Flexibilitätsarten zu den Rahmenbedingungen oder den zu beeinflussenden Faktoren gehören, ist davon abhängig, wann das Merkmal, welches die jeweilige Flexibilitätsart bestimmt, innerhalb des Entwurfs- und Herstellungsprozesses festgelegt wird. Tabelle 2-1 fasst die Produktionsflexibilitätsarten und deren Bedeutung für das PPS II-System zusammen.

Bei der Produktflexibilität liegt der Bestimmungszeitpunkt in der Entwurfsphase des Produktlayouts. Änderungen bezüglich dieser Flexibilitätsart sind somit nur während dieser Phase möglich. Da der Fokus dieser Arbeit darauf liegt, Änderungen während des Herstellungsprozesses zu unterstützen, soll diese Flexibilitätsart nicht aktiv beeinflusst werden. Eine wichtige Voraussetzung für diese Arbeit ist jedoch das potentielle Vorliegen von Flexibilität. Das bedeutet, dass die Produkte derartig gestaltet sein sollen, dass sie verschiedene Varianten erlauben und konfigurierbar sind. Dabei wird davon ausgegangen, dass der Entwurfsprozess des Produktes vor dem Kundenauftrag erfolgt. Das bedeutet, dass der Produktionsprozess auf dem MTO-Ansatz basiert. Auf Basis dessen wäre das PPS II-System in der Lage, verschiedene Varianten und Konfigurationen zu definieren und sich für eine bestimmte zu entscheiden. Die Arbeitsschrittflexibilität kann aktiv durch das PPS II-System beeinflusst werden, indem alternative Arbeitsschritte definiert und ausgewählt werden können.

Das potentielle Vorliegen von Flexibilität erstreckt sich nicht nur auf das Layout des Produktes sondern auch auf das Layout der Fabrik. Eine weitere Voraussetzung für den Einsatz des PPS II-Systems ist demzufolge, dass das Fabriklayout so beschaffen sein muss, dass sowohl einzelne Maschinen als auch die gesamte Fabrik verschiedenartige Produkte fertigen können, dass gleichartige Arbeitsgänge auf verschiedenen Maschinen ausgeführt werden können und dass die Maschinen flexibel bestückt werden können. Das PPS II-System soll auf dieser Grundlage alternative und parallele Wege für die Herstellung eines Produktes definieren und festlegen können.

Die Rahmenbedingungen für das PPS II-System sind somit das Vorliegen von Produkt-, Maschinen- und Outputflexibilität. Diese Flexibilitätsarten müssen bei der Produkt- und Fabrikplanung berücksichtigt werden, damit das PPS II-System währen der Phase der Produktionsplanung und -steuerung flexibel agieren kann. Die Einflussmöglichkeiten des PPS II-Systems erstrecken sich auf die Arbeitsschritt-, Wege- und Aufgabenflexibilität.

Tabelle 2-1: Produktionsflexibilität und ihre Bedeutung für das PPS II-System

|  | Rahmenbedingungen für das PPS II-System | Einflussmöglichkeiten des PPS II-Systems |
|---|---|---|
| **Produktlayout** | | |
| *Produktflexibilität* | Produkte sind variier- und konfigurierbar | Definition von Varianten bzw. Konfigurationen |
| | Produkte werden nach dem MTO-Ansatz gefertigt | Festlegung der Variante bzw. der Konfiguration |
| *Arbeitsschrittflexibilität* | | Definition von alternativen Arbeitsschritten bzw. -folgen |
| | | Festlegung der Arbeitsschritte und deren Reihenfolge |
| **Fabriklayout** | | |
| *Maschinenflexibilität* | Maschine kann verschiedene Arbeitsgänge ausführen | |
| *Outputflexibilität* | Fabrik kann verschiedenartige Produkte fertigen und Prozesse unterstützen | |
| | Fabrik enthält verschiedene Maschinen, die gleichartige Arbeitsgänge verrichten können | |
| *Wegeflexibilität* | | Definition von alternativen Ressourcen für Arbeitsschritte bzw. -folgen |
| | | Festlegung der Ressourcen für die Arbeitsschritte |
| *Aufgabenflexibilität* | | Definition und Ausführung von parallelen Arbeitsschritten |

*Logistikflexibilität*

Die Flexibilitätsarten, die zur Produktionsflexibilität gehören, betrachten ausschließlich die Fertigung selbst, lassen jedoch die Abhängigkeiten zu anderen Unternehmensbereichen oder externen Logistikpartnern außen vor. Das Logistiknetzwerk und die mit der Produktion in Zusammenhang stehenden Prozesse haben jedoch einen großen Einfluss, wenn man Prozesse während der laufenden Fertigung ändern möchte. Aus diesem Grund muss neben der Produktionsflexibilität ebenfalls die Logistikflexibilität eines Unternehmens untersucht werden.

Im Allgemeinen befasst sich Logistik mit der Planung, Steuerung und Kontrolle aller Material- und Informationsflüsse von der Quelle bis zur Senke mit dem Ziel der bedarfsgerechten Bereitstellung (vgl. [AKF+08, 3]; [Gud05, 7]; [Hei00, 8]). Der Umfang der betrieblichen Funktionen, die im Rahmen der Logistik unterstützt werden, ist abhängig von den Reichweiten der Logistik. Für die *Logistik im engeren Sinn* bzw. die operative Logistik sind dabei die Quellen und Senken sowie die Produktions-, Versand-, Bedarfs- und Verbrauchsmengen vorgegeben (vgl. [Gud05, 7]; [Hei00, 8]). In diesem Rahmen zählen ausschließlich der Transport, das Umschlagen, das Lagern und das Kommissionieren zu den operativen Aufgaben der Logistik. Da das Kommissionieren auch als Teilaufgabe des Lagerns verstanden wird, werden diese Prozesse auch als TUL-Prozesse bezeichnet (vgl. beispielsweise [Hei00, 132]).

Im *weiteren Sinn* umfasst die Logistik auch die Gestaltung und Optimierung der notwendigen Systeme zur Erzeugung materieller und immaterieller Leistungen. Hieraus resultieren Überschneidungen zu anderen Aufgaben des Unternehmens wie beispielsweise der Produktionsplanung (vgl. [Gud05, 8, 569]). Lässt man die sich überschneidenden Bereiche unberücksichtigt, bezieht sich die Logistik im weiteren Sinne auf die Systeme, die zur Ausübung der operativen Logistikaufgaben notwendig sind. Im Einzelnen sind das Transport-, Umschlags-, Lager- und Kommissioniersysteme. Diese Systeme bestehen aus Teil- und Subsystemen, deren Elemente wiederum Räume, Betriebsmittel und Personen oder Maschinensysteme umfassen. Die Maschinensysteme können ihrerseits aus Teilen, Komponenten und Modulen zusammengesetzt sein (vgl. [Gud05, 569]).

Die folgende Tabelle 2-2 schafft ein einheitliches Verständnis der produktionsinternen TUL-Prozesse und definiert damit die Aufgabe der entsprechenden TUL-Systeme (in Anlehnung an [DIN89]; [Gud05]; [VDI07a]). Weiterhin werden die Entscheidungsparameter aufgezeigt, die durch das PPS II-System beeinflusst werden sollen (z. B. Wahl des Transportmittels).

Tabelle 2-2: TUL-Prozesse und Einflussmöglichkeiten des PPS II-Systems

| | Definition | Einflussmöglichkeiten des PPS II-Systems |
|---|---|---|
| **Transport** | bewusste Beförderung von Materialien und Produkten zwischen den einzelnen Bearbeitungsstufen und Lagerungen | Wahl des Transportmittels<br>Planung der Transportwege |
| **Umschlagen** | Wechsel von Materialien und Produkten von einem Transportmittel oder einer Materialflusseinrichtung auf andere | Umschlagszeitpunkt<br>Mengenzusammenstellung<br>Ladungsträgerwechsel |
| **Lagern** | Aufbewahren und Bereithalten der Material- und Produktbestände einschließlich Ein- und Auslagern | Lagerzeitpunkt<br>Lagerdauer<br>Wahl des Lagerortes |
| **Kommissionieren** | Zusammenstellen von Materialien und Produkten aus einer bereitgestellten Gesamtmenge nach vorgegebenen Aufträgen | Mengenzusammenstellung<br>Kommissionierverfahren |

Fragestellungen, die die Gestaltung der TUL-Systeme an sich betreffen (z. B. Anzahl der Transportmittel, Lagerdimensionierung) können dagegen nicht durch das PPS II-System beeinflusst werden, sondern werden beim Fabrikaufbau definiert.

Im *weitesten Sinn* sind der Einkauf und Verkauf ebenfalls den Logistikleistungen zuzurechnen. Das bedeutet, dass der Aufbau und die Gestaltung der Beziehung zu Lieferanten und Kunden, beispielsweise durch das Aushandeln von Lieferbedingungen und Preisen, auch Teil der Logistik sind (vgl. [Gud05, 8]). Aus Systemsicht befasst sich die Logistik im weitesten Sinn mit der Gestaltung der Partnerschaftsstrategien im Logistiknetzwerk. Angefangen von einfachen Kunden-Lieferanten-Beziehungen, über Supply Management und Supply Chain Management-Strukturen bis hin zu virtuellen Organisationen, gibt es vielfältige Möglichkeiten der Ausgestaltung des Logistiknetzwerkes (vgl. [Sch00, 49ff]).

Das Verständnis der Logistik im weiteren und weitesten Sinn kann auch als strategische Komponente der Logistik bezeichnet werden (vgl. [Hei00, 8]), die den Rahmen für die Ausführung der operativen Logistik bildet. Ausgehend von den Reichweiten der

Logistik soll das dieser Arbeit zugrunde liegende Logistiklayout, welches die potentielle Logistikflexibilität eines Unternehmens gewährleistet, definiert werden. Ebenso wie der Produktentwurf und der Fabrikentwurf soll die strategische Logistikkomponente den Rahmen für die Arbeit bilden. Das bedeutet, dass die Arbeit davon ausgeht, dass sowohl die Transport-, Umschlags-, Lager- und Kommissioniersysteme als auch die Partnerschaftsstrategien so gestaltet sind, dass sie auf operativer Ebene Flexibilität erlauben. Beispielsweise sollten die notwendigen Transportsysteme vorhanden sein, um einen Auftrag bei Bedarf auf einer anderen Maschine als ursprünglich geplant auszuführen. Das PPS II-System soll lediglich auf die in Tabelle 2-2 dargestellten Logistikprozesse Einfluss nehmen können, nicht jedoch auf die Ausgestaltung der Logistiksysteme.

Abbildung 2-2 fasst die Rahmenbedingungen der Änderungsflexibilität in einer Übersicht zusammen. Das Produktlayout, das Fabriklayout und das Logistiklayout müssen flexibel gestaltet sein und somit potentielle Flexibilität bieten. Auf Basis dieses Rahmenwerkes soll Änderungsflexibilität ermöglicht werden.

| Flexibles Produktlayout | Flexibles Fabriklayout | Flexibles Logistiklayout |
|---|---|---|
| • Produkte sind variier- und konfigurierbar<br>• Produkte werden nach dem MTO-Ansatz gefertigt | • Maschine kann verschiedene Arbeitsgänge ausführen<br>• Fabrik kann verschiedene Produkte fertigen | • Flexible TUL-Systeme<br>• Partnerschaftsstrategien sind offen definiert |

ermöglichen

| Änderungsflexibilität in der kundenindividuellen Fertigung | | |
|---|---|---|
| • Arbeitsschrittflexibilität | • Wegeflexibilität<br>• Aufgabenflexibilität | • operative Logistikflexibilität |

Abbildung 2-2: Potentielle Flexibilität als Rahmenbedingung für Änderungsflexibilität

Änderungsflexibilität in der Fertigung ist die Fähigkeit eines Unternehmens nachträgliche Änderungen des Auftrages oder Änderungen während der Fertigung in die Produktionsplanung zu integrieren. Welche konkreten Anforderungen sich daraus für das PPS II-System ergeben wird in Abschnitt 2.2 näher beleuchtet.

### 2.1.3 Basissystem

Dieser Abschnitt beschreibt das Basissystem, auf welchem das PPS II-System aufsetzen soll. Das Basissystem als Teil des betrieblichen Systems einer Unternehmung (Abbildung 2-3) bezieht von Beschaffungsmärkten aus der Umwelt der Unternehmung

Einsatzgüter und transformiert diese in einem Leistungserstellungsprozess in Produkte (vgl. [FeS08, 31ff]).

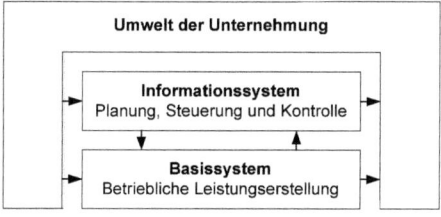

Abbildung 2-3: Grundmodell der Unternehmung (in Anlehnung an [Gro75, 13])

Das Informationssystem plant, steuert und kontrolliert die Prozesse des Basissystems. Den für diese Arbeit relevanten Teil des Informationssystems bildet das PPS II-System. Das Basissystem wird durch das in Abschnitt 2.1.2 definierte flexible Produkt-, Fabrik- und Logistiklayout beschrieben. Um eine konkrete Vorstellung der betrieblichen Leistung des Unternehmens zu bekommen, in denen ein PPS II-System zum Einsatz kommen kann, soll das Basissystem zusätzlich durch einen konkreten Produktionstyp beschrieben werden. Der Produktionstyp charakterisiert das Produktionslayout im Detail und ist durch fünf Komponenten charakterisiert: den Grad der Produktstandardisierung, die Produktstruktur, die Produktionsart, die Produktionsorganisation und die Produktgestalt. In der Literatur (vgl. beispielsweise [Cor07, 29ff]; [MeB05, 81]; [Sch06, 85ff]; [WeK01, 51ff]) lässt sich noch eine Vielzahl anderer Merkmale, nach denen Produktionssysteme typisiert werden können, finden. In den meisten Fällen können diese von den hier genannten Merkmalen abgeleitet werden oder überschneiden sich mit diesen. Die genannten fünf Merkmalsklassen sollen deshalb für die Charakterisierung des Basissystems genügen.

Der *Standardisierungsgrad eines Produktes* sagt aus, welchen Einfluss der Kunde auf das zu fertigende Produkt hat. Dabei bezieht sich die Standardisierung sowohl auf strukturelle als auch auf verfahrenstechnische Aspekte des Produktes. Man unterscheidet zwischen standardisierten, teilstandardisierten und nichtstandardisierten Produkten (vgl. [WeK01, 51]).

Standardisierte Produkte lassen keinerlei Kundeneinfluss zu. Das Produkt wird autonom vom Unternehmen entworfen und folglich orientiert sich auch der betriebliche Ablauf an innerbe-trieblichen Faktoren. Bei der Produktion von teilstandardisierten Produkten gibt es Komponenten bzw. Arbeitsschritte, welche auftragsunabhängig erfolgen. Der Zusammenbau beziehungsweise die finale Prägung des Produktes sind jedoch kundenindividuell. Eine andere Bezeichnung für diese Fertigungsart ist Varianten- oder Anpassungskonstruktion. Nichtstandardisierte Produkte werden nach den Vorstellungen des Kunden von Grund auf neu geplant und gefertigt. Somit richtet sich sowohl die Produktstruktur als auch das Fertigungsverfahren am Auftrag aus. Die unterschiedlichen Standardisierungsgrade lassen sich mit den Auftragsprinzipien „make-to-stock (MTS)", „make-to-order (MTO)" und „engineer-to-order (ETO)" in Zusammenhang bringen (vgl. auch Abschnitt 2.1.2). So werden standardisierte Produkte in der Regel nach dem MTS-Ansatz gefertigt. Teilstandardisierte Produkte implizieren das MTO-Prinzip und nichtstandardisierte Produkte werden meist nach dem ETO-Prinzip gefertigt. Die vorliegende Arbeit adressiert hauptsächlich Unternehmen, welche teilstandardisierte Produkte fertigen.

Die *Produktstruktur* beschreibt den Aufbau des Endproduktes aus untergeordneten Komponenten. Hier zeigen sich der Bezug zur Erzeugnisstruktur in der konstruktionsorientierten Stückliste und der Bezug zum Herstellungsverfahren in der fertigungsorientierten Stückliste (vgl. [WeK01, 52]). Die Unterteilung der Erzeugnisstruktur erfolgt in einteilige Erzeugnisse, mehrteilige Erzeugnisse mit einfacher Struktur und mehrteilige Erzeugnisse mit komplexer Struktur. Die Fertigungsstruktur wird in die Merkmalsklassen Fertigung mit geringer Tiefe, Fertigung mit mittlerer Tiefe und Fertigung mit großer Tiefe unterteilt (vgl. [MeB05, 81]). Dabei ist die Fertigungsstruktur auch ein Folgemerkmal der Erzeugnisstruktur, da beispielsweise einteilige Erzeugnisse auch nur eine einstufige und damit sehr geringe Fertigungstiefe zur Folge haben. Für komplexere Erzeugnisstrukturen kann diese Korrelation nicht ohne weiteres angenommen werden, da sich die Fertigungstiefe auch durch Fremdbeschaffung der untergeordneten Teile reduzieren lässt.

Die Produkte, deren Fertigung durch das PPS II-System unterstützt werden sollen, bestehen aus mehreren Teilen und weisen eine mittlere bis große Fertigungstiefe auf. Das ist dadurch begründet, dass die Arbeit aufzeigen möchte, welche Änderungen in der laufenden Produktion an verschiedenen Produktkomponenten möglich sind. Dies setzt seinerseits voraus, dass das Produkt nicht einteilig ist und die Produktion aus mehreren voneinander teilweise unabhängigen Abläufen besteht.

Massen-, Serien- und Einzelfertigung sind die *Produktionsarten*, die zur Charakterisierung eines Produktionstypen unterschieden werden können. Die Massenfertigung beinhaltet sowohl die einfache Massenfertigung als auch die Sortenfertigung als differenzierte Massenfertigung. Dabei werden verschiedene, aber nach Ausgangsmaterial und Bearbeitungsverfahren gleichartige Produkte über einen längeren Zeitraum produziert (vgl. [WeK01, 54]). Wesentliches Merkmal der Massenfertigung ist, dass der Kunde keinen Einfluss auf verschiedene Produktvarianten nehmen kann, sondern die Sorten vorbestimmt sind. Bei der Serienfertigung dagegen kann der Kunde zwischen verschiedenen Varianten eines Typs wählen und hat somit Einfluss auf die Fertigung. Serienfertigung ist die Herstellung verwandter Produkte auf die gleiche Art, wobei sich die Komponenten und bestimmte Produkteigenschaften, die die Varianten definieren, unterscheiden. Produkte, die in Einzelfertigung entstehen, sind auf die individuellen Bedürfnisse des Kunden zugeschnitten und besitzen daher die Auflagenhöhe 1 (vgl. [WeK01, 55]).

Unternehmen, welche in Einzel- oder Serienfertigung produzieren, können das PPS II-System nutzen. Da bei der Massenfertigung der vorbestimmte Produktionsablauf nicht geändert werden kann, werden derartige Produktionen nicht durch das in dieser Arbeit zu entwickelnde PPS II-System adressiert.

Hinsichtlich der *Produktionsorganisation* soll diese Arbeit nicht auf einen bestimmten Typ eingeschränkt werden, da die Anordnung der Maschinen in den meisten Unternehmen einer Mischform aus Werkstattprinzip, Fließprinzip, Baustellenprinzip, Fertigungsinsel und Montageinsel entspricht. Eine Voraussetzung ist lediglich, dass das Fabriklayout potentielle Flexibilität bereitstellt, was bereits im Abschnitt 2.1.2 konkretisiert wurde.

Entsprechend der Einteilung nach der *Produktgestalt* in Stückgüter und Fließgüter (vgl. [Cor07, 29]) lassen sich die diskrete Fertigung, die Prozessfertigung und die Batch-Fertigung unterscheiden. In der diskreten Fertigung werden Stückgüter auf Basis von Fertigungsaufträgen gefertigt. Beispiele für die diskrete Fertigung sind die Automobil- oder die Maschinenbauindustrie. Der Prozessfertigung liegen Rezepte für die Produktion von Fließgütern zugrunde und sie läuft meist kontinuierlich ab. Das bedeutet, dass keine Eingriffe in den Produktionsprozess möglich sind, da ständig Einsatzmaterialien zugeführt werden und ständig Endprodukte anfallen (vgl. [Sch06, 88]; [WeK01, 95]). Beispielhaft kann die Herstellung von Flüssigkeiten oder Gasen in der chemischen oder pharmazeutischen Industrie genannt werden. Die Batch-Fertigung ist eine Mischform zwischen diskreter Fertigung und Prozessfertigung. Dabei werden Fließgüter in verschiedenen Chargen produziert. Eine Charge ist dabei wie Stückgut zählbar. Um Batch-Fertigung handelt es sich beispielsweise bei der Herstellung und Abfüllung von Flüssigkeiten in Flaschen oder Dosen in der Nahrungs- und Genussmittelindustrie.

Diese Arbeit richtet sich ausschließlich an Unternehmen der diskreten Fertigung. Da der Kundeneinfluss bei der Prozess- und Batch-Fertigung zu gering ist, sind Unternehmen, die nach diesen Fertigungsprinzipien produzieren, nicht durch diese Arbeit adressiert.

### 2.1.4 Umfang, Grenzen und Umgebung des PPS II-Systems

Dieser Abschnitt spezifiziert zusammenfassend den Funktionsumfang, die Grenzen und die Umgebung des PPS II-Systems.

Das PPS II-System soll auf Grundlage von vorliegenden bzw. erwarteten Aufträgen die Produktion planen, veranlassen, überwachen und steuern. Besonderes Augenmerk liegt dabei auf dem Ziel, Änderungen, die durch produktionsinterne oder produktions- und unternehmensexterne Ereignisse ausgelöst werden, in die Produktionsplanung und -steuerung zu integrieren. Der Übergang von der Planung zur Steuerung soll fließend sein. Im Hinblick auf die Automatisierungspyramide kann das dadurch gewährleistet werden, dass die fertigungsplanungsrelevanten Teile der Unternehmensleitebene und die feinplanungs- und steuerungsrelevanten Teile der Fertigungsleitebene in einem System, dem PPS II-System, vereinigt werden.

Voraussetzung für ein flexibles PPS II-System ist eine Systemumgebung, die diese Flexibilität erlaubt. Das bedeutet, dass folgende Bedingungen an das Produktlayout, das Fabriklayout und das Logistiklayout gestellt werden:

***Produktlayout***

- Produkt ist diskreter Natur (Stückgut)
- Produkt besteht aus mehreren Teilen

- Produkt hat Varianten bzw. ist konfigurierbar
- Produkt wird in mittlerer bis großer Fertigungstiefe hergestellt
- Produkt wird nach dem MTO-Prinzip gefertigt (Entwurf vor Kundenauftrag)
- Produkt wird im teilstandardisierten Fertigungsprozess hergestellt
- Produkt wird in Einzel- oder Serienfertigung hergestellt

*Fabriklayout*

- Fabrik kann unterschiedliche Produkte fertigen
- gleichartige Arbeitsgänge können auf verschiedenen Maschinen ausgeführt werden
- es gibt Maschinen, die mehrere Arbeitsgänge ausführen können
- es gibt Maschinen, die flexibel bestückt werden können

*Logistiklayout*

- Transport-, Umschlags-, Lager- und Kommissioniersysteme sind vorhanden
- Partnerschaftsstrategien sind flexibel definiert

Diese Systemumgebung schafft die Voraussetzungen für ein flexibles Agieren des PPS II-Systems während der Planungs- und Steuerungsphase. Die Anforderungen, die auf Basis dessen an das PPS II-System gestellt werden, werden im folgenden Abschnitt 2.2 konkretisiert.

## 2.2 Anforderungen an das PPS II-System

Dieser Abschnitt analysiert die funktionalen, technischen und ökonomischen Anforderungen, die an das PPS II-System gestellt werden. Dabei werden speziell auf das Ziel Änderungsflexibilität zugeschnittene Anforderungen betrachtet, aber auch Anforderungen, die das PPS II-System als Planungs- und -steuerungssystem generell erfüllen muss. Diese ganzheitliche Betrachtung sichert die Realisierbarkeit des Systems in der Praxis ab. Wenn ein Unternehmen allein flexibel auf Änderungen reagieren kann, dafür aber anderen Anforderungen des Marktes nicht mehr gerecht wird, wird es nicht erfolgreich agieren können. Nur, wenn das PPS II-System alle Aspekte berücksichtigt, kann es im praktischen Einsatz erfolgreich sein.

## 2.2.1 Funktionale Anforderungen

Die funktionalen Anforderungen an das PPS II-System, die sich aus dem Hauptziel dieser Arbeit, Änderungsflexibilität in der Fertigung zu ermöglichen, ableiten, gliedern sich in zwei Bereiche auf. Einerseits zielen sie auf Änderungen, die aufgrund von Kundenwünschen externen Einfluss auf die Produktionsplanung und -steuerung nehmen, ab. Andererseits betreffen sie Änderungen, die durch unvorhergesehene interne Ereignisse bei der Produktionsausführung, in die Produktionsplanung integriert werden müssen. Diese beiden Faktoren werden in einer umfassenden Studie von Gerwin als die hauptsächlichen Unsicherheiten identifiziert, mit denen Produktionsplanungs- und -steuerungssysteme umgehen können müssen (vgl. [Ger05, 1173]).

*Reaktion auf externe Änderungen*

Um den externen Einfluss des Kunden näher zu beleuchten, muss zunächst das Objekt der Einflussnahme, der Kundenauftrag, detailliert untersucht werden. Ein Auftrag, sei es ein Kundenauftrag oder Fertigungsauftrag, besteht aus Lieferanforderungen, Operationsanweisungen und Serviceanforderungen (vgl. [Gud06, 29]). Die Lieferanforderungen entsprechen einer oder mehrerer Auftragspositionen, die jeweils eine bestimmte Menge von Einheiten eines Artikels spezifizieren. Die Operationsanweisungen geben für die Fertigung, Bearbeitung bzw. Montage vor, was wie zu produzieren, zu leisten oder zu liefern ist. Handelt es sich um einen Kundenauftrag, entsprechen die Operationsanweisungen den kundenspezifischen Merkmalen des Produktes, die im davon abgeleiteten internen Fertigungsauftrag Vorgaben für die Fertigung oder Montage sind. So könnte ein Kunde beispielsweise eine besondere Gravur oder eine eigens für ihn gemischte Farbe für sein Produkt wählen. Die Serviceanforderungen spezifizieren, wann und wo die bestellten Produkte in welcher Form abzuliefern oder bereitzustellen sind. Kundenaufträge können Ein- oder Mehrpositionsaufträge sein, je nachdem ob sie die Lieferung eines oder mehrerer Artikel betreffen. Mehrpositionsaufträge werden bei der Überführung in einen Fertigungsauftrag in Einpositionsaufträge zerlegt und nach der erfolgten Fertigung und Montage wieder zusammengeführt (vgl. [Gud06, 31]).

Die Gesamtheit der Auftragsmerkmale bilden den Ausgangspunkt für die Bestimmung der Eigenschaften, die der Kunde nach erfolgter Auftragsplatzierung noch ändern können soll. Die Menge und die Artikelvariante, die durch die Lieferanforderungen bestimmt werden, sollen beide änderbar sein. Das heißt, dass der Kunde bis zu einem bestimmten Zeitpunkt die Menge sowohl erhöhen als auch senken kann. Weiterhin soll er in der Lage sein, sich im Nachhinein für eine andere Artikelvariante zu entscheiden. Die Variante ergibt sich entweder aus einer bestimmten das Produkt prägenden Eigenschaft wie beispielsweise der Lackierung oder einer bestimmten Baugruppe, die Bestandteil des Produktes ist, zum Beispiel die Art der Felgen in der Automobilproduktion.

Das im Abschnitt 2.1.2 definierte flexible Produktlayout sichert das Vorhandensein von verschiedenen Produktvarianten ab. Welche kundenindividuelle Variante tatsächlich hergestellt wird, wird zu einem bestimmten Zeitpunkt während des Herstellungsprozesses, der sich Kundenentkopplungspunkt bzw. Order Penetration Point nennt, bestimmt. Ab diesem Punkt ist der Auftrag einem bestimmten Kunden zugeordnet. Das heißt, dass vor dem Entkopplungspunkt auf Basis von Prognosen gefertigt wird und danach kundenauftragsbezogen (vgl. [Sys06, 83]). Solange die Produktion prognosebasiert ist, werden die Prozesse antizipativ genannt. Sobald die Planung mit einem bestimmten Kundenauftrag verbunden ist, nennt man die Prozesse reaktiv. Abbildung 2-4 zeigt die typischen Phasen eines Fertigungsprozesses und die Möglichkeiten den Entkopplungspunkt zu platzieren. Um möglichst lange auf Änderungen der Produktvariante reagieren zu können, sollte der Entkopplungspunkt möglichst spät sein.

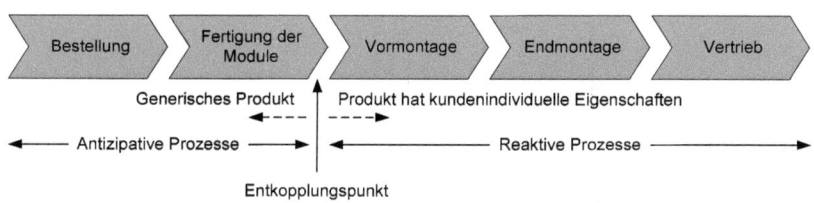

Abbildung 2-4: Kundenentkopplungspunkt

Für das PPS II-System ist nicht nur der Entkopplungspunkt des gesamten Produktes interessant, sondern der Zeitpunkt, in dem jede einzelne der kundenindividuellen Komponenten und Eigenschaften fest mit dem Produkt verbunden wird. Auf Basis dieses Wissens soll das System den Kunden in die Lage versetzen, eine Produkteigenschaft solange zu ändern, wie der jeweilige Arbeitsschritt noch nicht begonnen hat. Ein einzelner Arbeitsschritt besteht dabei immer aus den Abschnitten Rüsten, Bearbeiten und Abrüsten. Die Änderung ist demnach nur bis zum Beginn der Rüstphase des jeweiligen Arbeitsschrittes möglich.

Sofern ein Kundenauftrag kundenspezifische Operationsanweisungen für die Fertigung enthält, soll dem Kunden ermöglicht werden, diese Anweisungen solange zu ändern, wie sie in der Fertigung noch nicht vorbereitet oder ausgeführt wurden. Das heißt, dass die Rüstphase des betreffenden Arbeitsschrittes noch nicht begonnen hat. Für das Beispiel der Gravur bedeutet dies, dass die Maschine noch nicht für die Gravur konfiguriert wurde und für das Beispiel der kundenindividuellen Farbe, dass der Mischvorgang noch nicht begonnen hat.

Bezogen auf die Serviceanforderungen bedeutet Änderungsflexibilität, dass der Kunde den Liefertermin, den Lieferort und die Lieferbedingungen ändern kann. Von diesen Merkmalen ist einzig der Liefertermin durch das PPS II-System beeinflussbar. Der Lieferort und die Lieferbedingungen sind erst durch die sich an die Produktion anschließenden Vertriebsprozesse steuerbar, welche in dieser Arbeit nicht abgebildet werden. Die Anforderung an das zu entwickelnde System besteht deshalb nur darin, dem Kunden zu ermöglichen, den Liefertermin bis zu einem bestimmten Zeitpunkt nach hinten bzw. nach vorn zu verschieben.

Eine weitere durch Kunden ausgelöste Situation, welche Änderungen in der Produktionsplanung erforderlich macht, ist die Platzierung eines zusätzlichen hoch priorisierten Auftrages. Das PPS II-System soll den Auftrag in die Produktionsplanung integrieren, obwohl diese bereits freigegeben ist. Den Fall der Stornierung eines Auftrags, der Teil einer bereits freigegebenen Produktionsplanung ist, soll das PPS II-System ebenfalls unterstützen.

Diese drei von Kundenseite initiierten Fälle (Änderung eines bestimmten Auftrages, Platzierung eines Eilauftrages, Stornierung eines Auftrages) sind die einzigen externen Einflüsse, die das PPS II-System unterstützen soll. Andere externe Einflüsse, wie beispielsweise der Wegfall eines Lieferanten oder die Störung eines Zuliefertransportes werden hier nicht betrachtet. Im Rahmen der potenziellen Logistikflexibilität, wie sie in Abschnitt 2.1.2 definiert wurde, werden derartige Fälle durch das vorhandene flexible Logistiklayout abgedeckt.

*Reaktion auf interne Ereignisse*

Weitere funktionale Anforderungen, die an das PPS II-System gestellt werden, ergeben sich aus der Notwendigkeit auf produktionsinterne Ereignisse mit einer Änderung der Produktionsplanung zu reagieren. Solch interne Ereignisse können Störungen von Ressourcen oder Prozessen sein (vgl. z. B. [Ger05, 1173f]). Ressourcen (Personal, Maschinen, Material) können entweder gar nicht zur Verfügung stehen oder nur noch eingeschränkte Leistungen anbieten. Beispiele sind der geplante oder ungeplante Ausfall einer Maschine oder eines Produktionsmitarbeiters. Weiterhin kann es passieren, dass eine Maschine nur bestimmte Tätigkeiten nicht mehr verrichten kann, weil ein Werkzeug nicht mehr einsatzfähig ist (z. B. Fräsmaschine kann keine 2mm breiten Ausbuchtungen fräsen, weil der 2mm Fräser gebrochen ist) oder dass eine Maschine aufgrund eines Defektes nicht mehr mit voller Leistung produzieren kann. Auch Roh- und Verbrauchsmaterialien können aus verschiedenen Gründen (Lieferung war verspätet, Qualität stimmt nicht) nicht zur geplanten Zeit am geplanten Ort verfügbar sein.

Prozessstörungen können auftreten, wenn beispielsweise bei einer Qualitätskontrolle Fehler erkannt wurden und aufgrund dessen ein Arbeitsschritt oder der ganze Auftrag wiederholt werden muss. Ein anderer Grund könnte sein, dass einzelne Arbeitsschritte zu spät fertig gestellt werden und dadurch nachfolgende Arbeitsschritte nicht rechtzeitig beginnen können. Neben den Bearbeitungsschritten kann es auch beim Transport der Rohmaterialien, der Halbfertigprodukte und der Endprodukte zu Fehlern kommen, die zu einer zeitlichen Verschiebung, einer Nach- oder Neubearbeitung des Auftrages führen können.

Bei den aufgezählten Störungen von Ressourcen und Prozessen handelt es sich lediglich um Beispiele. Um die funktionalen Anforderungen an das PPS II-System abzuleiten, müssen jedoch die Folgen derartiger Störungen näher betrachtet werden. Eine Folge ist, dass einzelne Arbeitsschritte, größere Teile von Aufträgen oder ganze Aufträge nicht mehr auf der ursprünglich geplanten Ressource ausgeführt werden können. Eine andere Folge ist, dass zusätzliche Arbeitsschritte oder Aufträge auf den verfügbaren Ressourcen eingeplant werden müssen. Weitere Folgen sind, dass Ressourcen während der laufenden Produktionsausführung unerwartet nicht zur Verfügung stehen und dass der Gesamtplan einer Periode, nicht wie ursprünglich gedacht, ausgeführt werden kann.

Die funktionalen Anforderungen, die sich aus den internen Störungen der Produktion und deren Folgen ableiten, zielen deshalb nicht darauf ab, auf konkrete Störungen zu reagieren, sondern darauf den Arbeitsplan flexibel definieren zu können. Bezogen auf die in Abschnitt 2.1.2 definierten Flexibilitätsarten soll das PPS II-System Arbeitsschrittflexibiliät, Wegeflexibilität, Aufgabenflexibilität und operative Logistikflexibilität unterstützen. Das bedeutet, dass der Arbeitsplan die Auflistung verschiedener Alternativen der Arbeitsschritte und der ausführenden Ressourcen erlaubt und dass parallele Arbeitsschritte abbildbar und ausführbar sind. Die operative Logistikflexibilität gewährleistet, dass die Systeme und Materialien zur Verfügung stehen, um die Entscheidung für eine konkrete Ressource bzw. einen konkreten Arbeitsschritt im Rahmen der zuvor definierten Alternativen zu treffen. Indem das PPS II-System diese Flexibilitätsarten unterstützt, ist es in der Lage auf die geschilderten Störungen besser zu reagieren und den negativen Folgen entgegenwirken.

*Voraussetzende Anforderungen für Änderungsflexibilität*

Neben den mit Änderungsflexibilität in direkter Verbindung stehenden Anforderungen muss das PPS II-System weitere funktionale Anforderungen erfüllen. Wenn diese Anforderungen erfüllt sind, sind die Voraussetzungen geschaffen, dass das System einerseits externe Kundenänderungen in die Planung integrieren und andererseits auf interne Ereignisse reagieren kann. Zu diesen Anforderungen gehört, dass das System zu jeder Zeit den aktuellen Produktionsstatus kennt. Das bedeutet, dass bekannt ist, welcher Arbeitsschritt welchen Auftrages von welcher Ressource unter Zuhilfenahme welcher Materialen derzeit bearbeitet wird. Für die angestrebte flexible Produktionssteuerung ist der minutengenaue Bearbeitungsstatus der einzelnen Produktionsaufträge von Interesse. Um dies zu gewährleisten, müssen reguläre und irreguläre Produktionsrückmeldungen unterstützt werden. Das Wissen über den aktuellen Produktionsstatus ist insbesondere notwendig, um zu entscheiden, ob eine Änderung des Produktionsplanes noch durchgeführt werden kann oder nicht.

Zusammenfassend lassen sich zehn funktionale Anforderungen bestimmen, die jeweils bis zu einem bestimmten Zeitpunkt im Planungs- und Produktionsprozess durch das PPS II-System erfüllt sein sollen. Einige Änderungsanforderungen sollen bis zur Freigabe bzw. bis zum Beginn der Produktion erlaubt werden. Andere Anforderungen sollen bis zum Beginn des Arbeitsschrittes, der von der Änderung betroffen ist, unterstützt werden. Zwei funktionale Anforderungen sollen von Beginn der Planung bis zum Abschluss der Produktion gewährleistet werden. Abbildung 2-5 gibt einen Überblick über alle funktionalen Anforderungen und Meilensteine.

*Zusammenfassende Darstellung der funktionalen Anforderungen*

| Zeitpunkt der Bestellung | Freigabe der Produktionsplanung | Freigabe der Produktion | Beginn des Arbeitschrittes, der von der Änderung bzw. Festlegung betroffen ist | Abschluss der Produktion |
|---|---|---|---|---|

1. Änderung einer Produkteigenschaft
2. Änderung einer Operationsanweisung
3. Erhöhung bzw. Senkung der Bestellmenge
4. Verschiebung des Liefertermins
5. Platzierung eines zusätzlichen Auftrags
6. Stornierung eines Auftrags
7. Definition alternativer Arbeitsschritte
8. Definition alternativer Ressourcen
9. Definition und Ausführung paralleler Arbeitsschritte
10. Kenntnis des Echtzeitstatus jedes Arbeitsschrittes von jedem Auftrag

▶ Produktionsplanung ▶ Produktionssteuerung ▶

Abbildung 2-5: Funktionale Anforderungen an das PPS II-System

### 2.2.2 Technische Anforderungen

Die technischen Anforderungen, die an das PPS II-System gestellt werden, sorgen dafür, dass der tatsächliche Einsatz des Systems in der Praxis gewährleistet ist. Als Basis der Anforderungen dienen Standards und Fachpublikationen (vgl. [Kle07, 209ff, 228ff]; [Kur05, 28ff]), die Qualitätsanforderungen an Software und Regeln zur Systementwicklung bestimmen. Die Standardserie SQuaRE (ISO/IEC 25000 [ISO05], einschließlich der zugehörigen Standards ISO/IEC 250xx) definiert Qualitätsanforderungen an Softwareprodukte und deren Evaluierung. SQuaRE steht für „Software product Quality Requirements and Evaluation" und fasst Vorgängerstandards wie ISO/IEC 9126 (Softwareproduktqualität) [ISO91] und ISO/IEC 14598 (Softwareproduktevaluierung) [ISO98] zu einem alleinig geltenden Regelwerk zusammen.

SQuaRE definiert sechs Merkmalsbereiche, die eine Software erfüllen sollte. Das sind Funktionalität, Anpassungsfähigkeit, Portierbarkeit, Benutzbarkeit, Zuverlässigkeit und

Effizienz. Da es sich in dieser Arbeit um die Entwicklung einer Systemarchitektur und nicht einer finalen Software für den Endnutzer handelt, sind nicht alle Merkmale gleichermaßen relevant.

Im ersten Merkmalsbereich *Funktionalität* wird geprüft, ob das System die expliziten und impliziten Anforderungen (vgl. Abschnitt 2.2.1) erfüllen kann. Dabei wird insbesondere darauf geachtet,

- ob die vorhandenen Funktionen geeignet sind die spezifizierten Aufgaben zu bewältigen (Angemessenheit),
- wie präzise die Anforderungen erfüllt werden (Genauigkeit),
- ob das System fähig ist mit anderen spezifizierten Systemen zu interagieren (Interoperabilität),
- ob das System fähig ist, nicht-autorisierte Zugriffe zu verhindern (Sicherheit) und
- ob das System zu Standards, Gesetzen oder anderen allgemein gültigen Regeln konform ist (Konformität).

Die mit dem Merkmal Funktionalität in Zusammenhang stehenden technischen Anforderungen Angemessenheit, Genauigkeit, Interoperabilität und Konformität müssen durch das PPS II-System erfüllt werden. Der Aspekt Sicherheit wird nicht explizit betrachtet, da es nicht Ziel dieser Arbeit ist, spezifische Sicherheitskonzepte zu entwerfen. Das PPS II-System soll existierende Sicherheitsmechanismen und Autorisierungskonzepte nutzen, um der Anforderung nach Sicherheit gerecht zu werden.

Während sich das Merkmal Funktionalität damit auseinandersetzt, welche Anforderungen das Softwaresystem erfüllen soll, adressieren die anderen Qualitätsanforderungen des SQuaRE-Standards den Zeitpunkt und die Art und Weise der Umsetzung.

Bei dem zweiten SQuaRE-Qualitätsmerkmal handelt es sich um die Wartbarkeit bzw. *Anpassungsfähigkeit* des Systems. Ziel ist es, den Aufwand für die Durchführung von Modifikationen möglichst gering zu halten. Gründe für Modifikationen können einerseits Korrekturen und Verbesserungen und andererseits Anpassungen an Änderungen der Systemumgebung oder an geänderte Spezifikationen von Funktionen sein. Eine gute Anpassungsfähigkeit zeigt sich durch folgende Aspekte:

- geringer Aufwand für die Fehlerdiagnose und die Identifikation von notwendigen Systemänderungen (Analysierbarkeit),
- geringer Aufwand für die Modifikation, Fehlerbehebung oder für Änderungen der Systemumgebung (Änderbarkeit),
- geringes Risiko, dass Modifikationen zu unerwarteten Ergebnissen führen (Stabilität),
- geringer Aufwand für die Validierung der modifizierten Software (Testbarkeit) und
- vorhandene Konformität zu Standards, Gesetzen oder anderen allgemein gültigen Regeln (Konformität).

Die technische Anforderung in Bezug auf Anpassungsfähigkeit, die an die PPS II-Systemarchitektur gestellt wird, beinhaltet die Fähigkeit des Systems, Anpassungen an Änderungen der Systemumgebung oder an geänderte Spezifikationen von Funktionen mit geringem Aufwand zu realisieren. Dabei müssen alle fünf Aspekte (Analysierbarkeit, Änderbarkeit, Stabilität, Testbarkeit und Konformität) bewertet werden, wobei die Analysierbarkeit und die Konformität den größten Einfluss auf die Anpassungsfähigkeit haben. Erweiterbarkeit als spezielle Form der Anpassungsfähigkeit muss ebenfalls durch das PPS II-System unterstützt werden. Studien haben gezeigt, dass Anpassungsfähigkeit und Erweiterbarkeit bei der Entwicklung von Softwaresystemen sogar wichtiger ist als die Abdeckung aller gewünschten Funktionalitäten (vgl. [Kurb05, 30-31]).

Die **Portierbarkeit** als drittes SQuaRE-Qualitätsmerkmal beschreibt die Fähigkeit eines Systems von einer Umgebung, die organisatorischer, Hardware- oder Software-Natur sein kann, in eine andere transferiert zu werden. Die Bewertungskriterien für die Portabilität lauten:

- Möglichkeit, das System an verschiedene Umgebungen anzupassen ohne andere Mittel als die von dem System für diesen Zweck bereitgestellten Mittel zu verwenden (Anpassbarkeit),
- geringer Aufwand für die Installation des Systems in einer spezifizierten Umgebung (Installierbarkeit),
- Fähigkeit des System mit einem anderen unabhängigen Softwaresystem in einer gemeinsamen Umgebung gemeinsame Ressourcen zu teilen (Ko-Existenz),

- geringer Aufwand für die Nutzung des Systems als Ersatz für ein anderes Softwaresystem in dessen Umgebung (Austauschbarkeit) und
- hohe Konformität zu auf Übertragbarkeit bezogene Standards und Konventionen (Konformität).

Technische Anforderung an das PPS II-System ist es, dass es sich leicht in verschiedene Umgebungen übertragen und technisch integrieren lässt. Allgemein wird diese Forderung auch als gute Integration in die bestehende Systemlandschaft beschrieben (vgl. [Klet07, 220]). Von den genannten Bewertungskriterien müssen alle untersucht werden, wobei insbesondere eine gute Anpassbarkeit, die Möglichkeit der Ko-Existenz und eine hohe Konformität positiv auf die Portierbarkeit wirken. Das bedeutet, dass das System standardisierte Schnittstellen zu anderen in der Umgebung existierenden Systemen anbieten muss. Im Kontext des PPS II-Systems handelt es sich bei den anderen Systemen um Systeme der Unternehmensleitebene, der Produktionsleitebene und der Feldsteuerungsebene.

Die weiteren drei Merkmalskategorien des SQuaRE-Standards Benutzbarkeit, Zuverlässigkeit und Effizienz sollen nicht untersucht werden, da die Vorrausetzung für solch eine Untersuchung und die zugehörigen Tests (z. B. Benutzer-, Performance- und Skalierbarkeitstests) ein komplett implementiertes System mit einer ausgereiften Benutzerschnittstelle wäre. Im Rahmen dieser Arbeit wird jedoch nur die PPS II-Systemarchitektur beschrieben und prototypisch implementiert. Um ein einheitliches Verständnis der Begriffe zu schaffen, sollen sie trotzdem kurz definiert werden. Auf eine Nennung der zugehörigen Bewertungskriterien wird jedoch verzichtet. *Benutzbarkeit* bzw. Benutzerfreundlichkeit entspricht dem Aufwand für die Benutzung des Systems, der von einer Gruppe von Nutzern getestet und evaluiert wird. Die *Zuverlässigkeit* ist die Fähigkeit des Systems den Performancegrad unter bestimmten Bedingungen für eine definierte Zeitdauer aufrechtzuerhalten. Die Beziehung zwischen dem Performancegrad und der Menge der eingesetzten Ressourcen unter bestimmten Bedingungen wird durch die *Effizienz* beschrieben.

Tabelle 2-3 fasst alle technischen Anforderungen, die an das PPS II-System gestellt werden, und die zugehörigen Bewertungskriterien zusammen. Die dritte Spalte zeigt, wie groß der Einfluss des Kriteriums für die Erfüllung der Anforderung ist.

Tabelle 2-3: Technische Anforderungen an das PPS II-System

| Technische Anforderung | Bewertungskriterien | Gewichtung |
|---|---|---|
| Erfüllung der geforderten **Funktionalität** | Angemessenheit | Hoch |
| | Genauigkeit | Hoch |
| | Interoperabilität | Niedrig |
| | Konformität | Mittel |
| Gute **Anpassungsfähigkeit** des Systems | Analysierbarkeit | Hoch |
| | Änderbarkeit | Mittel |
| | Stabilität | Niedrig |
| | Testbarkeit | Mittel |
| | Konformität | Hoch |
| Gute **Portierbarkeit** des Systems | Anpassbarkeit | Hoch |
| | Installierbarkeit | Niedrig |
| | Ko-Existenz | Hoch |
| | Austauschbarkeit | Mittel |
| | Konformität | Hoch |

## 2.2.3 Ökonomische Anforderungen

Die ökonomische Bedeutung des PPS II-Systems ergibt sich durch die zentrale Stellung der Fertigung und deren direkten Einfluss auf die Unternehmensleistung. Die Kennzahlen der Fertigungsleistung und der Fertigungskosten entsprechen somit den Anforderungen, die ein solches System erfüllen muss, um den Unternehmenserfolg positiv zu beeinflussen. Bei Unternehmen, deren Produktion auftragsbezogen ist, wird die Fertigungsleistung durch die externen Zielgrößen Lieferzeit und Liefertreue und die internen Zielgrößen Durchlaufzeit und Termintreue beeinflusst. Die Fertigungskosten, die durch das PPS II-System beeinflusst werden können, beziehen sich auf den Bestand, die Auslastung und die Verzugskosten (vgl. [Löd08, 19]).

*Zielgrößen der Fertigungsleistung*

Die Leistungsmerkmale Lieferzeit und Liefertreue werden auch für den Kunden von immer größerer Bedeutung. Neben der Produktqualität und dem Preis haben sie den größten Einfluss auf seine Kaufentscheidung (vgl. [Gud06, 55]; [NyW02, 2]). Da ein Produktionsplanungs- und -steuerungssystem die Kriterien Produktqualität nur eingeschränkt über die Prozessqualität und den Preis gar nicht beeinflussen kann, sind die logistischen Leistungsmerkmale Lieferzeit und Liefertreue die entscheidenden Größen, an denen der Erfolg des PPS II-Systems gemessen werden kann.

In der Auftragsfertigung ist der Zusammenhang zwischen internen und externen Zielgrößen derart, dass kurze Lieferzeiten durch kurze Durchlaufzeiten ermöglicht werden und die Liefertreue von der internen Termintreue abhängt. Zwischen der Durchlaufzeit und der Termintreue besteht eine Wechselwirkung in der Weise, dass die Terminsicherheit steigt, wenn die Durchlaufzeit sinkt (vgl. [Wie97a, 136]). Ist es in der anonymen Lagerfertigung noch möglich, Unzulänglichkeiten der Produktionssteuerung durch Lagerbestände auszugleichen (vgl. [Wie97a, 4]), dadurch Störungen zu überbrücken und Terminverschiebungen zu verdecken, ist diese Option bei der kundenindividuellen Auftragsfertigung nicht mehr gegeben. Abbildung 2-6 zeigt die Zusammenhänge zwischen den Zielgrößen der Fertigungsleistung.

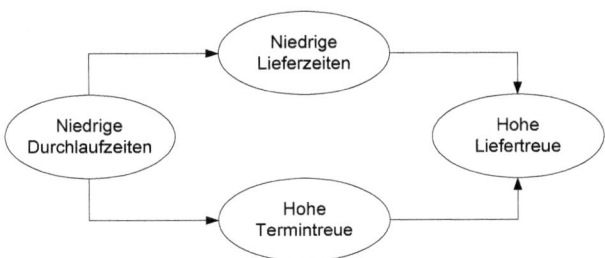

Abbildung 2-6: Ökonomische Zielgrößen der Fertigungsleistung

Die *Lieferzeit* ist die Zeitdauer zwischen dem Eingang des Kundenauftrages und der Auslieferung dieses Auftrags (vgl. [Löd08, 20]). Da es sich um kundenindividuelle Fertigung handelt, ist die Durchlaufzeit immer auch Teil der Lieferzeit, da erst nach Auftragseingang gefertigt wird. Weiterhin gehen die Zeiten der Beschaffung von Rohmaterialien, sofern diese auftragsspezifisch sind, und die Transport- und Versandzeiten in die Lieferzeit ein. Als *Liefertreue* oder Lieferterminabweichung bezeichnet man die Differenz zwischen dem tatsächlichen und dem geplanten Liefertermin (vgl. [Löd08, 24]). Kurze Lieferzeiten müssen immer im Zusammenhang mit der Liefertreue betrachtet werden, da sie nur dann einen Wettbewerbsvorteil bedeuten, wenn sie auch gehalten werden können.

Die *Durchlaufzeit* als Teil der Lieferzeit umfasst die Zeitdauer zwischen der Freigabe des Fertigungsauftrages und dem Bearbeitungsende dieses Auftrages (vgl. [Löd08, 29]). Die *Termintreue* oder Terminabweichung bestimmt die Abweichung des tatsächlichen vom geplanten Auftragsdurchlauf (vgl. [Löd08, 29]). Bei der internen Termintreue spielen Abweichungen hinsichtlich der Bearbeitungsdauer, des Bearbeitungsanfangs und des Bearbeitungsendes eines Fertigungsauftrages eine Rolle. Interne Terminabweichungen können Einfluss auf die Liefertreue haben, müssen es aber nicht zwangsweise.

Alle vier Leistungskenngrößen werden durch die internen und externen Änderungen, die in dieser Arbeit beschrieben werden, tangiert. Aufgabe des PPS II-Systems ist es, die Änderungen in dem geforderten Umfang (vgl. Abschnitt 2.2.1) zu unterstützen und dabei die vier ökonomischen Zielgrößen optimal zu gestalten.

*Kosten*

Die ökonomischen Anforderungen umfassen nicht nur die Leistungen, die das PPS II-System erfüllen muss, um Nutzen für den Kunden und das Unternehmen zu stiften, sondern auch die optimale Gestaltung der Kosten. Zu den Fertigungskosten, die durch das PPS II-System beeinflusst werden können, gehören die Bestandskosten, die Kosten, die mit der Auslastung in Zusammenhang stehen, und die Verzugskosten (vgl. [Löd08, 19]; [Wie97a, 136]). Die strategischen Logistikkosten, die für die Gestaltung der Kunden- und Lieferantenbeziehungen oder der TUL-Systeme anfallen, werden nicht betrachtet, da die Fertigungsplanung und -steuerung sie nicht beeinflussen kann. Niedrige Fertigungskosten wirken positiv auf den Produktpreis bzw. den Unternehmensgewinn. Ökonomisches Ziel des PPS II-Systems ist es deshalb die beeinflussbaren Kosten möglichst gering zu halten.

*Bestandskosten* entstehen durch Lagerbestand und Fertigungsbestand (vgl. [Löd08, 32]). In der kundenindividuellen Auftragsproduktion ist lediglich der Lagerbestand der Rohmaterialien und bei der Assembly-to-Order-Strategie (siehe Abschnitt 2.1.2) auch der Bestand an Halbfabrikaten relevant. Fertigwaren werden jedoch nicht gelagert, da sie nicht auf Vorrat gehalten werden können. Der Fertigungsbestand besteht aus den freigegebenen, aber noch nicht fertig gestellten Aufträgen. Eine wichtige Regel für die Zielsetzung des PPS II-Systems ist es, dass die Höhe des Lager- und Fertigungsbestandes Ergebnis der Lagerdisposition und Fertigungssteuerung ist und nicht das Ziel (vgl.

[Gud06, 63]). Bestandshaltung ist notwendig, um die Produktions- und Lieferfähigkeit zu sichern und gleichzeitig die Logistikkosten zu senken.

Die *Auslastung* beschreibt das Verhältnis von mittlerer und maximal möglicher Leistung. Die Leistung einer Maschine, eines Produktionssystems bzw. eines Werkes wird durch die Anzahl der Aufträge, die innerhalb einer bestimmten Zeiteinheit bearbeitet werden, definiert (vgl. [Löd08, 35]). Mit einer hohen Auslastung können der Umsatz und damit auch der erwirtschaftete Deckungsbeitrag zunehmen. Eine niedrige Auslastung verursacht Kosten, die möglichst gering gehalten werden sollten.

*Verzugskosten* entstehen einem Unternehmen aus der verspäteten Auslieferung eines Auftrags. Die exakt messbaren Kosten wie Konventionalstrafen oder erhöhte Kosten für Expresslieferung sind dabei meist nicht so gravierend wie die nicht exakt bestimmbaren Kosten, die durch den Vertrauensschaden entstanden sind (vgl. [Löd08, 37]).

Die genannten Leistungskenngrößen und Kostenfaktoren werden durch die internen und externen Änderungen, deren Integration in die Produktionsplanung und -steuerung in dieser Arbeit beschrieben wird, tangiert. Aufgabe des PPS II-Systems ist es, diese Änderungen in dem geforderten Umfang (vgl. Abschnitt 2.2.1) zu ermöglichen und dabei die Wirkung auf die ökonomischen Zielgrößen optimal zu gestalten. Dass dabei niemals alle Größen gleichzeitig optimiert werden können, ist seit langem als Dilemma der Ablaufplanung bekannt (vgl. [Löd08, 33]; [NyW02, 4]; [Wie97a, 137]). Beispielsweise ist eine Verkürzung der Durchlaufzeiten mit einer Senkung der Fertigungsbestände verbunden. Gleichzeitig kann dies aber zu einer Verringerung der Auslastung führen, was wiederum eine Erhöhung der Kosten nach sich zieht.

Aus diesem Grund sollen als Ergebnis dieser Arbeit die Auswirkungen auf die Leistungs- und Kostengrößen, die bestimmte Änderungen im Produktionsplan haben, detailliert beschrieben werden. Die Entscheidung, welchen ökonomischen Zielgrößen der Vorrang bei der Optimierung gegeben wird, wird jedoch nicht vordefiniert. Die ökonomischen Anforderungen sind zusammenfassend in Tabelle 2-4 dargestellt:

Tabelle 2-4: Ökonomische Anforderungen an das PPS II-System

| Leistungsanforderungen | | Kostenanforderungen | |
|---|---|---|---|
| **Kennzahl** | **Optimale Ausprägung** | **Kennzahl** | **Optimale Ausprägung** |
| Lieferzeit | Niedrig | Bestandskosten | Niedrig |
| Durchlaufzeit | Niedrig | Auslastung | Hoch |
| Termintreue | Hoch | Verzugskosten | Niedrig |
| Liefertreue | Hoch | | |

# 3 Analyse existierender Systeme zur Produktionsplanung und -steuerung

In diesem Kapitel werden die Systeme, aus deren Bestandteilen das zu entwickelnde PPS II-System aufgebaut ist, analysiert. Dazu gehören das ERP-System als beherrschendes System der Unternehmensleitebene (Abschnitt 3.1) und das MES als System der Fertigungsleitebene (Abschnitt 3.2). Weiterhin ist die Schnittstelle zwischen beiden Systemen Schwerpunkt der Untersuchung. Welche Standards für die Ausgestaltung der Schnittstelle existieren, ist dabei ebenso von Interesse wie die tatsächliche Realisierung der Verbindung beider Systeme in der Praxis.

## 3.1 ERP-Systeme auf der Unternehmensleitebene

Dieser Abschnitt erläutert zunächst die allgemeine Zielsetzung und die Aufgaben eines ERP-Systems als zentrales System der Unternehmensleitebene. Anschließend werden führende ERP-Systeme hinsichtlich der im Abschnitt 2.2.1 definierten funktionalen Anforderungen geprüft.

### 3.1.1 Definition

Der Bereich der Unternehmensleitebene betrachtet ein Unternehmen vorrangig aus der betriebswirtschaftlichen Perspektive. Als wichtigstes System dieser Ebene hat sich das Enterprise Resource Planning (ERP)-System etabliert (vgl. [TMF08, 10]).

„Als ERP-System bezeichnet man ein Informationssystem, das Geschäftsprozesse und Geschäftsregeln sowohl innerhalb der Hauptfunktionsbereiche eines Unternehmens als auch über die Bereiche hinweg abbildet und teilweise oder ganz automatisiert." [Kur05, 241]

Die wichtigsten Funktionsbereiche, die durch ein ERP-System abgedeckt werden, sind:

- Produktionsplanung und -steuerung,
- Materialwirtschaft und Lagerhaltung,
- Instandhaltung und Qualitätssicherung,
- Einkauf,
- Marketing und Vertrieb,
- Finanzbuchhaltung und Controlling,

- Personalwesen und
- Analyse- und Berichtswesen (vgl. z. B. [Kur05, 246f]; [TMF08, 10]).

Weitere Systeme der Unternehmensleitebene sind dedizierte Systeme für die Verwaltung der Kundenbeziehungen (CRM - Customer Relationship Management), der Lieferantenbeziehungen (SRM - Supply Relationship Management) oder der gesamten Lieferkette (SCM - Supply Chain Management). Wie in der Abgrenzung (vgl. Abschnitt 2.1.1) deutlich gemacht, werden diese Prozesse als Teil der strategischen Logistik nicht durch den Funktionsumfang des PPS II-Systems abgedeckt. Auch die Funktionalitäten des ERP-Systems sind durch das PPS II-System nicht vollständig abgedeckt. Interessant sind lediglich die produktionsplanungs- und -steuerungsrelevanten und die materialwirtschaftlichen Teile. Dabei werden in der Regel folgende Schritte durch ein ERP-System abgedeckt:

- Die Produktionsgrobplanung umfasst die Primärbedarfsplanung auf Basis von Kundenaufträgen und Prognosen und die Sekundärbedarfsplanung, die durch die Auflösung der Stücklisten die Nettobedarfe aller Materialien ermittelt wird.
- Die Produktionsfeinplanung umfasst die zeitliche Terminierung der Planaufträge und die Kapazitätsplanung. Dabei wird allerdings nur bis auf Tag- bzw. Schichtebene geplant. Als Abschluss der Produktionsfeinplanung werden die Planaufträge freigegeben und als Fertigungsaufträge an die untergelagerten Planungs- und Steuerungssysteme übergeben.

Die produktionsrelevanten und materialwirtschaftlichen Funktionalitäten eines ERP-Systems werden in der folgenden Systemanalyse untersucht.

### 3.1.2 Vorgehensweise bei der Systemanalyse

Um den Erfüllungsgrad der funktionalen Anforderungen von auf dem Markt befindlichen ERP-Systemen zu ermitteln, wurde eine Kombination von Primär- und Sekundäranalyse angewendet. Bei einer Primäranalyse werden die Daten extra für einen bestimmten Zweck erhoben und bei der Sekundäranalyse werden bestehende Quellen genutzt, um die gewünschten Informationen zu erhalten (vgl. z. B. [HHK08, 24]; [HNB+02, 482]). Die Quellen, die für die ERP-Analyse im Rahmen der Sekundäranalyse gesichtet und ausgewertet wurden, umfassen Veröffentlichungen in Büchern (z. B. [Cor07]; [Kur05]), Zeitschriften (z. B. „ERP-Management", „IT&Production", „PPS-

Management", „Wirtschaftsinformatik") oder Online-Quellen (z. B. [Phi10a]) aber auch bestehende Erhebungen und Studien (z. B. [Dei04]; [Dei06]; [FaG08]; [GCC+09]; [HAP09]; [MMG02]; [Man08]; [PBR08]; [Sch04]; [STS08]).

Die Studien, die ERP-Systeme hinsichtlich ihrer Funktionalität analysiert haben (z. B. [Dei04]; [FaG08]; [HAP09]; [Man08]; [PBR08]), liefern einen umfassenden Überblick und haben außerdem gezeigt, dass die führenden Systeme einander sehr ähnlich sind. Die am weitest verbreiteten ERP-Systeme decken schon 90% der Funktionalitäten durch den Standardumfang ab. Bei den drei führenden Systemen sind es sogar 95% (vgl. [Sch04, 28]). Die restlichen Funktionalitäten können dann meist durch kundenspezifische Anpassungen bereitgestellt werden. Aufgrund dessen spielt der Auswahlprozess bei der Einführung eines ERP-Systems mittlerweile eine untergeordnete Rolle. Die Anbieter haben eine einheitliche Vorstellung davon, was ein ERP-System können muss und die potentiellen Nutzer können darauf vertrauen. Das ist auch der Grund dafür, dass sich einige Studien dem Nutzen von ERP-Systemen zugewendet haben (vgl. z. B. [MMG02]; [Sch04]; [STS08]).

Um zu analysieren, inwieweit bestehende Systeme die in Abschnitt 2.2.1 definierten Anforderungen erfüllen, ist es deshalb nicht notwendig eine grundlegende Primäranalyse aller ERP-Systeme durchzuführen, sondern man kann größtenteils auf den bestehenden Erhebungen aufbauen. Nur für dedizierte Fragestellungen, die weder aus der allgemeinen Literatur hervorgehen noch in den Studien im Detail untersucht wurden, war eine Primäranalyse erforderlich. Im Rahmen der Primäranalyse wurden Befragungen bei Messen, Tagungen und Workshops (z. B. CeBIT 2007, CeBIT 2008, Hannovermesse 2007, Hannovermesse 2008) durchgeführt, die durch eine spezifische Online-Recherche unter Zuhilfenahme der Plattform von it-matchmaker (vgl. [TrS10]) erweitert wurden.

Ein Gesamtüberblick über den Markt konnte durch die erwähnten Studien zur Funktionsanalyse gewonnen werden. So wurden beispielsweise 72 ERP-Systeme in [Dei04] und 111 ERP-Systeme in [FaG08] untersucht. Auf Basis der Marktanalysen in [HAP09]; [Kon09]; [Kur05] und [Man08] hat sich die Online-Recherche auf die Systeme der fünf führenden Anbieter beschränkt. Im Einzelnen sind das:

- Infor mit dem Produkt Infor ERP,
- Microsoft mit dem Produkt Microsoft Dynamics Nav,
- Oracle mit den Produkten Oracle E-Business Suite und Oracle JD Edwards EnterpriseOne,
- Sage mit dem Produkt bäurer industry und
- SAP mit den Produkten SAP ERP und SAP Business ByDesign.

In der Analyse konnten alle Fragen funktionaler Art geklärt werden. Die Ergebnisse sind in dem folgenden Abschnitt zusammengefasst.

### 3.1.3 Ergebnisse der Systemanalyse

Obwohl Planänderungen in den untersuchten ERP-Systemen meist flexibel machbar sind, ist der Zeitraum der Änderungen auf den Einflussbereich des ERP-Systems beschränkt, der mit Übergabe der Produktionsplanung an das darunterliegende Steuerungssystem (z. B. MES) endet. Begründet durch den typischen Zeithorizont eines durch das ERP-System erstellten Fertigungsplans von mehreren Tagen bzw. Schichten (vgl. [VDI07b, 10]) kann ein ERP-System bereits einen oder mehrere Tage vor Produktionsstart keine Änderungen mehr vornehmen. Wie sich das auf die unterschiedlichen funktionalen Anforderungen (vgl. Abschnitt 2.2.1) auswirkt, wird im Folgenden detaillierter erläutert.

*1. Anforderung:* Änderung einer Produkteigenschaft bis zum Beginn des Arbeitsschrittes, der von der Änderung betroffen ist

Zur grundsätzlichen Abbildung alternativer Produkteigenschaften, die dann unter Umständen auch geändert werden können, müssen die Systeme Variantenmanagement unterstützen. Bei den meisten ERP-Systemen ist dies der Fall (71 % in [FaG08, 620ff]). Von den sieben untersuchten Systemen der fünf marktführenden Anbieter bieten lediglich Microsoft Dynamics Nav und SAP Business ByDesign keine Möglichkeit zur Variantenkonfiguration an. Bei SAP Business ByDesign, ein 2007 auf den Markt gebrachtes Produkt der Firma SAP, ist dies jedoch in Planung. Für Microsoft Dynamics Nav empfiehlt Microsoft die Nutzung des externen Konfigurationswerkzeugs der Firma KUMAvision.

Um Varianten abzubilden, nutzen manche ERP-Systeme die matrixbasierte Konfigurationsmethode (z. B. JD Edwards Enterprise One), bei der die einzelnen Produktmerkmale und die Produktvarianten einander gegenübergestellt werden. Soll eine große Anzahl von Varianten unterstützt werden, bietet sich eine regelbasierte Methode an (z. B. bei Infor ERP, Oracle E-Business Suite). Einige Systeme bieten auch beide Methoden alternativ an (z. B. SAP ERP), um bei Produkten, bei denen es wenige Varianten gibt, eine einfache Konfiguration zu ermöglichen und bei komplexen Produkten eine hohe Stammdatenflut zu verhindern.

In Abhängigkeit dessen, wo das Variantenmanagement verankert ist, unterscheiden sich auch die Änderungsmöglichkeiten und -zeitfenster. Bei einigen Lösungen ist das Variantenmanagement direkt mit dem Auftragsmanagement gekoppelt - entweder als externer Konfigurator wie bei Microsoft Dynamics Nav oder als interne Anwendung wie der Oracle Configurator in der Oracle E-Business Suite. Während des Anlegens des Auftrags und der Bearbeitung im Einkauf sind vielfältige Einstellungen und auch Änderungen möglich. Sobald der Kundenauftrag an die Produktionsplanung weitergereicht wird, wird dabei eine feste Variante übergeben. Somit können bereits während der Produktionsgrob- und -feinplanung keine Änderungen an der Variante mehr vorgenommen werden. Da jegliche Änderungen der Variante direkt in dem Konfigurator vorgenommen werden müssten, ist eine Variantenänderung während der Produktionsplanung nicht möglich.

Bei anderen Lösungen ist die Variantenkonfiguration in den einzelnen Anwendungen des Einkaufs, der Stücklistenpflege, der Arbeitsplanung und der Fertigungsauftragsverwaltung integriert (z. B. SAP ERP). Änderungen einer oder mehrerer Produkteigenschaften sind hier bis zur Stücklistenauflösung ohne Probleme möglich. Spätere Änderungen bis zur Übergabe der Produktionsplanung an untergelagerte Systeme sind nicht generell verboten, führen aber dazu, dass der MRP II-Lauf ab der Nettobedarfsermittlung erneut durchgeführt werden muss. Das bedeutet auch, dass eventuell für die Produktion reservierte Materialien wieder freigegeben werden und andere Materialen reserviert bzw. bestellt werden müssen. Nach der Übergabe der Produktionspläne an untergelagerte Produktionsplanungs- und -steuerungssysteme, erlaubt der entsprechende Status im ERP-System grundsätzlich keine Änderungen an den Auftragsdaten mehr. Da die entsprechenden Prozesse, die bei bestimmten Status erlaubt oder nicht erlaubt sind, jedoch kundenindividuell bestimmt werden können, wäre es theoretisch möglich, auch spätere Änderungen zu erlauben. Dies wird jedoch in der praktischen Implementierung so nicht umgesetzt, da die Verantwortung nach Freigabe der Produktionsplanung nicht mehr beim ERP-System liegt und es deshalb nicht möglich ist, die Konsequenzen der Änderungen abzuschätzen. Falls nach Freigabe der Produktionsplanung trotzdem Änderungen erforderlich sind, kann dies in der Regel nur durch einen manuellen Prozess umgesetzt werden. Das bedeutet, dass ein neuer Auftrag erzeugt werden müsste, da der ursprüngliche Auftrag zu diesem Zeitpunkt bereits für Änderungen gesperrt ist. Weiterhin müssten die Materialien, die durch den ursprünglichen Auftrag gebunden sind, manuell freigegeben werden und für den neuen Auftrag reserviert werden. Ein direktes Referenzieren zwischen den beiden Aufträgen ist nicht möglich.

Zusammenfassend lässt sich erkennen, dass Änderungen der Produkteigenschaft in Abhängigkeit vom ERP-System nur bis zur Durchführung der Nettobedarfsermittlung oder bis zur Freigabe der Produktionsplanung möglich sind. Änderungen bis zum Produktionsstart sind durch das Setzen des entsprechenden Status im ERP-System in der Regel nicht mehr erlaubt. Somit kann die erste Anforderung durch die untersuchten ERP-Systeme nicht erfüllt werden.

*2. Anforderung:* Änderung einer Operationsanweisung bis zum Beginn des Arbeitsschrittes, der von der Änderung betroffen ist

Das Hinterlegen einer kundenindividuellen Operationsanweisung wird nur von der Hälfte der ERP-Systeme unterstützt ([FaG08, 620ff]). Von den sieben primär untersuchten Systemen können bei sechs Systemen einzelne Merkmale bei Auftragseingang frei konfiguriert werden. Lediglich bei einem System ist es nicht möglich, individuelle Merkmale in die automatische Variantenverarbeitung zu integrieren. Derartige Operationsanweisungen könnten hier nur manuell als Text hinterlegt werden, könnten dann jedoch auch nur auf manuellem Weg weitergereicht werden. Bei Systemen, die die Konfiguration von individuellen Merkmalen unterstützen, werden diese bei der Verarbeitung ähnlich wie die vorkonfigurierten Variantenmerkmale behandelt. Ein Unterschied besteht allerdings darin, dass durch Operationsanweisungen in der Regel keine speziellen Materialien reserviert werden, sondern spezielle Werkzeuge.

Da es keine Materialabhängigkeiten gibt, sind Änderungen ohne zusätzlichen Aufwand bis zur Freigabe der Produktionsplanung möglich. Wie die Anpassung der Variante, sind Änderungen der Operationsanweisungen nur bis zur Freigabe der Produktionsplanung durchführbar. Danach kann der Auftrag nicht mehr geändert werden. Somit können existierende ERP-Systeme auch die zweite Anforderung nicht erfüllen.

***3. Anforderung:*** Erhöhung bzw. Senkung der Bestellmenge bis zur Freigabe der Produktion

Während die Produktvariante und die kundenindividuellen Operationsanweisungen nur Teile des Planungs- und Fertigungsprozesses beeinflussen, hat die vom Kunden beauftragte Menge Einfluss auf den gesamten Prozess. In der Produktionsgrobplanung ist die Menge Teil der aggregierten Menge für die Primärbedarfsplanung, auf deren Basis im Anschluss die Nettobedarfsmengen der einzelnen Materialien ermittelt werden. Bei der Produktionsfeinplanung spielt die Menge eine Rolle für die Kapazitäts- und Zeitplanung. In der Regel beansprucht die Produktion einer größeren Menge mehr Kapazitäten und mehr Zeit und die Produktion einer kleineren Menge weniger. In dem als Ergebnis der Produktionsfeinplanung entstandenen Fertigungsauftrag wird die Auftragsmenge durch Losgrößenbildung weiter disaggregiert oder aggregiert.

Die Online-Analyse hat ergeben, dass es Systeme gibt, die die Anpassung der Menge grundsätzlich nur bis zur Übergabe des Auftrags an die Produktionsplanung unterstützen. Sobald der MRP II-Lauf einschließlich Nettobedarfs-, Kapazitäts- und Zeitplanung begonnen hat, sind keine Änderungen mehr zugelassen, da diese den MRP II-Lauf verwerfen würden. Spätere Erhöhungen der Menge können hier nur noch durch das Anlegen eines neuen Auftrags, der dann nur die Differenz der erhöhten und der ursprünglichen Menge enthält, umgesetzt werden. Spätere Senkungen der Menge können nur durch das Stornieren des kompletten Auftrags und dem Neuanlegen eines Auftrages mit einer geringeren Menge bzw. dem teilweisen Stornieren des Auftrags realisiert werden. Um die Materialreservierungen neu zuzuordnen und Lücken in der Kapazität- und Zeitplanung zu vermeiden, müsste dann auch der MRP II-Lauf für die gesamte Planung oder den einzelnen Auftrag noch einmal durchgeführt werden.

Andere Systeme erlauben die Änderung der Menge bis zur Freigabe der Produktionsplanung, aktualisieren aber nicht alle verknüpften Daten und Prozesse automatisch. So führt beispielsweise die Oracle E-Business Suite bei einer Erhöhung der Menge nicht automatisch einen erneuten MRP II-Lauf aus, um zusätzliche Materialien und Kapazitäten zu reservieren. Lediglich für den Fall der Mengenreduktion werden die verbundenen Reservierungen der entsprechenden Materialmengen aufgehoben. Eine erneute Kapazitäts- und Zeitplanung wird jedoch auch hier nicht angestoßen. Da das Ergebnis der Kapazitäts- und Zeitplanung in ERP-Systemen jedoch ohnehin nur grobe Belastungsübersichten eines Tages bzw. einer Schicht sind, spielen kleinere Mengenanpassungen hier unter Umständen keine Rolle und werden deshalb nicht berücksichtigt.

Obwohl ERP-Systeme existieren, die die Anforderung, eine Anpassung der Menge bis zum Zeitpunkt der Freigabe der Produktionsplanung zu ermöglichen, erfüllen, werden bei diesen Systemen die Mengen- und Kapazitätsabhängigkeiten nicht berücksichtigt. Für den Zeitraum von der Freigabe der Produktionsplanung bis zur Produktion können aus ERP-Sicht keine Aussagen zu der Möglichkeit Mengen zu ändern getroffen werden, da sich die Auftragshoheit zu diesem Zeitpunkt bereits bei dem darunterliegenden MES befindet. Sollte das MES entsprechende Mengenänderungen erlauben, kann man das ERP-System grundsätzlich so konfigurieren, dass nach der Freigabe der Produktionsplanung noch Mengenänderungen erlaubt sind.

*4. Anforderung:*   Verschiebung des Liefertermins bis zur Freigabe der Produktion

Den Liefertermin zu kennen und sich darauf verlassen zu können, ist für den Kunden neben dem Preis und der Qualität das wichtigste Kriterium für seine Kaufentscheidung (vgl. [NyW02, 2]). Immerhin 76 % der von Fandel und Gubitz analysierten ERP-Systeme adressieren dieses Kundenbedürfnis und sind fähig den Liefertermin bei der Auftragserfassung zu ermitteln (vgl. [FaG08, 418ff]). Diese ATP (Available to promise)-Berechnung geschieht in der Regel auf Basis der bereits geplanten Aufträge im Vergleich zu den verfügbaren Kapazitäten unter Berücksichtigung der Lagerverfügbarkeiten. Selbst Systeme, die den Liefertermin nicht automatisch berechnen können, sondern bei denen er nur manuell eingetragen werden kann, sind größtenteils fähig den Liefertermin zu überwachen. Die Frage ist jetzt, inwieweit die Systeme fähig sind, den Liefertermin nach vorn oder hinten zu verschieben.

Bei den sieben im Detail untersuchten Systemen stellt eine Verschiebung des Liefertermins nach hinten grundsätzlich kein Problem dar und kann sogar bis zum Ende der

Produktion durchgeführt werden. Die Systeme überbrücken die Zeit in diesem Fall durch eine längere Endeinlagerung. Da die Lagerkapazitäten in der Regel nicht auftragsbezogen geplant werden, sind bei Änderungen auch keine Umplanungen erforderlich. Sofern der MRP II-Lauf zum Zeitpunkt der Änderungen bereits stattgefunden hat, hat eine Terminverschiebung nach hinten keine Auswirkungen auf die Produktionsplanung und die Materialreservierungen.

Eine Vordatierung des Liefertermins wird in den sieben im Detail untersuchten Systemen differenzierter behandelt. Bei einigen Systemen ist die Vordatierung bis zur Freigabe der Produktionsplanung möglich, es gibt allerdings Unterschiede hinsichtlich der Berücksichtigung von Reservierungen. So hat eine Vordatierung des Liefertermins bei der Oracle E-Business Suite generell keine Auswirkungen auf die bereits getätigten Materialreservierungen. Bei Microsoft Dynamics Nav dagegen werden die Materialreservierungen automatisch aufgehoben, falls das Datum durch die Verschiebung vor dem zuvor errechneten Lieferdatum der Bedarfsdeckungsmöglichkeit liegt. Um den neuen Liefertermin letztendlich auch einhalten zu können, ist bei solch einer Vordatierung in der Regel eine erneute Durchführung des MRP II-Laufs notwendig. Die Notwendigkeit müsste bei der Oracle E-Business Suite manuell geprüft werden, während Microsoft Dynamics Nav durch die Aufhebung der Reservierung darauf hinweist. Andere Systeme (z. B. SAP ERP und SAP Business ByDesign) lassen eine Vorverschiebung des Liefertermins deshalb generell nur bis zum Beginn der MRP II-Planung zu, um eine Neuplanung zu vermeiden.

Grundsätzlich existieren somit Systeme, die die Möglichkeit bieten, eine Verschiebung des Liefertermins bis zur Freigabe der Produktionsplanung zu ermöglichen. Ob eine spätere Änderung bis zum Zeitpunkt der Freigabe der Produktion möglich ist, wird im Abschnitt 3.2.3 bei der MES-Analyse näher beleuchtet.

**5. Anforderung:** Platzierung eines zusätzlichen Auftrags bis zur Freigabe der Produktion

Die fünf marktführenden ERP-Anbieter haben die Wichtigkeit von Eilaufträgen erkannt und werben deshalb in ihren Broschüren oder Webseiten alle damit diese sehr gut implementieren zu können (vgl. z. B. Website von Microsoft [Mic10]). Falls ein Auftrag kommt, der möglichst schnell bearbeitet werden muss, kann dieser unabhängig davon, wann der nächste Planungslauf stattfindet, sofort geplant und freigegeben werden. Ein Nachteil ist jedoch, dass er separat behandelt wird und nicht automatisch in die bereits freigegebene Produktionsplanung integriert werden kann.

Das bedeutet, dass das Problem, den Eilauftrag in die Produktionsplanung einzubinden, entweder an das nachgelagerte MES verschoben wird oder manuell gelöst werden muss. Mit SAP ERP können im Falle eines Eilauftrags beispielsweise bestehende Reservierungen manuell aufgehoben und an einen neuen Auftrag gebunden werden. Solche manuellen Umplanungen können außerdem zu weiteren manuellen Schritten führen, da der durch den Eilauftrag verschobene Auftrag nun ebenfalls manuell geplant werden muss. Oracle hat erst Ende 2009 mit Rapid Planning (vgl. [MoP09]) eine neue Anwendung auf den Markt gebracht, welche im Fall von Eilaufträgen, die gesamten Produktionsplanungsdaten unter Berücksichtigung des Eilauftrags neu kalkulieren kann. Oracle Rapid Planning verwendet dabei die Planungsdaten von den Oracle-Produkten Oracle E-Business Suite und Oracle JD Edwards EnterpriseOne, kann sich aber auch an Nicht-Oracle-Produkte anbinden.

Obwohl diese Anwendung das operative Ziel, Eilaufträge auf Basis der aktuellen Produktionsplanung einzuplanen, sehr gut adressiert, ist der Fakt, dass es sich bei Oracle Rapid Planning um ein externes System handelt mit einigen Nachteilen verbunden. Es verwendet andere Planungsalgorithmen als die ERP-Systeme in ihrer Planung zuvor, so dass schon bei einer kleinen durch einen Eilauftrag ausgelösten Änderung mit hoher Wahrscheinlichkeit der gesamte Produktionsplan verworfen wird. Außerdem aktualisiert es den Produktionsplan in dem jeweils angebundenen ERP-System nach der Umplanung nicht, sodass sich als Ergebnis die Produktionsplandaten beider Systeme unterscheiden. Von einer integrierten Lösung kann demnach auch hier nicht gesprochen werden.

Zusammenfassend lässt sich sagen, dass die Integration von Eilaufträgen hauptsächlich an dem weiten Planungshorizont von ERP-Systemen scheitert. Nach der Freigabe der Produktionsplanung können Eilaufträge nur noch über Umwege oder manuelle Schritte weitergeleitet werden. Die fünfte Anforderung kann somit nicht als erfüllt angesehen werden.

***6. Anforderung:*** Stornierung eines Auftrags bis zur Freigabe der Produktion

## 3 Analyse existierender Systeme zur Produktionsplanung und -steuerung

Aus technischer Sicht ist das Stornieren eines Auftrags für ERP-Systeme kein Problem. Genauso wie bei der Integration eines zusätzlichen Auftrages müssen jedoch auch hier die einzelnen Abhängigkeiten näher betrachtet werden. Erfolgt die Stornierung vor Beginn der Produktionsplanung, existieren noch keine abhängigen Buchungen. Hat die Produktionsplanung zum Zeitpunkt der Stornierung bereits stattgefunden, werden die eventuell stattgefundenen Reservierungen von Materialien oder Kapazitäten in der Regel automatisch gelöscht. Weitere Schritte zur Anpassung der Zeit- oder Kapazitätsplanung finden jedoch nicht statt und werden von den Systemen auch nicht automatisch empfohlen. Solange die Produktionsplanung noch nicht freigegeben ist, ist es manuell möglich, Reservierungen umzuplanen oder den Planungslauf zu wiederholen, um die Kapazitäten effektiver zu planen.

Grundsätzlich können ERP-Systeme so konfiguriert werden, dass auch die Stornierung eines bereits freigegebenen Fertigungsauftrags erlaubt ist. Inwieweit diese Stornierung durch das nachgelagerte Feinsteuerungssystem umgesetzt werden kann und welche Auswirkungen dies auf abhängige Reservierungen hat, wird im Abschnitt 3.2.3 detailliert untersucht werden.

***7. Anforderung:*** Definition alternativer Arbeitsschritte bis zum Beginn des Arbeitsschrittes, der von der Festlegung betroffen ist

Bei 68 % der im Einsatz befindlichen ERP-Systeme ist es überhaupt möglich, alternative Arbeitsschritte im Arbeitsplan zu definieren (vgl. [FaG08, 284ff]). Von den marktführenden Systemen unterstützen alle die Angabe von alternativen Arbeitsschritten, lediglich die Art der Umsetzung unterscheidet sich zwischen den Systemen. Einige Systeme ermöglichen es, direkte Alternativen zu einzelnen Arbeitsschritten zu definieren (z. B. Oracle JDEdwards EnterpriseOne, SAP ERP). Der Trend geht aber klar dahin, ganze Sequenzen von Arbeitsschritten alternativ gegenüberzustellen (z. B. SAP ERP, SAP Business ByDesign, Oracle E-Business Suite). Obwohl die Abbildung von alternativen Arbeitsschritten für die meisten ERP-Systeme kein Problem darstellt, werden die Materialzuordnungen, die Kapazitätsplanung und die Zeitplanung nur für den primären Pfad durchgeführt. Sollte die Entscheidung nach der Produktionsfeinplanung im ERP-System zugunsten eines der alternativen Wege ausgehen, würde dies demnach bedeuten, dass die Kapazitäts- und Zeitplanung erneut durchgeführt werden müsste und die Materialen anders zuzuordnen sind.

Änderungen des primären Pfades sind bis zum Ende der Produktionsgrobplanung ohne Probleme möglich, da bis dahin noch keine weiteren Abhängigkeiten bestehen. Die meisten ERP-Systeme erlauben es außerdem, die Entscheidung für einen endgültigen Arbeitsplan bis zur Freigabe der Produktionsplanung offen zu lassen. Allerdings führen Änderungen, die während oder nach der Produktionsfeinplanung vorgenommen werden, dazu, dass die Kapazitäts- und Zeitplanung erneut durchgeführt werden muss. Bei der Freigabe der Produktionsplanung bzw. der Übergabe an das nachgelagerte Steuerungssystem ist der primäre Pfad endgültig zu bestimmen. Dass die Anforderung, die Entscheidung für einen endgültigen Pfad erst bei Beginn des betreffenden Arbeitsschrittes zu fällen, durch existierende Systeme nicht erfüllt werden kann, ist somit bereits in der ERP-Analyse ersichtlich geworden.

*8. Anforderung:* Definition alternativer Ressourcen bis zum Beginn des Arbeitsschrittes, der von der Festlegung betroffen ist

Bei der Marktanalyse von 111 ERP-Systemen haben 67 Anbieter angegeben, dass es ihnen möglich ist, Kapazitätsengpässe durch die Definition von Ausweichressourcen auszugleichen (vgl. [FaG08, 284ff]). Wie eine alternative Ressource einem bestimmten Arbeitsschritt zugeordnet wird, wird von den Systemen auf sehr unterschiedliche Weise gehandhabt. Dies zeigt bereits der Vergleich der Systeme der fünf marktführenden Anbieter. Bei Infor ERP und bäurer industry wird die mögliche Ausweichressource beispielsweise direkt in den Stammdaten einer Ressource hinterlegt. Diese Ressource wird dann einem bestimmten Arbeitsschritt im Arbeitsplan zugeordnet, sodass auch die Ausweichressource implizit enthalten ist. Eine Erweiterung dieser direkten Zuordnung stellt die Definition einer Ressourcengruppe, wie sie beispielsweise Microsoft Dynamics Nav unterstützt, dar. In dieser Gruppe sind Ressourcen enthalten, die gleiche oder ähnliche Aufgaben bearbeiten können. Im Arbeitsschritt des Arbeitsplans wird dann keine konkrete Ressource, sondern nur die Ressourcengruppe angegeben. Problematisch ist, dass die Kapazitäts- und Zeitplanung auf Basis der Ressourcengruppe nur ungenaue Ergebnisse liefern kann, insbesondere dann, wenn die Ressourcen einer Gruppe weit voneinander entfernt liegen.

Ein weiterer Nachteil dieser Methode und der Methode der direkten Zuordnung ist die relative Inflexibilität, die durch die Hinterlegung der Alternativen in den Ressourcenstammdaten begründet ist. Ein Wechsel zwischen den definierten Ressourcen ist zwar sehr einfach möglich. Sonstige in Frage kommende Alternativen können jedoch schon zu Beginn der Auftragsbearbeitung nicht mehr berücksichtigt werden, da die Ressourcenstammdaten auf Dauer angelegt sind und nicht auftragsabhängig geändert werden. Um diesen Nachteil zu beseitigen, verfolgen einige ERP-Systeme (z. B. Oracle E-Business Suite) einen weiteren Ansatz, bei dem die möglichen Ressourcen den einzelnen Arbeitsschritten des Arbeitsplanes direkt zugeordnet werden. Dabei werden eine Primärressource und eine oder mehrere Sekundärressourcen definiert. Die Kapazitäts- und Zeitplanung erfolgt auf Basis der Primärressource. Bei einer eventuell durchgeführten späteren Änderung zu einer der Sekundärressourcen, müsste dieser Teil der Produktionsfeinplanung erneut durchgeführt werden.

SAP ERP und SAP Business ByDesign unterstützen sowohl die Definition von Ressourcengruppen als auch die direkte Zuordnung von mehreren Ressourcen im Arbeitsplan. JD Edwards Enterprise One bietet keine explizite Möglichkeit, alternative Ressourcen für einen Arbeitsschritt zu definieren, empfiehlt aber die alternativen Arbeitsschritte auch für die Zuordnung von alternativen Ressourcen zu nutzen. Dieser Umweg, für jede Sekundärressource einen zusätzlichen Arbeitsschritt zu definieren, bedeutet allerdings auch zusätzlichen Aufwand.

Unabhängig davon, welcher Ansatz für die Definition von alternativen Ressourcen genutzt wird, sind Änderungen bis zu Beginn der Kapazitäts- und Zeitplanung ohne zusätzlichen Aufwand möglich. Alle Änderungen, die nach der Produktionsfeinplanung vorgenommen werden, haben eine erneute Durchführung der Kapazitäts- und Feinplanung zur Folge. Spätestens bei Freigabe der Produktionsplanung muss eine Entscheidung für eine Ressource getroffen werden und Änderungen sind dann nicht mehr möglich. Somit ist die Anforderung, die ausführende Ressource erst zu Beginn der Ausführung des betreffenden Arbeitsschrittes festzulegen, nicht erfüllt. Außerdem gilt für alle Änderungen, die bis zur Freigabe der Produktionsplanung erfolgen dürfen, die Einschränkung, dass nur Änderungen im Rahmen der zuvor definierten Ressourcen erlaubt sind.

*9. Anforderung:* Definition und Ausführung paralleler Arbeitsschritte bis zum Abschluss der Produktion

Die neunte Anforderung zielt darauf ab, ob es möglich ist, parallele Abläufe im Arbeitsplan darzustellen. Das bedeutet, dass entweder zwei voneinander unabhängige Arbeitsschrittfolgen parallel durchlaufen werden und sich dann in einem Zusammenführungsschritt, z. B. Montage, treffen oder dass bei einem eigentlich sequentiellen Prozess zwei gleichartige Arbeitsschritte parallel zwei Teilmengen bearbeiten. Die zweite Variante erfordert es zusätzlich, dass die Produktionsmenge eines Fertigungsloses während der Kapazitätsplanung gesplittet werden kann. 68 % der ERP-Anbieter sind imstande, solch eine Splittung vorzunehmen (vgl. [FaG08, 284ff]). Ob die dadurch entstanden Teilmengen dann auch parallel bearbeitet werden können, muss separat betrachtet werden.

Die detaillierte Untersuchung der sieben ausgewählten Systeme hat diesbezüglich folgende Ergebnisse gebracht. Abgesehen von den beiden Systemen von Oracle, bieten alle Systeme die Möglichkeit Arbeitsvorgänge zu splitten, und parallele bzw. teilweise überlappende Arbeitsvorgänge abzubilden. Dabei werden die parallelen Sequenzen entweder durch die Angabe von mehreren Vorgängern bzw. Nachfolgern in dem jeweiligen Arbeitsschritt (z. B. SAP ERP) oder durch die explizite Nennung von Konnektoren wie Split und Zusammenführung (z. B. bei SAP Business ByDesign) beschrieben. JD Edwards Enterprise One kann parallele und überlappende Vorgänge abbilden, indem es in den sequentiell angeordneten Arbeitsschritten ein Feld für die prozentuale Überlappung zum Folgevorgang bereitstellt. Im Fall von Parallelität könnte diese 100 % betragen. Ein Splitten von Losmengen während der Kapazitätsplanung ist jedoch nicht möglich. Die Oracle E-Business Suite kann dagegen Losmengen splitten und auf mehrere Arbeitsschritte verteilen, bietet aber keine Möglichkeit parallele Abläufe abzubilden, sondern unterstützt lediglich die sequentielle Abarbeitung von Vorgängen.

Die Systeme, welche parallele Abläufe darstellen können, beziehen auch alle Arbeitsschritte des Arbeitsplans in die Kapazitäts- und Zeitplanung ein. Die Definition von parallelen Arbeitsschritten unter Berücksichtigung aller Abhängigkeiten wird somit ohne Einschränkungen durch bestehende ERP-Systeme ermöglicht. Bis zur Freigabe der Produktionsplanung kann die Anforderung somit als erfüllt angesehen werden. Ob Parallelität auch darüber hinaus unterstützt wird, wird im Abschnitt 3.2.3 untersucht.

***10. Anforderung:*** Kenntnis des Echtzeitstatus jedes Arbeitsschrittes von jedem Auftrag bis zum Abschluss der Produktion

Um zu untersuchen, ob und wie zeitnah der Status eines Auftrages bzw. Arbeitsschrittes während der Produktion überwacht werden kann, ist es notwendig die Rückmeldungen, die zwischen dem Produktionsprozess und dem ERP-System ausgetauscht werden, zu kennen. Dabei wurde bei der Analyse der ERP-Systeme untersucht, welche Rückmeldungen empfangen werden können. Bei Arbeitsgangbeginn können 85 % der Systeme einen Rückmeldepunkt setzten, die Fertigstellung des Gesamtauftrages kann bei 90 % der Systeme zurückgemeldet werden und Teilrückmeldungen werden von 88 % der Systeme unterstützt (vgl. [FaG08, 338ff]). Diese drei Rückmeldearten werden vorab im Arbeitsplan an die entsprechenden Ereignisse gekoppelt, um dann beim Eintritt des Ereignisses von dem nachgeordneten MES ausgelöst zu werden. Die Auslösung kann zur Folge haben, dass die entsprechende Nachricht direkt an das ERP-System gesendet wird. In der Praxis werden die Systeme allerdings häufig so konfiguriert, dass alle Rückmeldungen lokal gesammelt und dann erst am Ende eines Tages bzw. einer Schicht an das ERP-System geschickt werden. Aufgrund des vergleichsweise großen Planungshorizontes eines ERP-Systems von mehreren Tagen bzw. Schichten und dem Fakt, dass die gesammelten Ist-Daten in der Regel nur für nachträgliche Soll-Ist-Vergleiche verwendet werden, ist eine einzelne Versendung aller Statusmeldungen häufig nicht erforderlich, sondern würde nur unnötigen Datenverkehr erzeugen.

Für die zeitnahe Verfolgung des Produktionsfortschritts müssen neben den geplanten Rückmeldungen auch noch andere Aspekte der Auftragsfortschrittsüberwachung berücksichtigt werden. So besteht ein Problem der untersuchten Systeme darin, dass sie lediglich geplante Rückmeldungen verarbeiten können. Fortschrittsmeldungen zu anderen Zeitpunkten als den vorab definierten zu schicken oder nicht geplante Vorgänge zurückzumelden, ist nicht möglich. Weiterhin sind die Fortschrittsmeldungen so definiert, dass sie immer eine bestimmte Menge zu einem bestimmten Zeitpunkt zurückmelden. Zeitliche Rückmeldungen ohne Mengenangaben werden nicht unterstützt. Dies führt dazu, dass nur Bearbeitungsschritte, die direkt am Produkt durchgeführt werden, zurückgemeldet werden können. Vorbereitende Tätigkeiten, die ebenfalls viel Zeit in Anspruch nehmen können, können nicht überwacht werden.

Aus Sicht der ERP-Systeme kann die zehnte Anforderung nur dann als erfüllt angesehen werden, wenn die Produktion nach Plan abläuft. In diesem Fall kann der Produktionsfortschritt anhand der vorab definierten Rückmeldungen zeitnah verfolgt werden. Falls jedoch unvorhergesehene Arbeitsschritte zurückgemeldet werden müssen oder Arbeitsschritte existieren, die keinen konkreten Produktbezug haben, ist eine lückenlose Verfolgung des Auftragsstatus nicht möglich.

Zusammenfassend hat die Analyse der ERP-Systeme ergeben, dass die geforderte Änderungsflexibilität aufgrund verschiedener Eigenschaften der ERP-Systeme nicht durchgängig unterstützt werden kann. Obwohl das den meisten ERP-Systemen zugrunde liegende MRP II-Konzept per Definition, die Flexibilität gewährleisten soll „auf veränderte Bedingungen ohne Zeitverzug zu reagieren" [Cor07, 535], kann dieses Ziel in der Realität nicht umgesetzt werden. Die Untersuchung hat gezeigt, dass sowohl Variantenänderungen als auch Arbeitsplanänderungen nur eingeschränkt möglich sind, da damit in Zusammenhang stehende Entscheidungen bereits zu einem frühen Zeitpunkt in der Produktionsplanung getroffen werden müssen. Zu einem ähnlichen Ergebnis kam auch die von der Trovarit AG durchgeführte Zufriedenheitsstudie (vgl. [STS08, 4f]) nach der die Flexibilität der Systeme als einer der kritischsten Punkte gesehen wird.

Ein weiterer Nachteil ergibt sich durch die mangelnde Produktionsnähe eines ERP-Systems. So können einzelne Prozesse (z. B. Liefertermiverschiebung, Integration eines Eilauftrages) ohne Probleme bis zur Freigabe der Produktionsplanung unterstützt werden. Da das ERP-System jedoch keinen direkten Steuerungseinfluss auf die nachfolgenden Schritte hat, kann keine darüber hinausgehende Flexibilität unterstützt werden.

Auch die Analysten sehen eines der Hauptprobleme von ERP-Systemen darin, dass diese nur Nutzer, die in Unternehmensprozessen denken, bedienen und damit gleichzeitig immer uninteressanter für andere Nutzer wie beispielsweise Produktionsnutzer werden (vgl. [Woo08, 2]). Dies führt bereits dazu, dass die ERP-Anbieter Nutzer verlieren (vgl. [Woo08, 4]). Um auch Produktionsnutzer wieder für sich zu gewinnen, ist es deshalb notwendig deren tagtägliche Arbeit besser zu unterstützen, indem auch deren individuelle Bedürfnisse beispielsweise nach Flexibilität berücksichtigt werden.

## 3.2 MES auf der Fertigungsleitebene

Mit zunehmender Automatisierung der Produktion stieg auch die Notwendigkeit, die Fertigungssteuerung direkt mit den Produktionsprozessen zu integrieren. Für diesen Zweck ist ein ERP-System nicht geeignet, da dessen Aktionsradius zu langfristig ist. Aus diesem Grund haben sich zu Beginn des 21. Jahrhunderts auf der Fertigungsleitebene die Manufacturing Execution Systems (MES) etabliert. MES als prozessnah operierende Fertigungsmanagementsysteme sind darauf ausgelegt, die zeitnahe Planung im Minutenbereich vorzunehmen (vgl. [Kle06, 36]; [VDI07b, 10]) und dadurch die Fertigungsprozesse unmittelbar zu beeinflussen.

### 3.2.1 Definition

Im Gegensatz zum etablierten Begriff eines ERP-Systems, befindet sich der MES-Begriff noch in der Findungsphase, was auch daran zu erkennen ist, dass die Vorstellungen der Anbieter solcher Systeme weit auseinander gehen. Manche Anbieter bezeichnen schon die reine Betriebsdatenerfassung als MES. Aus diesem Grund haben es sich verschiedene Institutionen zum Ziel gemacht, den Begriff MES und dessen Funktionen einheitlich zu definieren.

Als erste Organisation hat sich die MESA dem Thema angenommen und elf Funktionsgruppen beschrieben, die für ein effektives Fertigungsmanagement notwendig sind (vgl. [MES97, 6f]). Da zu diesem Zeitpunkt ein MES als eigenständiges System noch nicht in Diskussion war, hat die MESA keine Aussage dazu getroffen, ob sich die MES-Gesamtlösung aus all diesen Funktionsgruppen oder nur aus einer sinnvollen Kombination hieraus zusammensetzt. Die Funktionsbeschreibungen selbst bringen diesbezüglich deshalb noch keine Klärung.

2007 hat der VDI eine Richtlinie zu MES veröffentlicht (vgl. [VDI07b]), welches ein MES bzw. Fertigungsmanagementsystem als Ganzes betrachtet und definiert. Demnach ist ein MES ein prozessnah operierendes Fertigungsmanagementsystem, welches die Produktion in Echtzeit kontrolliert und direkte Schnittstellen zum ERP-System und zur Automatisierungsebene bereitstellt (vgl. [VDI07b, 5]). Die Richtlinie macht allerdings auch deutlich, dass es nicht das eine MES gibt. Jeder Produktionsprozess hat individuelle Anforderungen, welche die Ausprägung der Lösung bestimmen.

Die Definition verdeutlicht ebenfalls, dass die durch das MES vorgenommene Steuerung in Echtzeit passiert. Dabei werden folgende Schritte durchlaufen. Nach Übernahme der Fertigungsaufträge aus dem ERP-System, führt das MES die Feinplanung der Kapazitäten stunden- bis minutengenau durch und plant die Termine der einzelnen Arbeitsgänge. Es wird jetzt nicht mehr pauschal, sondern gegen begrenzte Ressourcen geplant. Im Anschluss initiiert es die tatsächliche Produktion. Während der Produktion ist das MES dafür verantwortlich, den Auftragsfortschritt zu überwachen, Konflikte zu erkennen und Vorschläge für deren Lösung aufzuzeigen. Während und nach Abschluss der Produktion wird das darüber liegende ERP-System über den Produktionsstatus informiert.

### 3.2.2 Vorgehensweise bei der Systemanalyse

Trotz der genannten Normierungsanstrengungen ist der MES-Markt noch immer sehr vielschichtig, sodass man keine generelle Aussage dazu treffen kann, welche Funktionalitäten ein MES tatsächlich anbietet und wie diese ausgeprägt sind. Um zu analysieren, inwieweit gegenwärtige MES imstande sind, die funktionalen Anforderungen (vgl. Abschnitt 2.2.1) zu erfüllen, ist es notwendig eine grundständige Studie durchzuführen. In Anlehnung an den idealtypischen Ablauf einer Marktforschungsstudie (vgl. [HoK06, 253] wurden bei der Analyse die in Abbildung 3-1 genannten Schritte durchlaufen.

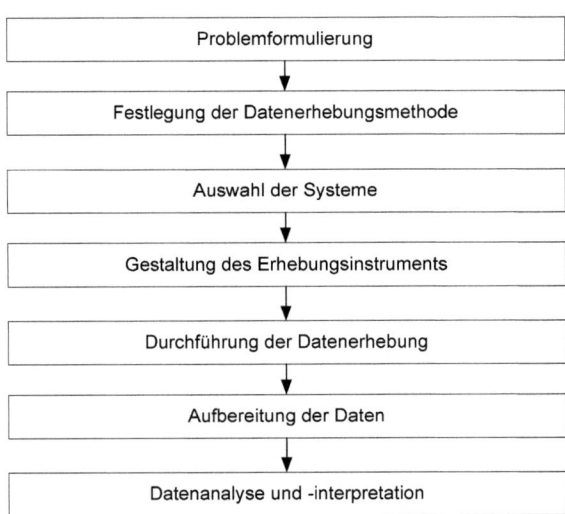

Abbildung 3-1: Ablauf der MES-Analyse (in Anlehnung an [HoK06, 253])

*Problemformulierung*

Die erste Phase dient dazu, das konkrete Problem zu formulieren, die Ziele der Studie zu bestimmen und die zu analysierende Grundgesamtheit festzulegen (vgl. [HHK08, 7]). Das hier vorliegende Problem besteht darin, dass nicht bekannt ist, ob die existierenden MES in der Lage sind, die an das PPS II-System gestellten Anforderungen zu erfüllen. Ziel der Studie ist es deshalb, bestimmte Funktionalitäten hinsichtlich Flexibilität und Änderbarkeit zu analysieren. Die Grundgesamtheit bildet die Menge aller auf dem Markt befindlichen MES, die nicht alle untersucht werden können, sondern von denen eine in Phase 3 bestimmte repräsentative Auswahl detailliert analysiert wird.

*Festlegung der Datenerhebungsmethode*

Als Datenerhebungsmethode wurde einer Kombination aus Sekundär- und Primäranalyse gewählt. Im Rahmen der Sekundärforschung wurden verschiedene Literaturquellen wie Bücher (z. B. [Kle06]; [Kle07]; [Kur05]), Fachzeitschriften (z. B. „IT&Production", „PPS-Management") sowie existierende Marktstudien (z. B. „Marktspiegel Business Software MES" [WMWK07]) analysiert. Tiefere Einblicke in konkrete Systeme konnten durch dedizierte Recherchen in Softwarekatalogen und im Internet und durch Besuche bei Fachmessen (z. B. Hannovermesse 2008) gewonnen werden.

Die Primäranalyse basiert auf der Methode der standardisierten mündlichen Befragung unter Zuhilfenahme eines standardisierten Fragebogens. Dabei sind die Fragen für alle Teilnehmer gleich, so dass eine spätere Vergleichbarkeit der Antworten erleichtert wird (vgl. [HHK08, 26]). Grundsätzlich können bei einem standardisierten Interview nicht nur die Fragen, sondern auch die Antworten standardisiert werden. Dies wurde jedoch bei der MES-Analyse nicht getan, sondern die Fragen wurden ausnahmslos als offene Fragen formuliert.

Durchgeführt wurden die einzelnen Interviews entweder telefonisch oder in einem persönlichen Vor-Ort-Gespräch. Das prinzipielle Vorgehen gestaltete sich bei beiden Methoden gleich. Die Befragten wurden auf Grundlage eines Fragebogens interviewt, wobei der Fragebogen ohne Ausnahme von Anfang bis Ende abgearbeitet wurde. Änderungen des Inhalts, der Reihenfolge oder Erweiterungen der Fragen waren nicht erlaubt, es wurde lediglich bei Bedarf der Sachverhalt näher erläutert. Diese Regeln sollten bei einer auf einem standardisierten Fragebogen basierenden Befragung eingehalten werden, da ansonsten die Vergleichbarkeit der Ergebnisse erschwert wird (vgl. [HHK08, 27]). Da sich die Befragten oftmals zu dem Inhalt der Befragung vorinformieren wollten, wurde der Fragebogen im Voraus auf elektronischem Weg (E-Mail) versendet.

*Auswahl der Systeme*

Um eine repräsentative Auswahl der Systeme zu bestimmen, waren mehrere Schritte notwendig. Als erstes wurden grundlegende Bedingungen festgelegt, die die MES erfüllen müssen. Da ein einzelnes MES meist nur bestimmte Produktionstypen und Funktionsbereiche abdeckt, galt es diejenigen zu selektieren, die den in der Arbeit zugrundeliegenden Produktionstypen (vgl. Abschnitt 2.1.3) und den im Abschnitt 2.1.1 genannten Funktionsbereich adressieren. Das bedeutet, dass nur Systeme, welche auf die diskrete Fertigung spezialisiert sind, ausgewählt wurden. Außerdem müssen die MES standardmäßig die Funktionalitäten der Feinplanung und -steuerung, des Betriebsmittelmanagements und des Materialmanagements abdecken. Eine weitere Bedingung aus technischer Sicht bestand darin, dass die Systeme eigen-ständig und als autarke Lösung betreibbar sind.

Nach Wiendahl et al. [WMWK07, 32] werden derzeit allein im deutschsprachigen Raum circa 70 MES-Softwarelösungen angeboten, die diese Bedingungen erfüllen. In einem zweiten Schritt wurden deshalb die Marktanteile der einzelnen Systeme unter Verwendung aktueller Marktübersichten (vgl. [Phi09, 712ff]; [Phi10b]) analysiert. Dabei fiel vor allem auf, dass es bei den MES keine so dominanten, marktbeherrschenden Anbieter gibt, wie dies bei den ERP-Systemen der Fall ist. Es existiert dagegen eine Vielzahl von Anbietern, die zwischen 100 und 1000 Installationen weltweit haben. Da somit keine klare Auswahl der marktführenden Unternehmen möglich war, wurde die Entscheidung getroffen, 14 Anbieter, die mehr als 200 Systeminstallationen weltweit haben, in die Untersuchung aufzunehmen. Das entspricht etwa 20% aller Systeme, die in dem in Frage kommenden Fertigungsbereich aktiv sind. Tabelle 3-1 gibt einen Überblick über die für die Analyse ausgewählten Systeme.

*Gestaltung des Erhebungsinstrumentes*

Eine besondere Herausforderung an eine Marktforschungsstudie ist die Gestaltung des Datenerhebungsinstrumentes. Insbesondere bei einem standardisierten Fragebogen

## 3 Analyse existierender Systeme zur Produktionsplanung und -steuerung

hängt die Qualität der Antworten stark von der Interpretation der Fragen durch den Befragten ab. Diese Interpretation wird nicht nur vom Inhalt der Fragen, sondern auch von der Form, der Reihenfolge und der Menge der Fragen beeinflusst. Um einen standardisierten Fragebogen zu erstellen, wird deshalb ein schrittweiser Ablauf empfohlen (vgl. [HHK08, S. 43]; [HMSP03, 258]), wobei stets vorangegangene Entscheidungen, wie beispielsweise die Datenerhebungsmethode oder die Besonderheiten der zu befragenden Systemanbieter, berücksichtigt werden müssen.

Im ersten Schritt müssen die Inhalte der Fragen, die sich an den Forschungszielen orientieren sollten, geklärt werden (vgl. [HHK08, S. 43]; [HMSP03, 262f]). Da das Hauptziel der Studie darin besteht, herauszufinden, inwieweit die an das PPS II-System gestellten Anforderungen erfüllt sind, orientieren sich die Fragen im Wesentlichen an diesen. Um die Gründe für die angebotene Flexibilität oder Nichtflexibilität herauszufinden, wurden weiterhin Fragen zur Datenhaltung und zum Kommunikationsverhalten gestellt.

Tabelle 3-1: Ausgewählte Systeme für die MES-Analyse (Stand 2008)

| Hersteller | Produkt |
|---|---|
| Becos GmbH | Manufacturing Execution |
| COSCOM Computer GmbH | Coscom MES |
| FORCAM GmbH | Factory Framework® |
| Freudenberg IT KG | ADICOM® Software Suite |
| GFOS mbH | X/TIME®-MES |
| Industrie Informatik GmbH | cronet work |
| Wonderware GmbH | Factelligence |
| iTAC Software AG | iTAC.MES.Suite |
| Kratzer Automation AG | intraFactory® |
| MPDV Mikrolab GmbH | HYDRA |
| PSI AG | PSImes |
| Rockwell Automation GmbH | FactoryTalk |
| Siemens AG | SIMATIC IT |
| Visiprise, Inc. | Visiprise Manufacturing |

Sobald die Inhalte klar sind, sind die Formate, die Formulierungen und die Reihenfolge der Fragen festzulegen (vgl. [HHK08, S. 44ff]; [HMSP03, 264f]. Als Frageformate sind offene oder geschlossene Fragen möglich. Obwohl geschlossene Fragen den Vorteil haben, dass sie für den Befragten leichter zu beantworten und im Ergebnis besser vergleichbar sind, haben sie den Nachteil, dass originelles Antwortverhalten durch die Vorgabe beschränkter Alternativen erschwert wird (vgl. [HHK08, 45]; [HMSP03, 265]). Genau das herauszufinden, was nicht offensichtlich und vorhersagbar ist, ist jedoch das Ziel der Befragung. Der Begriff des MES und dessen Funktionsumfang ist, wie einleitend dargestellt, nicht eindeutig und deshalb sollten die befragten Anbieter in ihren Antwortmöglichkeiten und dem Antwortumfang nicht beschränkt werden. Aus diesem Grund wurde die Entscheidung zugunsten der offenen Fragen getroffen.

Die Formulierungen der Fragen müssen den Prinzipien der Einfachheit, der Neutralität und der Eindeutigkeit folgen. Das bedeutet, dass komplexe Formulierungen und Fremdwörter vermieden werden sollten, die Fragen keine Hinweise auf die zu erwartenden Antworten enthalten sollten und dass der Fokus klar aus den Fragen ersichtlich sein sollte (vgl. [HHK08, 45]). All diese Prinzipien wurden bei der Formulierung der Fragen berücksichtigt, um die Qualität der Ergebnisse sicherzustellen. Neben der Formulierung jeder einzelner Frage, spielt auch der Aufbau des gesamten Fragebogens für den Erfolg der Befragung eine Rolle. Damit ist nicht nur die Reihenfolge, sondern auch die Menge der Fragen gemeint. Aus diesem Grund sind in dem Fragebogen zur MES-Analyse nur so viele Fragen enthalten, wie unbedingt notwendig sind, um das Forschungsziel zu erreichen. Insbesondere wurden Wiederholungen bzw. ähnliche Fragen vermieden. Da die Befragung jedoch neben den in dieser Arbeit verfolgten Zielen auch noch das Ziel hatte, die Datenhaltung und Schnittstellen der Systeme besser zu kennen (vgl. [Hen08]), mussten mehr Fragen gestellt werden als für die Analyse der zehn funktionalen Anforderungen notwendig waren.

Um das Eis am Anfang der Befragung zu brechen, sollte man mit interessanten Einleitungsfragen beginnen, die jedoch für die spätere Auswertung meist nicht sonderlich interessant sind (vgl. [HHK08, 46]; [HMSP03, 270]). Um eine gute Atmosphäre bei den Gesprächen mit den MES-Anbietern zu schaffen, wurden zu Beginn Fragen gestellt, bei denen der Befragte in jedem Fall die positiven Seiten seines Systems hervorheben konnte. Konkret sind damit Fragen nach der eigenen Datenbasis gemeint, die generell bejaht wurden, da alle untersuchten Systeme autarke Systeme waren. An die Einleitungsfragen schließen sich die eigentlichen Forschungsfragen an, welche sich bei der MES-Analyse auf die funktionalen Anforderungen beziehen.

Der dritte Schritt der Fragebogengestaltung widmet sich der äußeren Gestaltung des Fragebogens. Dabei spielen bei dem MES-Fragebogen die optischen Merkmale wie Schriftgröße oder Hervorhebungen eine untergeordnete Rolle, da die Fragebögen nicht schriftlich von den Befragten auszufüllen waren, sondern im Gespräch mit ihnen diskutiert wurden. Auch dabei ist es jedoch wichtig, dass die Fragen übersichtlich angeordnet und nummeriert sind (vgl. [HHK08, 46]). Um die Übersichtlichkeit zu wahren, wurde der Fragebogen in vier Kategorien namens Datenhaltung, Kommunikation und Synchronisation, Änderung von Auftragsmerkmalen und Flexibilität des Arbeitsplans eingeteilt.

*Durchführung der Datenerhebung*

Die Erhebung der für diese Arbeit relevanten Fragen wurde gemeinsam mit einer Erhebung zur Datenhaltung und zu den Kommunikationsschnittstellen der entsprechenden Systeme durchgeführt (vgl. [Hen08]). Die ersten Kontakte zu den ausgewählten MES-Anbietern wurden hauptsächlich durch Gespräche auf der Hannovermesse 2008 hergestellt. Bei denjenigen, die dort nicht präsent waren, konnten entweder bereits bekannte Kontakte genutzt werden oder die Internetpräsenzen der Anbieter halfen, einen ersten Kontakt zu finden. In anschließenden Telefonaten wurde das Anliegen der Studie geschildert, um den richtigen Ansprechpartner in den Unternehmen ausfindig zu machen, der auch fähig ist, technische Detailfragen zu beantworten. Bereits zu diesem Zeitpunkt waren vier Absagen zu verzeichnen. Gründe für die Auskunftsverweigerung waren Desinteresse und zeitlicher Mangel. Gelang es jedoch die verantwortlichen Personen von dem Anliegen zu überzeugen, konnte die Zusammenarbeit meist erfolgreich beendet werden. Lediglich in einem Fall wurde die Teilnahme erst nach der Zusendung des Fragebogens abgesagt, wobei als Grund die Angst der Preisgaben von Firmenwissen genannt wurde. Auch die Versicherung, dass die Angaben nur anonymisiert veröffentlicht werden, konnte diese Entscheidung nicht aufheben.

Den verbleibenden neun MES-Anbietern wurde im Vorfeld des Interviews der Fragebogen per E-Mail zugeschickt, damit sie sich mit den entsprechenden Fragen bereits vertraut machen konnten. Anschließend wurde ein Termin für ein persönlichen Präsenzgespräch bzw. ein Telefonat vereinbart. Sechs Interviews wurde telefonisch und drei als Präsenzgespräch durchgeführt. Aufgrund dessen, dass die Befragten sich in den meisten Fällen den Fragebogen bereits angesehen hatten, konnte die Befragung zügig durchgeführt werden. Die Telefonate dauerten zwischen 60 und 90 Minuten, während die Vor-Ort-Gespräche meist 30 Minuten mehr Zeit in Anspruch nahmen, weil es dabei oft zu ausführlicheren Erläuterungen (z. B. durch Zeichnungen), aber auch zu Abschweifungen kam. Obwohl diese zusätzlichen Informationen meist weniger relevant für die Beantwortung der Fragen waren, wurden die Erläuterungen nicht gestoppt, um die gute Atmosphäre des Gesprächs aufrechtzuerhalten. Im Verlauf des Interviews wurde jede einzelne Frage vorgetragen und die Antworten und zusätzlichen Erläuterungen wurden fragebezogen notiert. Der zeitliche Ablauf der Befragungen ist Abbildung 3-2 zu entnehmen.

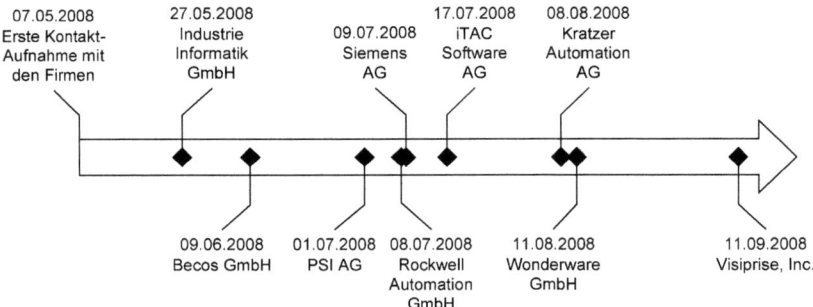

Abbildung 3-2: Zeitlicher Ablauf der Interviews mit den MES-Anbietern

*Aufbereitung der Daten*

In der Phase der Aufbereitung der Daten sollen die Rohdaten zu einem im Rahmen der Datenanalyse verwertbaren Datensatz gemacht werden (vgl. [HHK08, 9]). Bei geschlossenen Fragen geht es hauptsächlich darum, Fehler in der Beantwortung (z. B. Doppelantworten bei Alternativfragen) oder fehlende Antworten aufzuspüren und entsprechend zu behandeln. Da es sich hierbei jedoch um eine mündliche Befragung handelt, konnten solche Fehler bereits während der Interviewphase ausgeschlossen werden. Die Aufbereitung diente dazu, die bereits erwähnten zusätzlich gegebenen Informationen zu eliminieren und die Antworten auf die fragenrelevanten Inhalte einzugrenzen. Außerdem wurden alle zuvor handschriftlich notierten Antworten digital in einer Matrix erfasst, um die Vergleichbarkeit zu erleichtern und Gemeinsamkeiten und Unterschiede herauszustellen.

*Datenanalyse und -interpretation*

Auf Basis der aufbereitenden Daten wurde die Analyse und Interpretation in Bezug auf die funktionalen Anforderungen (vgl. Abschnitt 2.2.1) durchgeführt. Die Ergebnisse sind im folgenden Abschnitt 3.2.3 dargestellt.

### 3.2.3 Ergebnisse der Systemanalyse

Im Regelfall kommt eine MES-Anwendung nicht als Stand-alone-Lösung zum Einsatz, sondern als Ergänzung der ERP-Software. Aus diesem Grund ist es wichtig, einleitend zu betrachten, wie die Synchronisation mit dem ERP-System, insbesondere im Fall von Änderungen, abläuft. Die Weitergabe der initialen oder geänderter Auftragsdaten vom ERP-System zum MES kann entweder per Push- oder Pull-Prinzip erfolgen. Die meisten auf dem Markt befindlichen Systeme bieten beides (vgl. [WMWK07, 40]). Die Übertragung der Auftragsdaten muss dabei nicht vollständig erfolgen, sondern es ist auch möglich nur die Daten von geänderten Aufträgen oder nur die tatsächlich geänderten Auftragsdaten weiterzugeben. Welche Synchronisationsart die Firmen wählen, ist unter anderem auch von der Branche abhängig. Die Primärstudie hat gezeigt, dass in der Automobilindustrie eher die ereignisgesteuerte Synchronisation bevorzugt wird (Weitergabe neuer oder geänderter Aufträge), während im Maschinenbau die Synchronisation in regelmäßigen Intervallen meist ausreichend ist.

*1. Anforderung:* Änderung einer Produkteigenschaft bis zum Beginn des Arbeitsschrittes, der von der Änderung betroffen ist

*2. Anforderung:* Änderung einer Operationsanweisung bis zum Beginn des Arbeitsschrittes, der von der Änderung betroffen ist

MES unterstützen in der Regel kein Variantenmanagement, sie verwalten lediglich die Instanzen der Stücklisten der zu fertigenden Produkte (vgl. [WMWK07, 98]). Aus diesem Grund ist es nicht möglich, bestimmte Produkteigenschaften, beispielsweise während der Feinplanung, ganz offenzuhalten oder konkrete Alternativen zu hinterlegen. Von den untersuchten Systemen war es nur bei einem System möglich, eine Variante und eventuelle Alternativvarianten vorzumodellieren. Nachteil hierbei ist jedoch, dass die Variante separat im MES modelliert werden muss und es nicht möglich ist, die Modelle vom ERP-System zu übernehmen. Außerdem sind diese Modelle Grundvoraussetzung dafür, dass überhaupt Änderungen zugelassen sind. Alle nicht modellierten Änderungen sind nicht möglich. Da es in der Regel kein Variantenmanagement gibt, werden Änderungen der Produkteigenschaft genauso behandelt wie Änderungen der Operationsanweisungen. Beide zeigen sich durch ihre Auswirkungen auf bestimmte Parameter (Eingangsmaterialien, Werkzeugeinstellungen) einzelner Arbeitsgänge. Aus diesem Grund werden die beiden ersten funktionalen Anforderungen gemeinsam betrachtet.

Obwohl die anderen acht Systeme keine Variantenpflege unterstützen, erlauben sie es, Änderungen der Produkteigenschaften und damit unter Umständen verbundene Änderungen der Arbeitsschritte oder Arbeitsschrittparameter vorzunehmen. Da solche Änderungen in der Regel durch den Kunden ausgelöst werden, sollten diese nicht direkt im MES erfasst, sondern vom ERP-System übernommen werden. Voraussetzung für die Auftragsänderung ist es deshalb, dass das ERP-System eine Änderung zu dem gewünschten Zeitpunkt überhaupt noch zulässt. Wie die in Abschnitt 3.1 durchgeführte Analyse gezeigt hat, wird dies in den meisten Systemen nach der Freigabe des Produktionsplanes nicht mehr erlaubt, sondern durch den Auftragsstatus gesperrt. Bestehen keine Einschränkungen durch das ERP-System, erlauben alle in der Primäranalyse untersuchten MES, Änderungen an den bestehenden Auftragsdaten bis zum Produktionsstart durchzuführen. Alle danach ERP-seitig vorgenommenen Änderungen können bei keinem der untersuchten Systeme automatisch in den Datenbestand des MES übernommen werden.

Müssen aufgrund von äußeren Erfordernissen dennoch Änderungen vorgenommen werden, müsste der Auftrag bei sechs der untersuchten Systeme manuell abgebrochen werden und ein neuer Auftrag mit neuen Parametern gestartet werden. Zwei der Systeme erlauben es, Änderungen der Arbeitsgänge bis zum Produktionsstart des betroffenen Arbeitsschrittes direkt im MES vorzunehmen. Obwohl vom Kunden ausgelöst, erfolgt die Änderung in diesem Fall ohne Einbeziehung des verbundenen ERP-Systems. Das ERP-System wird erst im Nachhinein durch die Rückmeldung der Istdaten über die Auftragsänderung informiert. Auch bei dem System, bei dem vormodellierte Varianten existieren, sind automatische Änderungen der Variante nur bis zum

Produktionsstart möglich. Für spätere Änderungen müsste die Produktion gestoppt und die neue Variante händisch erfasst werden. Um Änderungen auch noch nach Produktionsstart durchführen zu können, schlug einer der Anbieter vor, die Änderung direkt in der Datenbank vorzunehmen.

Fasst man die Möglichkeiten, die die MES als Antwort auf die Änderung von Produkteigenschaften oder Operationsanweisungen bieten, zusammen, sind die notwendigen Maßnahmen, die nach Produktionsstart erforderlich wären, grundsätzlich manueller Art. Eine automatische Unterstützung solcher Änderungen ist aus MES-Sicht nur bis zum Produktionsstart möglich. Die durchgängige Behandlung der Änderungen ist jedoch nur dann gewährleistet, wenn diese Änderungen auch im ERP-System bis zum tatsächlichen Produktionsstart erlaubt sind. Dies wird jedoch in den meisten Fällen durch entsprechende Statusvorgaben im ERP-System verboten (vgl. Abschnitt 3.1.3). Die ersten beiden Anforderungen können deshalb auch aus MES-Sicht nicht als erfüllt angesehen werden.

*3. Anforderung:* Erhöhung bzw. Senkung der Bestellmenge bis zur Freigabe der Produktion

Ändert der Kunde die Bestellmenge eines Produktes hat das in der kundenindividuellen Produktion in der Regel direkte Auswirkungen auf die im Produktionsauftrag erfasste Menge. In der Primäranalyse wurde deshalb untersucht, ob und wie lange die Menge des Produktionsauftrages angepasst werden kann. Alle neun untersuchten Systeme erlauben die Anpassung der Menge bis zum Produktionsbeginn. Dabei ist es sowohl möglich, die entsprechende Änderung vom ERP-System zu übernehmen als auch die Änderung direkt im MES durchzuführen. Erlaubt auch das ERP-System entsprechende Mengenänderungen, ist eine durchgängige Behandlung der Änderungsanforderung gewährleistet.

Nach Produktionsstart können Mengenänderungen entweder gar nicht mehr oder nur noch manuell erfasst werden. Die von Wiendahl et al. durchgeführte Untersuchung hat ergeben, dass manuelle Mengenanpassungen nach Produktionsstart von 77% der Systeme unterstützt werden (vgl. [WMWK07, 46]). Soll die Menge erhöht werden, müsste ein zusätzlicher Auftrag angelegt werden, der die Differenzmenge zu dem ursprünglichen Auftrag enthält. Dieser zusätzliche Auftrag kann entweder direkt im

MES angelegt oder vom ERP-System übernommen werden. Wird die Bestellmenge und somit die notwendige Auftragsmenge verringert, müsste der Auftragsteil über die Differenzmenge wie eine Stornierung behandelt werden (siehe 6. Anforderung).

Betrachtet man die Ergebnisse im Zusammenhang mit den Ergebnissen der ERP-Analyse, ist es grundsätzlich möglich, die Menge bis zum Produktionsstart anzupassen. Voraussetzung ist, dass das ERP-System so konfiguriert ist, dass es die Änderung der Menge nach dem Setzen des Status „Produktionsplan freigegeben" noch erlaubt. Die Anforderung danach, Mengenänderungen bis zum Start der Produktion durchzuführen, kann somit durch existierende Systeme erfüllt werden.

***4. Anforderung:*** Verschiebung des Liefertermins bis zur Freigabe der Produktion

Wie bereits im Abschnitt 3.1.3 erwähnt, ist die Verschiebung des Liefertermins nach hinten selbst nach Produktionsende kein Problem, da die zusätzliche Zeit durch die längere Einlagerung der fertigen Produkte überbrückt werden kann. In diesem Fall muss die Information der Verschiebung des Liefertermins nicht an das MES weitergegeben werden. Wird die Information dennoch weitergegeben, um die zusätzliche Zeit der Produktion zur Verfügung zu stellen, hätte dies im Zeitraum nach Freigabe der Produktionsplanung folgende Auswirkungen. Grundlage für die exakte Kapazitätsplanung im MES ist jetzt ein späterer Ecktermin, was dazu führt, dass die einzelnen Arbeitsschritte des Fertigungsauftrags entsprechend später eingelastet werden können.

Nachdem die exakte Maschinenbelegungsplanung und die Produktionsfreigabe erfolgt ist, werden Terminverschiebungen nach hinten vom MES akzeptiert, aber in der Feinplanung nicht mehr berücksichtigt. Ab diesem Zeitpunkt bieten die meisten Systeme (81 % gemäß [WMWK07, 46]) nur noch die Möglichkeit, Termine manuell durch direkten Zugriff auf die im MES terminierten Arbeitsschritte zu ändern.

Eine Verlegung des Liefertermins nach vorn wurde von den existierenden ERP-Systemen bis zum Zeitpunkt der Freigabe des Produktionsplanes sehr differenziert behandelt. Obwohl eine Vorverlegung grundsätzlich möglich ist, werden die Abhängigkeiten (Zeit- und Kapazitätsplanung, Materialreservierungen) nur unzureichend berücksichtigt. Die untersuchten MES können diesbezügliche Änderungen bis zum Start der Produktion vom ERP entgegennehmen und in der Feinplanung berücksichtigen. Alle terminlichen Änderungen, die nach Produktionsstart eingehen, können jedoch nur noch durch manuelle Verschiebungen der Arbeitsschritte direkt im MES umgesetzt werden.

Zusammenfassend kann die Anforderung, den Liefertermin bis zur Freigabe der Produktion zu ändern, als erfüllt angesehen werden, da ERP-System und MES im Zusammenspiel so konfiguriert werden können, dass sowohl die Vorverlegung als auch die Verlagerung nach hinten erlaubt und verarbeitet wird. Allerdings wird bei einem nach hinten verschobenen Liefertermin die zusätzliche Zeit nicht für eine Anpassung des Produktionsplans genutzt, sondern das Produkt wird länger eingelagert.

*5. Anforderung:* Platzierung eines zusätzlichen Auftrags bis zur Freigabe der Produktion

Um MES-seitig Eilaufträge zu erkennen und kurzfristig automatisch einplanen zu können, ist es notwendig, Prioritäten verwalten zu können. In der Studie von Wiendahl et al. haben 80% der Systemanbieter angegeben, Prioritäten verwalten zu können. Von den neun in der Primärstudie untersuchten Systemen können fünf Systeme Prioritäten für Aufträge hinterlegen oder vom ERP-System übernehmen. Diese nutzen die Prioritäten, um bestimmte Aufträge bei der Planung automatisch vorzuziehen. Bei der automatischen Umplanung werden jedoch nur Aufträge berücksichtigt, deren Produktion noch nicht begonnen hat. Bei den anderen vier Systemen, bei denen die Angabe von Prioritäten nicht vorgesehen ist, müssten Eilaufträge manuell eingeschoben werden.

Bei der Neuplanung aufgrund von Eilaufträgen werden generell nur Aufträge berücksichtigt, deren Produktion noch nicht begonnen hat. Sollen Aufträge verschoben werden, deren Produktion bereits läuft, ist dies nur über den manuellen Eingriff möglich. Die laufenden Aufträge müssten dann aufgehoben und neugeplant werden, um den zusätzlichen Auftrag einzuschieben.

Die Analyse hat ergeben, dass es MES gibt, die das automatische Einplanen von zusätzlichen Aufträgen bis zur Freigabe der Produktion durch die Interpretation der Auftragsprioritäten unterstützen. Die Anforderung ist somit aus MES-Sicht erfüllt. Rückblickend auf die Ergebnisse der ERP-Analyse kann die Einplanung zusätzlicher Aufträge jedoch nicht durchgängig unterstützt werden, da eine Integration von Eilaufträgen in die Produktionsgrobplanung nicht ausreichend unterstützt wird.

*6. Anforderung:* Stornierung eines Auftrags bis zur Freigabe der Produktion

In dem Moment, in dem das ERP-System die Produktionsplanung freigibt, geht die Hoheit des Produktionsauftrages an das MES über. Aus ERP-Sicht ist eine Stornierung auch über diesen Zeitpunkt hinaus möglich. Die Auswirkungen der Stornierung auf die Produktionsplanung und -steuerung werden jedoch vom MES kontrolliert. Ab dem Zeitpunkt der Übergabe bis zur Freigabe der Produktion ist eine Stornierung auch für die untersuchten MES kein Problem. Hat die Feinplanung zum Zeitpunkt der Stornierung bereits stattgefunden, werden die gebundenen Kapazitäten automatisch freigegeben. Sollen die freigegebenen Kapazitäten durch andere Aufträge genutzt werden, muss die Feinplanung jedoch manuell angepasst werden.

Nach Produktionsfreigabe wird die automatische Umsetzung der Stornierung von keinem der Systeme unterstützt. Der Planer muss dann manuell entscheiden, ob der Auftrag abgebrochen werden soll oder nicht. Gemäß Aussage der MES-Anbieter sollte die Stornierungsentscheidung nach Produktionsfreigabe auch nicht mehr automatisiert werden, da es in Abhängigkeit dessen, wie kundenindividuell das Produkt ist, auch möglich wäre, dass die Produktion beendet werden soll und die resultierenden Produkte eingelagert werden. Die Möglichkeit, den zur Produktion freigegebenen Fertigungsauftrag direkt im MES zu stornieren, wird von 75% der von Wiendahl et al. untersuchten Systeme unterstützt (vgl. [WMWK07, 46]).

Die 6. Anforderung kann durch die Kollaboration von ERP-System und MES erfüllt werden. Bis zum Beginn der Produktion wird die Stornierung vom ERP-System und vom MES umgesetzt und die gebundenen Kapazitäten werden automatisch freigegeben. Lediglich die Neuplanung, um die freigewordenen Kapazitäten neu zuzuweisen, muss manuell angestoßen werden.

*7. Anforderung:* Definition alternativer Arbeitsschritte bis zum Beginn des Arbeitsschrittes, der von der Festlegung betroffen ist

Die 7., 8. und 9. Anforderung zielen nicht hauptsächlich darauf ab, dass bestimmte Festlegungen (Arbeitsschritt, Ressource) des Arbeitsplans möglichst spät geändert werden können, sondern dass die Entscheidung dafür erst zu einem sehr späten Zeitpunkt innerhalb des Produktionsprozesses getroffen werden muss.

In Bezug auf die 7. Anforderung wurde analysiert, ob MES alternative Arbeitsgänge darstellen können. Dies ist unter anderem davon abhängig, in welcher Form die Fertigungsaufträge vom ERP-System übernommen werden. Bei sechs der untersuchten Systeme sind Freiheitsgrade bezüglich der Arbeitsgänge nur dann darstellbar und auch auswählbar, wenn sie in dieser Form vom ERP-System übernommen wurden. Die anderen drei Systeme erlauben unabhängig davon, welche Freiheitsgrade vom ERP-System offengelassen werden, die Abfolge der Arbeitsschritte oder auch die Arbeitsschritte an sich auf Basis von lokal gehaltenen Alternativen zu ändern. Sind alternative Arbeitsschritte im MES hinterlegt, so kann innerhalb dieser der optimale Arbeitsplan in der Feinplanung berechnet werden. Die endgültige Entscheidung für die Arbeitsschritte und ihre Reihenfolge wird dann zum Zeitpunkt der Feinplanung getroffen. Das ERP-System wird vom endgültigen Arbeitsplan erst durch die Istrückmeldung der einzelnen Arbeitsschritte informiert. Da alle untersuchten ERP-Systeme die Kapazitäts- und Zeitplanung nur auf Basis des primären Arbeitsplanes durchgeführt haben, hat das ERP-System in dem Moment, in dem die Entscheidung für eine der Alternativen fällt (also bereits vor Produktionsbeginn) keine Information mehr über die tatsächlichen Schritte.

Bis zum Produktionsstart ist es außerdem bei allen untersuchten MES möglich, Änderungen des Arbeitsplanes vom ERP-System entgegenzunehmen. Dies entspricht dem Verhalten bei einer geänderten Produkteigenschaft, die für das MES nur daran erkennbar ist, dass sich ein Arbeitsgang geändert hat (siehe Anforderung 1). Eine dritte Möglichkeit den Arbeitsplan zu ändern, die von allen untersuchten MES angeboten wird, besteht darin, manuell Arbeitsgänge hinzuzufügen, zu löschen bzw. Arbeitsgänge zu ändern. Bei 70% der MES ist dies auch noch nach Produktionsstart möglich (vgl. [WMWK07, 46]).

Obwohl die Möglichkeit Arbeitsschritte bis zur Ausführung des betroffenen Arbeitsschrittes zu ändern von den MES unterstützt wird, bedeutet dies immer, dass ein manueller Eingriff erforderlich ist und der Produktionsplaner oder Schichtleiter aus anderen Quellen wissen muss, welcher Arbeitsschritt auf welche Weise geändert werden soll. Das Hinterlegen von alternativen Arbeitsschritten und die automatische Planung und Ausführung auf Basis dessen ist aus Sicht des MES nur bis zur Feinplanung möglich. Zu diesem Zeitpunkt fällt die Entscheidung für einen bestimmten Arbeitsschritt. Die durchgängige Behandlung vom ERP-System zum MES ist ebenfalls nicht gewährleistet, da ERP-seitig die Entscheidung für einen konkreten Arbeitsplan bereits bei Freigabe der Produktionsplanung erfolgt und die Kapazitäts- und Zeitplanung auch nur auf Basis diese Arbeitsplanes durchgeführt wird. Die 7. Anforderung kann somit durch bestehende Systeme nicht erfüllt werden.

**8. Anforderung:** Definition alternativer Ressourcen bis zum Beginn des Arbeitsschrittes, der von der Festlegung betroffen ist

Da Alternativressourcen oft in den Stammdaten im ERP-System hinterlegt werden, die in 94 % der Fälle synchron im MES vorliegen (vgl. [WMWK07, 36]), ist das Wissen, welche Ressourcen als Ausweichmöglichkeit in Frage kommen, grundsätzlich im MES vorhanden. Gemäß der Primäranalyse synchronisieren alle MES ihre Stammdaten mit dem ERP-System, wobei fünf Systeme vollredundant mit dem ERP-System sind und vier Systeme nur einen Teil der Daten importieren. Die explizite Darstellung von alternativen Ressourcen als Bestandteil oder Referenz im Arbeitsplan ist bei sechs der untersuchten MES möglich. Bei den anderen drei Systemen ist die Information davon abhängig, ob das ERP die alternativen Ressourcen in den Ressourcenstammdaten hinterlegt, so dass diese Informationen durch die Synchronisation auch im MES vorhanden sind. Auf Basis der Primär- und eventuell vorhandenen Alternativressourcen wird während der Feinplanung jedem Arbeitsschritt eine bestimmte Ressource zugewiesen. Die Studie von Wiendahl et al. hat ergeben, dass 72 % der MES dem Nutzer die Möglichkeit bieten, auf alternative Ressourcen während der manuellen Belegungsplanung zurückzugreifen (vgl. [WMWK07, 44f]).

Nach Übergabe des Produktionsplans vom ERP-System an das MES, werden ERP-seitig keine Änderungen der Primärressource mehr vorgenommen (vgl. Abschnitt 3.1.3). Ab dem Zeitpunkt der Produktionsplanübergabe ist das MES alleiniger Initiator solcher Änderungen. Da die Ursachen für die Entscheidung für eine alternative Ressource in der Regel Produktionsereignisse (z. B. Ressourcenausfall, Qualitätsmängel) sind, sollten die damit verbundenen Änderungen auch zuerst in dem produktionsnahen System, dem MES, abgebildet werden. Rückmeldungen bzw. Alarmmeldungen an das darüber liegende ERP-System erfolgen nur, wenn die Produktion aufgrund der Umplanung nicht im vorgegeben Zeitrahmen ausgeführt werden kann.

## 3 Analyse existierender Systeme zur Produktionsplanung und -steuerung

Bei der Primäruntersuchung wurde als erstes erfragt, wie sich die Systeme hinsichtlich der Ressourcenallokation bis zum Produktionsstart verhalten. Bei drei MES erfolgt der Wechsel zu einer alternativen Ressource im Falle der initialen Planung, einer eventuell notwendigen Umplanung oder der Nichtverfügbarkeit der Ressource immer automatisch. Vier Systeme machen dem Nutzer auf Basis der hinterlegten alternativen Ressourcen Vorschläge zur manuellen Umplanung der Aufträge. Die verbleibenden zwei Systeme erlauben die manuelle Umplanung zu einer anderen Ressource, schlagen aber keine geeignete Ressource vor.

Nachdem die Aufträge für die Produktion freigegeben sind, wird die automatische Umplanung zu einer anderen Ressource von keinem der untersuchten Systeme unterstützt. Sieben MES erlauben die manuelle Änderung der ausführenden Ressource auf Basis von Vorschlägen. Bei der Befragung sagten die Anbieter jedoch aus, dass es in der Regel so ist, dass gewartet wird bis die Ressource wieder frei ist. Bei zwei Systemen wird nach dem Produktionsstart weder die automatische noch die manuelle Ressourcenänderung unterstützt, sodass der Auftrag entweder warten muss bis die Ressource wieder verfügbar ist oder der Auftrag abgebrochen werden muss. Das ERP-System erhält dann die entsprechende Information und muss die Aufträge neu einplanen.

Neben dem Wechsel zu einer alternativen Ressource werden von einzelnen MES im Falle des Ausfalls einer Ressource weitere Möglichkeiten angeboten, um den Auftrag trotzdem zeitgemäß bearbeiten zu können. Eine Möglichkeit besteht darin, die Kapazität anderer Ressourcen flexibel zu erhöhen und damit die Voraussetzung zu schaffen, dass mehr Aufträge auf dieser Ressource geplant werden können. Eine andere Möglichkeit ist die Fremdvergabe des Auftrages. Wenn ein längerfristiger Ausfall einer Ressource absehbar ist, können auf dieser Ressource geplante Aufträge an Subunternehmer weitergegeben werden. Voraussetzung dafür sind jedoch bestehende vertragliche Vereinbarungen (z. B. Rahmenverträge). Außerdem muss das ERP-System bei Wechsel des Produktionstyps (Eigenfertigung, Fremdfertigung) einbezogen werden.

Zusammenfassend lässt sich erkennen, dass die Anforderung, die endgültige Ressource erst bei Beginn des Arbeitsschrittes auszuwählen, durch bestehende Systeme nicht abgedeckt werden kann. Eine automatische Unterstützung des flexiblen Wechsels zu einer alternativen Ressource ist nur bis Produktionsstart möglich und dies auch nur bei einer Minderheit der Systeme.

***9. Anforderung:*** Definition und Ausführung paralleler Arbeitsschritte bis zum Abschluss der Produktion

MES sind grundsätzlich in der Lage, Arbeitspläne mit parallelen Arbeitsschritten abzubilden. Die parallelen Arbeitsschritte können entweder bereits in dem vom ERP-System übernommenen Arbeitsplan enthalten gewesen sein oder im MES selbst durch das Splitten von Arbeitsgängen angelegt werden. Das manuelle Splitten der Arbeitsgänge wird von 75 % der Systeme unterstützt, wobei das automatische Splitten während der Feinplanung von 64 % der Systeme durchgeführt wird, um eine bessere Verteilung der Aufträge abzusichern (vgl. [WMWK07, 44f]). Auch die teilweise Parallelität, das Überlappen von Arbeitsgängen, wird von einem Großteil der Systeme (75 % nach [WMWK07, 44]) unterstützt. Die Bearbeitung der Fertigungsaufträge basiert auf dem feinterminierten Arbeitsplan, sodass die geplanten parallelen Arbeitsschritte auch entsprechend ausgeführt werden können.

Die 9. Anforderung kann als erfüllt angesehen werden, da die parallele Darstellung und Ausführung von Arbeitsschritten durch die Zusammenarbeit von ERP-System und MES bis zur Fertigstellung des Auftrages abgesichert ist.

***10. Anforderung:*** Kenntnis des Echtzeitstatus jedes Arbeitsschrittes von jedem Auftrag bis zum Abschluss der Produktion

Während bei der Analyse der ERP-Systeme im Abschnitt 3.1 untersucht wurde, welche Rückmeldungen empfangen werden können, ist es bei der MES-Analyse von Interesse, welche Rückmeldungen gesendet werden können.

Alle Änderungen, die den Produktionsplan betreffen und noch vor Beginn der Produktion vonstatten gehen, werden in der Regel vom ERP-System initiiert. Falls dem nicht so ist, hat bereits die Analyse der vorangegangen Anforderungen gezeigt, dass alle Planänderungen, die vom MES durchgeführt werden (Wechsel der Ressource, Änderung der Arbeitsgänge) nicht direkt an das ERP zurückgemeldet werden, sondern erst in den Istrückmeldungen der jeweiligen Arbeitsschritte enthalten sind. Bereits vor Beginn der Produktionsausführung ist dem ERP-System somit unter Umständen der Planungsstatus der Aufträge nicht mehr bekannt.

Während der laufenden Produktion werden verschiedene Rückmeldearten unterstützt. Bei allen untersuchten MES war es möglich, Rückmeldungen an bestimmte Ereignisse (z. B. Fertigstellung des Auftrages) zu koppeln. Weiterhin unterstützen fünf Systeme gesammelte Rückmeldungen in bestimmten Intervallen (z. B. pro Schicht). Das Senden von Teilrückmeldungen (z. B. Rückmeldungen von einzelnen Arbeitsgängen) ist bei sechs Systemen möglich. Die Rückmeldungen können folgende Daten umfassen: Gut- und Ausschussmengen, Laufzeiten, Qualitätsdaten, Statusdaten. Damit sind die gesendeten Daten um einiges vielschichtiger als die vom ERP ausgewerteten und verwendeten Daten.

Da alle untersuchten Systeme ereignisbasierte Rückmeldungen und größtenteils auch Teilrückmeldungen unterstützen, wären aus MES-Sicht sehr zeitnahe Rückmeldungen möglich. Um ein erhöhtes Datenvolumen zu vermeiden, werden die Fertigstellungsdaten jedoch in der Regel nur in aggregierter Form pro Schicht oder pro Tag zurückgemeldet. Eine tatsächliche Lücke in der Verfolgbarkeit besteht in dem Zeitraum der Feinplanung. Das ERP-System erhält während dieser Zeit keine Informationen über eventuelle Änderungen der Ressource oder des Arbeitsplans.

In Auswertung der Analyse der ERP-Systeme und der MES stellt man fest, dass die durchgängige Echtzeitverfolgung durch das ERP-System nicht gewährleistet werden kann. Die zehnte Anforderung kann somit durch existierende Systeme der Produktionsplanung und -steuerung nicht erfüllt werden. Obwohl das MES den Planungs- und Auftragsstatus zu jedem Zeitpunkt kennt, werden die Rückmeldungen so konfiguriert, dass dem ERP-System erst nachträgliche Informationen über den Auftragsstatus geliefert werden.

## 3.3 Systemübergreifende Betrachtungen

Ein Rückblick auf die in Abschnitt 3.1 und 3.2 durchgeführten Analysen zeigt, dass beim Wechsel der Auftragshoheit zwischen dem ERP-System und dem MES ein deutlicher Verlust der Flexibilität erkennbar war. Aus diesem Grund untersucht dieser Abschnitt, inwieweit die Schnittstelle zwischen dem ERP-System und dem MES geeignet ist, Änderungsflexibilität zu unterstützen bzw. welche Hindernisse es dabei gibt. Die Schnittstellenuntersuchung legt die Basis für die anschließende Zusammenfassung der Untersuchung aller gegenwärtigen Systeme, die die Bereiche abdecken, die das PPS II-System adressiert.

*Schnittstelle zwischen ERP-System und MES*

Aufgrund der unterschiedlichen Zielsetzungen der lang- und mittelfristigen Grobplanung von ERP-Systemen und der kurzfristige Feinplanung von MES haben beide in der Regel eine eigene Datenhaltung. Die Analyse unter den führenden ERP-Systemanbietern und MES-Anbietern hat ergeben, dass unabhängig davon, von welcher Firma die Systeme angeboten werden, von fast allen Systemen die Oracle Datenbank unterstützt wird. Sechs der sieben ERP-Systeme und acht der neun MES unterstützen diese Datenbank. Auf Rang 2 mit 57 % bei ERP-Systemen und 78 % bei MES ist der Microsoft SQL Server gelistet. Bei den Querschnittsanalysen beider Systemtypen rangierten diese Datenbanken ebenfalls auf den beiden vorderen Plätzen (vgl. [Dei04, 54]; [FaG08, 146ff]; [WMWK07, 92]). Die Primäranalysen haben weiterhin ergeben, dass die Art der Datenverwaltung in der Regel immer auf relationalen Strukturen beruht, wobei einige Anbieter zusätzlich objektorientierte Datenstrukturen unterstützen. Die ausschließliche Speicherung in Semistrukturen (z. B. XML-Files) wurde von keinem System unterstützt. Obwohl sich die zugrunde liegende Datenbankarchitektur der miteinander kollaborierenden ERP-Systeme und MES auf Basis dieser Ergebnisse mit großer Wahrscheinlichkeit ähneln, ist die getrennte Datenhaltung an sich mit einigen Nachteilen verbunden.

Ein von einem der MES-Anbieter genannte Grund, warum es schwierig ist, Daten der Fertigungsleitebene in das ERP-System zu bringen, ist die Nichtverfügbarkeit der Datenstrukturen im ERP-System. Ressourcendaten sind beispielsweise sowohl im ERP-System als auch im MES vorhanden. Die Identität bzw. Granularität einer Ressource sowie die tatsächlich vorhandenen Informationen zu dieser Ressource sind jedoch sehr unterschiedlich. Im ERP-System wird oftmals eine ganze Produktionslinie zu einer Ressource zusammengefasst, während im MES einzelne Maschinenteile eine Ressource bilden können. Dies ist auch der Grund dafür, dass sich manche MES-Anbieter dafür entscheiden, die Ressourcendaten selbst gar nicht zu synchronisieren. Ein weiteres Beispiel, welches ebenfalls bei der Primäruntersuchung deutlich wurde, zeigt sich im unterschiedlichen Umgang mit Produktvarianten. Alle untersuchten ERP-Systeme bieten ein Variantenmanagement an. Bei den untersuchten MES gibt es dagegen nicht ein System, welches die Variantendaten vom ERP-System übernehmen und entsprechend speichern kann.

Auch hinsichtlich der in beiden Systemen redundant gehaltenen Daten, haben die Primäranalysen Probleme aufgedeckt. Um zu häufige Synchronisationsläufe zu verhindern, verzichten die Anbieter häufig eher auf Flexibilität und Echtzeitverfolgung. Zu dem Zeitpunkt, zu dem die Auftragsdaten vom ERP-System an das MES weitergegeben werden, werden bestimmte bis dahin offen gehaltene Parameter (z. B. alternative Arbeitsschritte, Ressourcen) endgültig festgelegt. Dadurch wird verhindert, dass vor Produktionsstart weitere Informationsläufe zwischen dem ERP-System und dem MES notwendig sind. Auch für die Rückmeldungen der Istdaten vom MES an das ERP-System werden in der Regel feste Zeitpunkte definiert, zu denen aggregierte Rückmeldungen einer Periode gesendet werden. Dadurch wird die Häufigkeit der Datenübertragungen gesenkt, da nicht bei jedem fertiggestellten Auftrag oder Arbeitsschritt Nachrichten geschickt werden.

Um die Gesamtflexibilität bestehender Systemlandschaften einschätzen zu können, soll weiterhin die Schnittstelle zwischen der Unternehmensleitebene und der Fertigungsleitebene betrachtet werden. Standards wie ANSI/ISA 95 [ANS00] oder OAGIS [OAG03] haben das Ziel, die Kommunikation zwischen diesen beiden Ebenen zu unterstützen. Der ISA 95-Standard definiert vier Ebenen, die den zugrunde liegenden Produktionsprozess (als Ebene 0 bezeichnet) kontrollieren. Dabei wird insbesondere auf den Datenaustausch zwischen Ebene 3 (entspricht Fertigungsleitebene) und Ebene 4 (entspricht Unternehmensleitebene) eingegangen. Insgesamt werden drei Informationskategorien für die zwischen beiden Ebenen ausgetauschten Informationen beschrieben (siehe Abbildung 3-3).

Die Synchronisation der Stammdaten wird durch die *Production Capability Information*, die die vorhandenen Ressourcen (z. B. Materialien, Maschinen, Personal) beinhalten, und die *Product Definition Information*, die das Produkt anhand seiner Bestandteile, seines Arbeitsplans und der für die Produktion notwendigen Ressourcen beschreiben, definiert. Der Austausch der Bewegungsdaten ist in dem Feld *Production Information* dokumentiert. Dieses Feld splittet sich in die von Ebene 4 zu Ebene 3 übergebene Produktionsplanung (*Production Schedule*) und die von Ebene 3 zu Ebene 4 gesendete Produktionsrückmeldung (*Production Performance*) auf. Eine mögliche Implementierung des ISA 95-Standards wird durch die B2MML (Business to Manufacturing Markup Language) vom WBF (World Batch Forum) (vgl. [WBF07]) vorgegeben. Darin sind die einzelnen Informationsfelder und die damit in Zusammenhang stehenden Nachrichten im Detail definiert.

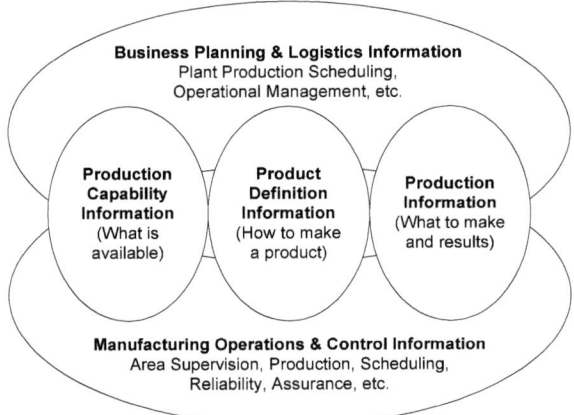

Abbildung 3-3: Felder des Informationsaustausches nach ISA 95 [ANS00, 40]

Die Analyse des ISA 95-Standards und der mit B2MML vorgeschlagenen Implementierung zeigt, dass die Nachricht für die Übergabe der Produktionsplanung (*Production Schedule*) alle Facetten der Planung sehr gut abdeckt, jedoch nicht auf die Möglichkeit ausgelegt ist, Änderung des Produktionsplans bzw. eines einzelnen Produktionsauftrages weiterzugeben. Es gibt keine einheitliche Vorgabe, wie die Struktur von Änderungsnachrichten zu bereits gesendeten Produktionsplänen aussehen soll oder wie die Referenz auf einen vorangegangen Produktionsplan hergestellt wird, um ihn beispielsweise zu ersetzen. Das bedeutet einerseits, dass ERP-seitig initiierten Änderungen (z. B. andere Variante) nicht unterstützt werden. Andererseits betrifft es auch nachträgliche Änderungen des Produktionsplanes, die vom MES entschieden werden (z. B. Wechsel der Ressource). Die Produktionsrückmeldung (*Production Perfomance*) ist ebenfalls nicht geeignet, um nachträgliche Planänderungen vom MES an das ERP-System zu geben, da diese explizit fertiggestellte Arbeitsschritte (*Segment Response*) als Referenz zu geplanten Arbeitsschritten (*Process Segment*) beinhaltet.

Der OAGIS (Open Application Group Integration Specification)-Standard umfasst die unternehmensinterne und unternehmensübergreifende Integration. Eines der unterstützten Integrationsszenarien beschreibt die Austauschbeziehungen zwischen ERP-System und MES. Die Flüsse zwischen beiden Anwendungen umfassen die Synchronisation der Stammdaten (z. B. *Synch BillOfMaterial, Synch Routing*), die Synchronisation der Arbeitspläne (z. B. *Synch ProductionOrder, Synch DispatchList*) und die Rückmeldungen (z. B. *Update WIPConfirm*). Jeder Fluss wird durch ein BOD (Business Object Document) beschrieben. Die Analyse der BODs zeigt, dass auch OAGIS keine explizite Möglichkeit vorsieht, Änderungen von Produktionsaufträgen weiterzuleiten. Änderungen müssten dann nach einem erneuten Synchronisationslauf implizit durch das MES erkannt werden. Ein Fluss vom MES zum ERP-System für nachträgliche Änderungen des Produktionsauftrags wird gar nicht unterstützt.

Im Hinblick auf Standards hat die Primäranalyse der ERP-Systeme und MES folgende Ergebnisse gebracht. Von den neun untersuchten MES unterstützen lediglich vier Systeme den ISA 95-Standard. Der OAGIS-Standard wurde von keinem der Anbieter explizit adressiert. Generell bieten alle MES-Anbieter die Möglichkeit, die Schnittstelle zum ERP individuell zu konfigurieren. Da das SAP ERP-System im deutschen Markt die größte Verbreitung hat, adressieren beispielsweise alle die von diesem System angebotene RFC-Schnittstelle unter Verwendung der proprietären IDoc-Protokolle und BAPI-Methoden. Die ERP-Systeme nutzen für die Kommunikation zu anderen Systemen wie dem MES meist separate Systeme (z. B. IBUS für Infor AS, SAP Netweaver für SAP-Systeme). Auch diese Systeme unterstützen die Standards ISA 95 oder OAGIS noch nicht durchgängig. Die vorwiegende Adressierung von proprietären Schnittstellen bedeutet, dass auch die ausgetauschten Nachrichten individuell konfiguriert sind.

*Anforderungsbezogene Zusammenfassung der Systemanalyse*

Zusammenfassend werden im Folgenden die anforderungsbezogenen Ergebnisse der Abschnitte 3.1 und 3.2 systemübergreifend ausgewertet. Bei kundenauftragsbezogenen Änderungen, die die Produkteigenschaften, die Operationsanweisungen, die Menge oder den Liefertermin betreffen, ist eine automatische Änderung der zugehörigen Produktionsaufträge bis zur Freigabe des Produktionsplanes ohne Probleme möglich. Bei Übergabe des Produktionsplanes vom ERP-System an das MES gibt es einen deutlichen Bruch. Ab diesem Zeitpunkt bis zum Produktionsstart ist es zwar immer noch möglich Produkteigenschaften, Operationsanweisungen, die Auftragsmenge oder den Liefertermin zu ändern, aber nur noch über Umwege bzw. manuelle Eingriffe. Da der ursprüngliche Auftrag im ERP-System zu diesem Zeitpunkt für Änderungen gesperrt ist, wird entweder ein neuer Auftrag bei gleichzeitiger Stornierung des alten Auftrages angelegt oder die Änderungen erfolgen direkt im MES. Dies widerspricht jedoch dem tatsächlichen Produktionsablauf und bedeutet außerdem, dass die Information über die erforderliche Änderung auf anderem Weg am ERP-System vorbei zu demjenigen gelangt, der sie im MES erfasst. Da sich die Änderungen von Produkteigenschaften und Operationsanweisungen nicht wie Mengen- oder Lieferterminänderungen auf den gesamten Auftrag beziehen, sondern nur auf einzelne Arbeitsschritte, wurde hierfür weiterhin untersucht, ob Änderungen bis zum Beginn des jeweiligen Arbeitsschrittes möglich sind. Die einzige Möglichkeit solch späte Änderungen durchzuführen, bestand darin den laufenden Auftrag abzubrechen und einen neuen Auftrag mit geänderten Parametern zu starten. Die Anforderung, Auftragsänderungen bis zum Beginn des Arbeitsschrittes automatisch umzusetzen, kann somit durch bestehende Systeme nicht erfüllt werden.

Änderungen, die die gesamte Auftragsplanung betreffen und darauf abzielen einen zusätzlichen Auftrag in die Planung einzubinden bzw. einen bestehenden Auftrag zu stornieren, sind ebenso nur über Umwege realisierbar. Sobald der MRP II-Lauf im ERP-System stattgefunden hat, werden zusätzliche Aufträge nicht mehr in die Planung der jeweiligen Periode (z. B. Tag, Schicht) eingebunden, sondern unabhängig von der Betrachtung der verfügbaren Kapazitäten an das MES weitergereicht. In der im MES durchgeführten Feinplanung können derartige Eilaufträge bis Produktionsstart automatisch in die Kapazitäts- und Zeitplanung eingebunden werden. Somit weicht bei späten Auftragseingängen lediglich der Produktionsplan im ERP-System vom tatsächlichen Plan ab. Die Stornierung von Aufträgen ist bis zum Produktionsstart automatisch möglich, allerdings werden die dadurch freigewordenen Kapazitäten nicht automatisch neu verplant. Eventuell notwendige Kapazitäts-, Zeit- oder Materialanpassungen müssen manuell vorgenommen werden.

Bei allen Änderungen, die durch Ereignisse in der Produktion ausgelöst werden, ist hauptsächlich das MES in der Verantwortung zu reagieren und den Produktionsplan entsprechend anzupassen. Dabei ist es weniger wichtig, dass Änderungen vom ERP-System möglichst lange an das MES gegeben werden können, sondern dass im MES entsprechende Freiheitsgrade (alternative Arbeitsschritte, alternative Ressourcen) hinterlegt sind, um automatische Anpassungen zu ermöglichen. Alternative Arbeitsschritte werden nur bis zur Feinplanung, bei der die endgültige Entscheidung für den primären Pfad fällt, automatisch bei Umplanungen berücksichtigt. Spätere Änderungen des Arbeitsplanes können nur noch durch manuelle Eingriffe umgesetzt werden. Alternative Ressourcen können sowohl im ERP-System als auch im MES dargestellt und bis zum Produktionsstart automatisch bei Umplanungen hinzugezogen werden. Nach Produktionsstart finden in der Regel keine Änderungen der ausführenden Ressource mehr statt. Fällt eine Ressource aus, so wird entweder gewartet bis die Ressource wieder frei ist oder die wartenden Aufträge werden manuell verschoben. Ein weiteres Problem in Bezug auf die Freiheitsgrade besteht darin, dass schon im ERP-System eine Entscheidung für den primären Pfad fällt und auch nur für diesen Pfad die Kapazitäts- und Zeitplanung durchgeführt wird. Ändert sich der Pfad nach Übergabe des Produktionsplanes an das MES wird das ERP-System erst mit der Istrückmeldung des betroffenen Arbeitsschrittes über die Änderung informiert.

Neben der Darstellung von Alternativen im Arbeitsplan, dient auch die Darstellung und Ausführung paralleler Arbeitsschritte bzw. -sequenzen dazu, die Flexibilität der Ausführung zu erhöhen. Die Darstellung und Ausführung paralleler Arbeitsschritte wurde durch die untersuchten ERP-Systeme und MES sehr gut unterstützt.

Um einschätzen zu können, ob der aktuelle Auftragsstatus in der Planung berücksichtigt werden kann, wurde als letztes untersucht, ob der Planungs- und Produktionsstatus der freigegeben Aufträge in den MES und ERP-Systemen bekannt ist. Aus MES-Sicht war eine minutengenaue Verfolgung der Produktion ohne Probleme möglich. Nimmt das MES nach Übernahme des Produktionsplanes vom ERP-System noch Änderungen vor, kann es passieren, dass die im ERP-System vorliegenden Informationen schon vor Beginn der Produktion von dem tatsächlichen Plan abweichen. Während der Produktion erlauben es die MES zeitnahe auftragsschrittbezogene Rückmeldungen an das ERP-System zu senden. Davon wird jedoch in der Regel kein Gebrauch gemacht, sondern die Rückmeldungen einer Periode (z. B. Tag, Schicht) werden aggregiert versendet. Selbst wenn diese Möglichkeit genutzt wird, sind die ERP-Systeme nicht imstande, Rückmeldungen zu nicht geplanten Arbeitsschritten oder Rückmeldungen ohne Mengenbezug auszuwerten. Bei der Grobplanung im ERP-System kann somit nicht auf aktuelle Istdaten zurückgegriffen werden.

Zusammenfassend hat die Untersuchung der Schnittstellen und Systeme ergeben, dass die Systeme nicht automatisch auf prozessnahe Änderungen reagieren können. Wenn Änderungen trotzdem umgesetzt werden, geschieht das nicht auf Basis von im System hinterlegten Freiheitsgraden, sondern durch manuelle Anpassungen einzelner Aufträge, deren systemübergreifende Wirkungen dann jedoch nicht automatisch berücksichtigt werden können.

# 4 Architektur und Funktionalität des PPS II-Systems

Kapitel 4 beschreibt die Architektur und Funktionsweise des PPS II-Systems. Die Entwurfsgrundlagen, nach denen das PPS II-System entwickelt wurde, werden im Abschnitt 4.1 charakterisiert. Anschließend wird im Abschnitt 4.2 das Fachkonzept des PPS II-Systems und im Abschnitt 4.3 das IT-Konzept des PPS II-Systems erläutert.

## 4.1 Entwurfsgrundlagen des PPS II-Systems

Die dem PPS II-System-Entwurf zugrunde liegende Methode ist die Methode der Designwissenschaften, die ihren Ursprung in der Disziplin Information Systems (IS), dem anglo-amerikanischen Pendant der Wirtschaftsinformatik, hat. Sie ist Mitte der 90er Jahre des vergangenen Jahrhunderts als alternative Methode zu dem bis dahin vorherrschenden empirisch orientierten Behaviorismus entstanden. Grund war die zu dieser Zeit aufkommende Kritik am Behaviorismus. Da sich dieser hauptsächlich auf die Auswirkungen von existierenden Informationssystemen auf Individuen, Gruppen und Organisationen konzentriert, die Potentiale der Technologien zur Lösung organisatorischer Probleme jedoch außer Acht lässt, wurde dessen Praxisrelevanz angezweifelt. Das führte dazu, dass die Relevanz der IS-Forschung an sich in Frage gestellt wurde (vgl. [Bic06, 133]).

Die Designwissenschaften beschreiben die Entwicklung von Informationssystemen als ingenieurwissenschaftliche Disziplin und machen sie dadurch validierbar. Die Grundlagen für die Methode der Designwissenschaften wurden 1995 in einer Veröffentlichung von March und Smith gelegt, in der sie das Wesen der Designwissenschaften und seine Abgrenzung sowie Parallelen zu den Naturwissenschaften charakterisiert haben (vgl. [MaS95]). Auf Basis dessen haben Hevner et al. 2004 die Aktivitäten und sieben Richtlinien für IS-Projekte, die nach der Methode der Designwissenschaften durchgeführt werden, beschrieben, um die Validität des aus der IS-Forschung resultierenden Ergebnisses abzusichern (vgl. [HMPR04]). Nach zusätzlichen Erfahrungen aus der Praxis aktualisierte Hevner die beschriebenen Aktivitätsabläufe 2007 nochmals (vgl. [Hev07]).

Die Designwissenschaften zielen darauf ab, Dinge zu entwickeln, die einem konkreten Zweck dienen. Hauptziel ist es demnach nicht, theoretisches Wissen zu produzieren, sondern vorhandenes Wissen auf bestimmte Aufgaben und Situationen anzuwenden, um effektive Lösungen zu entwickeln. Die Forschung im Rahmen der Designwissenschaften findet neue Wege, um bekannte Probleme effizienter zu lösen (vgl. [HMPR04, 81]). Zentrale Forschungsobjekte der Designwissenschaften sind die Artefakte, wobei es sich um Konzepte (*constructs*), Modelle (*models*), Methoden (*methods*) oder Implementierungen (*instantiations*) handelt (vgl. [MaS95, 253]). Die im Rahmen der Designwissenschaften ausgeführten Forschungsaktivitäten lauten Erstellen (*build*) und Evaluieren (*evaluate*) (vgl. [MaS95, 254]). Thema der Designwissenschaften ist es somit, Konzepte, Modelle, Methoden und Implementierungen zu erstellen und zu evaluieren.

Der in Kapitel 4 beschriebene Entwurf der Architektur und der Funktionalität des PPS II-Systems entspricht dem Erstellen eines Konzeptes der Designwissenschaften. Um den Erstellprozess zu bewerten, ist einerseits die Evaluierung der Nützlichkeit und des Forschungsbeitrags des daraus resultierenden Konzeptes unabdingbar. Anhand von zuvor definierten Metriken wird bei der Evaluierung gemessen, inwieweit das vorgeschlagene Konzept dem anvisierten Zweck besser nachkommt als bisherige Konzepte. Die Evaluierung der Funktionalität, der Qualität und des Nutzens wird in Kapitel 5 durchgeführt. Andererseits soll nicht nur das Ergebnis, sondern der Prozess der Konzepterstellung und -evaluierung selbst transparent sein. Aus diesem Grund folgt die Erstellung und Evaluierung des PPS II-Systems den von Hevner et al. definierten Richtlinien (siehe Tabelle 4-1).

Diese Richtlinien werden sowohl beim Entwurf der Architektur als auch beim Entwurf der Prozesse des PPS-II-Systems zugrunde gelegt. Die im Abschnitt 5.2 durchgeführte qualitative Evaluierung wird im Detail darstellen, mit welchen Mitteln die einzelnen Richtlinien im Erstellprozess hinzugezogen wurden.

Die Struktur des Entwurfsprozesses orientiert sich an den Entwurfsphasen der Systementwicklung Fachkonzept und IT-Konzept (vgl. z. B. [Las06, 309]; [Sch02, 40]). Das Fachkonzept beschreibt die Logik des Geschäftsprozesses anhand der betriebswirtschaftlichen Anforderungen an den Geschäftsprozess. Das IT-Konzept (auch DV-Konzept genannt) überträgt das Fachkonzept in die Sprache der Informationstechnik, indem es den Bauplan für die einzusetzenden technischen Mittel darstellt. Im folgenden Abschnitt 4.2 wird die statische Struktur (Architektur) und dynamische Struktur (Funktionalität) des Fachkonzeptes des PPS II-Systems beschrieben. Das IT-Konzept im Abschnitt 4.3 stellt anschließend die konkrete technische Architektur dar und zeigt, wie die Funktionalität technisch umgesetzt werden soll.

Tabelle 4-1: Richtlinien der Designwissenschaften (vgl. [HMPR04, 82ff])

| Richtlinie | Beschreibung |
|---|---|
| *Richtlinie 1:* Design als ein zielgerichtetes Artefakt | Die Forschung der Designwissenschaften ist darauf ausgerichtet, ein zielgerichtetes Artefakt zu entwickeln, welches ein bestimmtes Problem besser lösen kann als bisherige Artefakte. |
| *Richtlinie 2:* Problemrelevanz | Das Ziel der Forschung der Designwissenschaften besteht darin, technische Lösungen für wichtige und relevante Probleme von Unternehmungen zu entwickeln. |
| *Richtlinie 3:* Design-Evaluierung | Der Nutzen, die Qualität und die Wirksamkeit des Artefakts müssen durch adäquate wissenschaftliche Methoden evaluiert werden. |
| *Richtlinie 4:* Beitrag der Forschung | Die Designwissenschaften müssen einen klar definierbaren und nachweisbaren Beitrag zur Problemlösung und/oder den Forschungsmethoden der Disziplin liefern. |
| *Richtlinie 5:* Stringenz der Forschung | Die Anwendung der Designwissenschaften erfordert die konsequente und stringente Anwendung relevanter wissenschaftlicher Methoden und Artefakte in der Erstellung und in der Evaluierung von Artefakten. |
| *Richtlinie 6:* Design als Suchprozess | Design ist ein iterativer Prozess, bei dem effektive Lösungen für ein Problem gefunden werden sollen. Die in dem Prozess entstehenden Lösungen werden in jeder Iteration getestet, evaluiert und verfeinert, um schrittweise eine Wissensbasis aufzubauen. |
| *Richtlinie 7:* Kommunikation von Forschungsergebnissen | Ergebnisse der Forschung der Designwissenschaften müssen dem technologieorientierten als auch dem managementorientierten Publikum vorgestellt werden. |

## 4.2 Fachkonzept des PPS II-Systems: Paradigma der prozessnahen Gestaltungsentscheidung

Dieser Abschnitt beschreibt die Architektur und Funktionalität des PPS II-Systems aus fachlicher Sicht. Die grundlegende Funktionalität wird durch das Paradigma der prozessnahen Gestaltungsentscheidung bestimmt. Die Grundlagen dieses Paradigmas und wie es durch die modulare Architektur des PPS II-Systems unterstützt wird, wird im Abschnitt 4.2.1 erläutert. Die nachfolgenden Abschnitte 4.2.2 bis 4.2.4 beschreiben den Prozess der Definition und der Festlegung der drei Parameter, die die Gestaltungsentscheidung beeinflussen, im Detail. Abschließend gibt Abschnitt 4.2.5 einen zusammenfassenden Überblick.

### 4.2.1 Modulare Systemarchitektur zur Unterstützung der prozessnahen Gestaltungsentscheidung

Die in der Abgrenzung und durch die Anforderungen beschriebenen Funktionalitäten, die durch das PPS II-System abgedeckt werden sollen, umfassen Produktionsplanungs- und Produktionssteuerungsfunktionalitäten. Die Ausführung der Produktionsplanung und -steuerung basiert auf einheitlichen Stammdaten. Diese Funktionalitäten bilden den Ausgangspunkt für die Einteilung des PPS II-Systems in die folgenden Module: Datenmanagement, Produktionsvariantenplanung und Produktionssteuerung (siehe Abbildung 4-1).

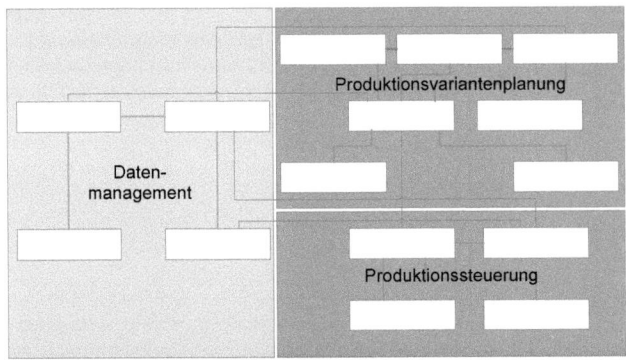

Abbildung 4-1: Modularer Aufbau des PPS II-Systems

Das Datenmanagement beschreibt die Stammdatenstruktur des PPS II-Systems. Es bildet die Grundlage für alle in den anderen Modulen definierten Prozesse. Das Produktionsvariantenplanungs-Modul ist dafür verantwortlich auf Basis der Kundenaufträge einen ausführbaren Produktionsplan unter Berücksichtigung der verfügbaren Materialien und Ressourcen zu entwickeln. Dabei wird insbesondere auf die Unterstützung von Prozessvarianten Wert gelegt. Im Modul Produktionssteuerung werden die Prozesse definiert, die während der Produktionsausführung zur Kontrolle und Anpassung der Planung notwendig sind. Damit unterstützt jedes der drei Module eine der Phasen der Produktionsplanung und -steuerung. Die Aktivitäten der auftragsunabhängigen Entwurfsphase werden durch das Modul Datenmanagement durchgeführt. Das Modul Produktionsvariantenplanung unterstützt die auftragsabhängige Planungsphase, während das Modul Produktionssteuerung für die in der auftragsabhängigen Produktionsphase notwendigen Aktivitäten verantwortlich ist.

Die Module sollen lokal unabhängig voneinander implementiert werden können, da viele Unternehmen die Anforderung haben, dass das Datenmodul und das Produktionsvariantenplanungsmodul im zentralen Datenzentrum des Unternehmens und das Produktionssteuerungsmodul lokal in der Fertigungsumgebung installiert sind. Weiterhin soll die Möglichkeit bestehen, dass einzelne Module repliziert werden können. Abbildung 4-2 zeigt eine mögliche Verteilung der Module, bei der das Datenmodul und das Produktionsvariantenplanungsmodul in der Geschäftszentrale installiert sind, während das Produktionssteuerungsmodul und eine Replikation des Datenmoduls lokal im Produktionsbereich installiert sind.

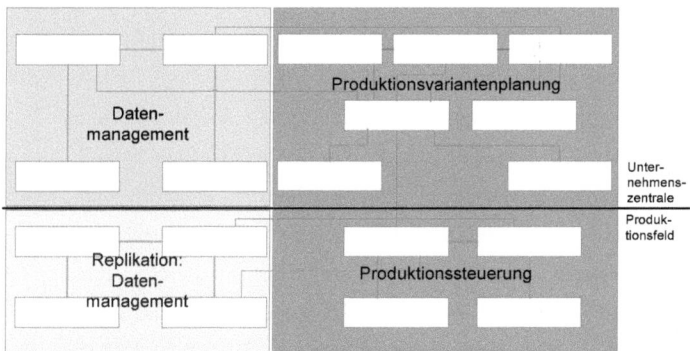

Abbildung 4-2: Mögliche Verteilung der Module des PPS II-Systems

Die genannten Module stellen die Ausgangsbasis für die Systemarchitektur des PPS II-Systems dar, welche durch weitere Module erweitert oder ersetzt werden können. Diese Möglichkeit kann beispielsweise für brachenspezifische Erweiterungen genutzt werden. Die Erweiterungsoption soll ebenfalls zur Implementierung weiterer fertigungssteuerungsrelevanter Module wie Personalmanagement, Qualitätsmanagement oder Leistungsanalyse, die im Rahmen dieser Arbeit nicht betrachtet werden (vgl. auch Abschnitt 2.1.1), genutzt werden.

Durch die Integration der originären ERP- und MES-Prozesse in einem System kann das PPS II-System den fließenden Übergang zwischen der Planung und Steuerung optimal unterstützen. Der Übergang vollzieht sich an der Stelle, an der die Planvorgaben in Durchsetzungsaktivitäten übergehen, wobei die Aktivitäten in jeder Phase der Produktionsplanung und -steuerung gestaltet werden können. Die zeitliche Abhängigkeit der Gestaltungsentscheidung begründet die grundsätzliche Zweiteilung in Planung und Steuerung. Während bei der Produktionsplanung die Gestaltung der Produktionsprozesse vor ihrer Ausführung stattfindet, werden die Prozesse bei der Produktionssteuerung während ihrer Ausführung gestaltet (vgl. [Cor07, 520]). Das PPS II-System nutzt diesen natürlich gegebenen Punkt des Ausführungsbeginns, um die Gestaltungs- und Entscheidungsprozesse zu definieren. Anders als bei der Aufteilung der Produktionsplanungs- und -steuerungsprozesse in verschiedene Systeme (ERP, MES), ist der Zeitpunkt der Gestaltungsentscheidung jedoch nicht von einer künstlichen Systemgrenze abhängig.

Trotzdem ist das PPS II-System auch imstande, die Anforderungen, die eine Splittung in ERP und MES erst notwendig gemacht haben, zu erfüllen. Da die Fertigungssteuerung teilweise unmittelbar auf Geschehnisse in der Fertigung reagieren und deshalb eine hohe Performance und hundertprozentige Verfügbarkeit benötigt, ist es notwendig, dass das Steuerungssystem lokal verfügbar ist. Durch die Möglichkeiten der Replikation bzw. des verteilten Deployments der Module kann das Modul Produktionssteuerung lokal in der Fertigungsumgebung installiert werden. Weiterhin muss sowohl die Fertigungsplanung als auch die Fertigungssteuerung auf branchenspezifische bzw. kundenindividuelle Prozesse eingehen können. Diese Anforderung kann durch die oben beschriebenen Möglichkeiten der Erweiterung bzw. des Ersatzes von Modulen abgedeckt werden. Ein weicher, aber trotzdem nicht zu unterschätzender Faktor, der für ein lokal verfügbares System spricht, ist die Angst der prozessnahen Fertigungsplaner die Kontrolle über ihre Fertigung zu verlieren (vgl. [PBR08]). Sie wollen den Fertigungsplan nicht durch ein zentrales Planungssystem vorgegeben bekommen, sondern die Gestaltung der Pläne nachvollziehen bzw. selbst beeinflussen können. Auch diese Anforderung kann das PPS II-System durch das Ermöglichen der im Folgenden beschriebenen prozessnahen Gestaltungsentscheidung erfüllen.

4 Architektur und Funktionalität des PPS II-Systems

Das Paradigma der prozessnahen Gestaltungsentscheidung beantwortet die Anforderungen an das PPS II-System, verschiedene Änderungen und bestimmte Freiheitsgrade während der Produktionsplanung und -steuerung zu unterstützen. Die Grundidee dieses Paradigmas besteht darin, Entscheidungen über die konkrete Ausführung einzelner Arbeitsschritte prozessnah zu treffen. Dies beinhaltet die Festlegung der Arbeitsplanstruktur, der zu verwendenden Materialien und der eingesetzten Ressourcen. Abbildung 4-3 stellt die drei Parameter, die die Gestaltungsentscheidung der Produktionsplanung und -steuerung beeinflussen, dar.

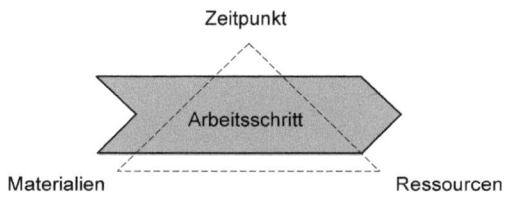

Abbildung 4-3: Parameter der Gestaltungsentscheidung

Zur Veranschaulichung des Paradigmas der prozessnahen Gestaltungsentscheidung soll das Beispiel der Produktion einer Etanorm-Pumpe[7] dienen (vgl. Abbildung 4-4).

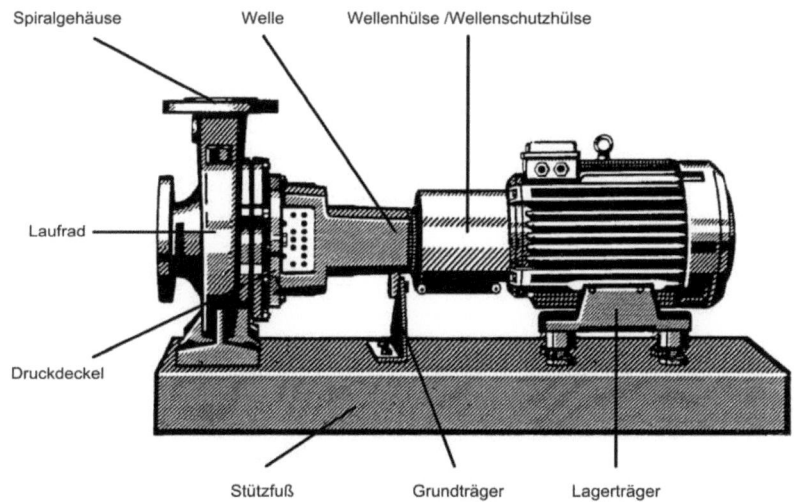

Abbildung 4-4: Skizze der Etanorm-Pumpe (in Anlehnung an [KSB10])

---

[7] Die Etanorm-Pumpe ist eine bestimmte Pumpenfamilie, die von der KSB AG hergestellt wird (vgl. [KSB10]).

Tabelle 4-2: Varianten der Etanorm-Pumpe und verfügbare Baugrößen

|  | Etanorm G | Etanorm B | Etanorm M |
|---|---|---|---|
| *Teile* | *Bearbeitungsmaterial* | | |
| Spiralgehäuse | Graugussstahl | Graugussstahl | Zinnbronze |
| Druckdeckel | Graugussstahl | Graugussstahl | Zinnbronze |
| Laufrad | Graugussstahl | Zinnbronze | Zinnbronze |
| Welle | Graugussstahl | Graugussstahl | Chrom-Nickel-Molybdän-Stahl |
| Lagerträger | Graugussstahl | Graugussstahl | Graugussstahl |
| Stützfuß | Graugussstahl | Graugussstahl | Graugussstahl |
| Grundträger | Graugussstahl | Graugussstahl | Graugussstahl |
| | | | |
| *Untervarianten* | *Bearbeitungsmaterial* | | |
| a) Gleitringdichtung: Wellenhülse | Chrom-Nickel-Molybdän-Stahl | Chrom-Nickel-Molybdän-Stahl | Chrom-Nickel-Molybdän-Stahl |
| b) Stopfbuchspackung: Wellenschutzhülse | Chrom-Molybdän-Stahl | Chrom-Molybdän-Stahl | Chrom-Molybdän-Stahl |
| | | | |
| *Baugrößen* | 32-125 | 32-160 | 32-160 |
| | 32-160 | 32-200 | 32-200 |
| | 32-200 | 40-160 | 40-160 |
| | 32-250 | 40-200 | 40-200 |
| | 40-125 | 40-250 | 40-250 |
| | 40-160 | | |
| | 40-200 | | |
| | 40-250 | | |
| | | | |
| *Farben* | rot | rot | rot |
| | blau | blau | blau |
| | grün | grün | grün |

Die Pumpe besteht aus zehn Komponenten und bietet bezüglich bestimmter Komponenten Wahlmöglichkeiten an. So können beispielsweise verschiedene Gehäusematerialien oder Dichtungsarten benutzt werden. Eine Übersicht über alle Pumpenvarianten und erhältlichen Baugrößen ist in Tabelle 4-2 dargestellt.

Die Abschnitte 4.2.2 bis 4.2.4 beschreiben die prozessnahe Festlegung der drei die Gestaltungsentscheidung beeinflussenden Parameter Arbeitsplanstruktur, Materialien und Ressourcen im Detail. Wie der modulare Aufbau der Systemarchitektur orientiert sich auch die Beschreibung der einzelnen Parameter an den Phasen des Produktionsprozesses, deren Ausführung durch das PPS II-System unterstützt wird. Dabei wird zwischen der auftragsunabhängigen Entwurfsphase, der auftragsabhängigen Planungsphase und der auftragsabhängigen Produktionsphase unterschieden. Die Stellen, an denen auf das Beispiel der Etanorm-Pumpe Bezug genommen wird, sind gesondert gekennzeichnet.

### 4.2.2 Prozessnahe Festlegung der Arbeitsplanstruktur

Die Reihenfolge der Arbeitsschritte und damit das konkrete Zeitfenster für einen einzelnen Arbeitsschritt können von der Produktvariante abhängen. Die Variabilität der Reihenfolge dient jedoch insbesondere dazu, einen optimalen Arbeitsplan auf Basis der freien Kapazitäten zu finden. In der folgenden Betrachtung wird der Arbeitsschritt zunächst unabhängig von den eingesetzten Materialien und Ressourcen beschrieben. Die prozessnahe Zuordnung der Materialien und Ressourcen zu einzelnen Arbeitsschritten wird im Anschluss besprochen.

*Auftragsunabhängige Entwurfsphase*

Der Arbeitsplan, der die einzelnen Arbeitsschritte zur Erstellung eines Produktes umfasst, gehört zu den Stammdaten und wird damit bereits in der Entwurfsphase des Produktes definiert. Ein einzelner Arbeitsschritt ist durch seine ID, seine Bezeichnung und seine Dauer[8] charakterisiert. Das PPS II-System beschreibt die Anordnung der Arbeitsschritte anhand ihrer Reihenfolgebeziehungen, die zwischen aufeinanderfolgenden Arbeitsschritten bestehen. Bei diesen Reihenfolgebeziehungen oder auch Regeln

---

[8] Die exakte Ausführungsdauer eines Arbeitsschrittes ist ebenfalls von der ihn bearbeitenden Ressource abhängig. Deshalb entspricht die hier genannte Dauer einem Schätzwert.

kann es sich um Sequenzen, Splittungen oder Vereinigungen handeln, die durch folgende Ausdrücke beschrieben werden.

- Sequenz[1 Vorgänger, 1 Nachfolger]
- Splittung[UND/ODER, 1 Vorgänger, n Nachfolger], n>1
- Vereinigung[UND/ODER, n Vorgänger, 1 Nachfolger], n>1

Die Syntax aller in dieser und den nachfolgenden Formeln oder Abbildungen beschriebenen logischen Ausdrücke ist in Abbildung 4-5 definiert. Eine Sequenz ist somit durch genau zwei Arbeitsschritte beschrieben: einen Vorgänger und einen Nachfolger. Eine Splittung bedeutet, dass entweder alternative oder parallele Arbeitsschritte folgen. Dies wird durch den Operator UND bzw. ODER ausgedrückt. Weiterhin ist eine Splittung durch genau einen Vorgänger und mehr als einen Nachfolger gekennzeichnet. Bei der Vereinigung ist der UND- bzw. ODER-Operator dafür verantwortlich, die Zusammenführung von alternativen oder parallelen Arbeitsschritten zu beschreiben. Die zusammengeführten Arbeitsschritte sind die Vorgänger und der zusammenführende Arbeitsschritt ist der Nachfolger der Beziehung.

---

**Syntax der Regeln**

- WENN x DANN y SONST z:
    Bedingungsschleife, bei der y gilt, wenn x wahr ist und z gilt falls x falsch ist
- x==y    x entspricht dem Wert von y
- x:=y    Wertzuweisung von y zu x
- x[y,z]  y und z sind Argumente von x
- x(y,z)  x von y und x von z
- x       x ist eine Menge
- {x,y}   x und y sind Bestandteile einer Menge
- x/y     Menge x ohne Menge y
- x+y     Menge x wird mit Menge y vereinigt

Abbildung 4-5: Syntax der Regeln

*Die Arbeitsplanbeschreibung für das BEISPIEL DER PRODUKTION DER ETANORM-PUMPE und die daraus abgeleitete grafische Darstellung des Arbeitsplans, ist in den Abbildungen 4-6 und 4-7 dargestellt.*

| Arbeitsschritte *V:= {* | Parameter *P:={* |
|---|---|
| • V001 Laufrad drehen, | • P001 Schriftzug } |
| • V002 Laufrad entgraten, | |
| • V003 Laufradmaße prüfen, | *Reihenfolgeregeln VR:={* |
| • V008 Welle montieren, | • VR01 Sequenz[V001;V002], |
| • V101 Laufrad montieren, | • VR02 Sequenz[V002;V003], |
| • V102 Gehäuse montieren, | • VR03 Vereinigung[UND;V003,V008;V101], |
| • V103 Pumpe lackieren, | • VR04 Sequenz[V101;V102], |
| • V108 Schriftzug stanzen, | • VR05 Sequenz[V102;V103], |
| • V201 Stanzung anbringen, | • VR06 Vereinigung[UND;V103,V108;V201], |
| • V202 Stützfuß montieren, | • VR07 Sequenz[V201;V202], |
| • V301 Endkontrolle durchführen } | • VR08 Sequenz[V202;V301] } |

Abbildung 4-6: Beschreibung des Arbeitsplans der Etanorm-Pumpe

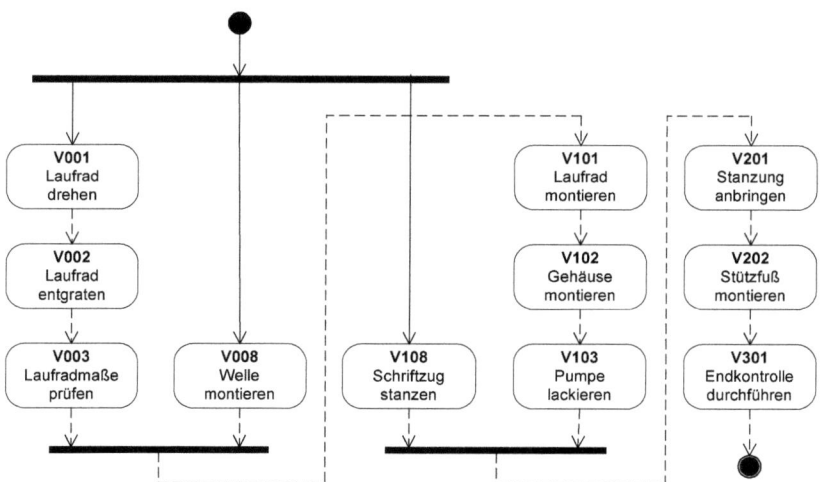

Abbildung 4-7: Grafische Darstellung des Arbeitsplans der Etanorm-Pumpe (in UML-Notation)[9]

Indem die Arbeitsplanstruktur durch Regeln beschrieben wird, können alle optionalen, alternativen und parallelen Arbeitsfolgen in einem Regelwerk dargestellt werden[10].

---

[9] Eine gute Übersicht über die UML-Notation bietet [Oes09].

Sollten Änderungen der Struktur erforderlich sein, bietet das zentrale Regelwerk wie es im PPS II-System genutzt wird durch den einheitlichen Zugriffspunkt sehr gute Voraussetzungen für die Umsetzung dieser Änderungen.

*Auftragsabhängige Planungsphase*

Die Beauftragung einer bestimmten Produktvariante hat kaum Einfluss auf die definierte Arbeitsplanstruktur. Lediglich die Arbeitsschritte, deren Ausprägung von der Produktvariante abhängig ist, werden als Primärarbeitsschritte gekennzeichnet. Dies kann beispielsweise der Fall sein, wenn es kundenindividuelle Operationsanweisungen gibt, die einen Arbeitsschritt erfordern, der bei Wegfall der speziellen Anforderung nicht erforderlich wäre. *Für das BEISPIEL DER PUMPE ist der Schriftzug der Parameter, der bestimmt, ob eine individuelle Stanzung erforderlich ist und falls ja welche. Falls sie nicht erwünscht wird, entfallen die Arbeitsschritte V108 und V201, welches sich in Formel 4-1 widerspiegelt.*

Formel 4-1: Variantenspezifische Anpassung der Arbeitsschritte
- WENN Schriftzug==NEIN DANN $V:=V/\{V108,V201\}$

Aufgrund dessen, dass Arbeitsschritte wegfallen, müssen auch die Regeln, die die Reihenfolgebeziehungen beschreiben, angepasst werden. So können aus Splittungen und Vereinigungen reine Sequenzen oder Splittungen und Vereinigungen mit weniger Nachfolgern und Vorgängern werden. Diese Umwandlung lässt sich allgemein durch Formel 4-2 beschreiben, wenn x der weggefallene Arbeitsschritt und z eine spezielle Reihenfolgeregel ist.

Diese Bedingungen werden bereits in der Entwurfsphase in Abhängigkeit von den Parametern für die betroffenen Arbeitsschritte spezifiziert, um später in der Planungs- und Produktionsphase angewendet zu werden. Alle definierten Alternativen oder Parallelitäten, die variantenunabhängig sind, werden in der Planungsphase nicht eingeschränkt, sondern bleiben Bestandteil des auftragsbezogenen Arbeitsplans. Als Resultat listet der auftragsbezogene Arbeitsplan alle Arbeitsschritte und Reihenfolgeregeln, die auch in dem auftragsunabhängigen Arbeitsplan enthalten waren, auf. Die

---

[10] Bei dem weit verbreiteten Ansatz der direkten Referenzierung zwischen miteinander in Beziehungen stehenden Arbeitsschritten (vgl. beispielsweise [Kur05, 86]) ist die Definition der Struktur dagegen über alle Arbeitsschritte verteilt und schwerer zugreifbar.

Arbeitsschritte und Regeln, die sich unter Anwendung der parameterspezifischen Formeln in Abhängigkeit der Variante ergeben, werden zusätzlich als Primärvariante markiert.

---

Formel 4-2: Variantenspezifische Anpassung der Regeln

- WENN (Regeltyp(z) == Vereinigung UND Vorgänger(z) == x)

    DANN

    (WENN Anzahl(Vorgänger(z)) == 2

    DANN Regeltyp (z):= Sequenz UND Operator(z):=0)

    UND (Vorgänger (z):= Vorgänger (z)/x)

- WENN (Regeltyp(z) == Splittung UND Nachfolger(z) == x)

    DANN

    (WENN Anzahl(Nachfolger(z)) == 2

    DANN Regeltyp (z):= Sequenz UND Operator(z):=0)

    UND (Nachfolger (z):= Nachfolger (z)/x)

---

*Variante A1:*
- P001 Schriftzug:= { }

| *Arbeitsschritte V1:=V/{V108,V201}={* | *Reihenfolgeregeln* |
|---|---|
| | *VR1:=(R/{VR06,VR07})+{VR16}={* |
| • V001 Laufrad drehen, | • VR01 Sequenz(V001;V002), |
| • V002 Laufrad entgraten, | • VR02 Sequenz(V002;V003), |
| • V003 Laufradmaße prüfen, | • VR03 Vereinigung(UND;V003,V008;V101), |
| • V008 Welle montieren, | • VR04 Sequenz(V101;V102), |
| • V101 Laufrad montieren, | • VR05 Sequenz(V102;V103), |
| • V102 Gehäuse montieren, | • VR16 Sequenz (V103;V202), |
| • V103 Pumpe lackieren, | • VR08 Sequenz(V202;V301) } |
| • V202 Stützfuß montieren, | |
| • V301 Endkontrolle durchführen } | |
| *Arbeitsschritte V/V1:={* | *Reihenfolgeregeln VR/VR1:={* |
| • V108 Schriftzug stanzen, | • VR06 Vereinigung(UND;V103,V108;V201); |
| • V201 Stanzung anbringen } | • VR07 Sequenz(V201;V202) } |

Abbildung 4-8: Variantenspezifischer Arbeitsplan der Etanorm-Pumpe

*Für das BEISPIEL DER FERTIGUNG DER ETANORM-PUMPE ist der resultierende auftragsabhängige Arbeitsplan in Abbildung 4-8 dargestellt.* Durch diese Art der Darstellung ist eine Überführung des Arbeitsplans in eine andere Variante einfacher möglich.

*Auftragsabhängige Produktionsphase*

Sobald die Produktion beginnen soll, werden die Arbeitsschritte einzeln nacheinander entsprechend ihrer Anordnung im Arbeitsplan freigegeben. Im Fall von Alternativen ist es notwendig sich für einen bestimmten Pfad zu entscheiden. Dabei geht das PPS II-System so vor, dass es im Fall von Splittungen oder Vereinigungen vom Typ ODER die Route immer vom freigegebenen Arbeitsschritt bis zur nächsten ODER-Vereinigung plant ohne jedoch die nachfolgenden Arbeitsschritte schon selbst freizugeben. Bei Wegfall einer Alternative, fallen ein oder mehrere Arbeitsschritte weg, was ebenfalls Auswirkungen auf die Reihenfolgeregeln hat. Um bei Wegfall von Alternativen zu dem auszuführenden Arbeitsplan zu kommen, gibt es ebenfalls Überführungsregeln, die analog zu den in Formel 4-2 spezifizierten Regeln formuliert sind.

Gibt es keine Alternativen, so ist die Struktur des Arbeitsplans schon in der Planungsphase fest definiert und die Freigabe der Arbeitsschritte erfolgt entsprechend der darin festgelegten Reihenfolge. Bei parallelen Abläufen werden die parallelen Arbeitsschritte zu Beginn des frühesten der beiden parallelen Wege freigegeben[11]. *Bei dem BEISPIEL DER PUMPENPRODUKTION gibt es keine alternativen Arbeitsschritte, sodass die endgültige Arbeitsplanstruktur bereits in der Planungsphase feststeht.*

### 4.2.3 Prozessnahe Festlegung der eingesetzten Materialien

Welche Materialien für welchen Auftrag und schließlich für welche Arbeitsschritte benötigt werden, ist von der Variante des zu fertigenden Produktes und von der in dem Arbeitsschritt durchgeführten Aktivität abhängig. Sowohl die Produktvariante als auch die Aktivität können geändert werden, was dazu führen kann, dass es ebenfalls erforderlich ist, die Materialien zu ändern. Aus diesem Grund werden die Prozesse im PPS II-System so definiert, dass die Zuordnung eines konkreten Materials zu einem Arbeitsschritt erst unmittelbar vor Beginn des jeweiligen Arbeitsschrittes erfolgt. Um dies zu

---

[11] Wurde zuvor eine Analyse des kritischen Pfades durchgeführt (vgl. beispielsweise Critical Path Method in [Goh07, 281]), kann der Zeitpunkt der Freigabe der Arbeitsschritte auch auf Basis der danach berechneten frühesten Anfangszeitpunkte erfolgen.

erreichen, sind mehrere Abstraktionsebenen eines Materials erforderlich. Es gibt einen abstrakten Materialtyp (z. B. *Spiralgehäuse*), aus denen das noch alle Varianten abdeckende Produkt zusammengesetzt ist. Eine bestimmte Produktvariante besteht aus Materialklassen (z. B. *Spiralgehäuse Grauguss*).

*Auftragsunabhängige Entwurfsphase*

Die Stückliste gehört wie der Arbeitsplan zu den ein Produkt charakterisierenden Stammdaten, die in der Entwurfszeit des Produktes definiert werden. In dieser Phase sollen die Materialtypen für ein Produkt und die Materialklassen für seine Varianten definiert werden. Weiterhin soll in dieser Phase nur eine lockere Bindung zwischen den Materialien und dem Arbeitsplan bestehen. Um dies zu gewährleisten, verwendet das PPS II-System eine regelbasierte Stückliste, wodurch sowohl die Materialtypen als auch die Materialklassen in einer Stückliste abgebildet werden können[12]. Grundsätzlich besteht die regelbasierte Stückliste aus drei Teilen. Als erstes werden die einzelnen Materialtypen und zugehörigen Materialklassen aufgelistet. Als zweites werden alle Parameter genannt, die Einfluss auf die Varianten haben. Den dritten Teil bilden die Regeln, mit deren Hilfe die Materialklassen der einzelnen Varianten kalkulatorisch ermittelt werden und die Abhängigkeiten zwischen den Materialklassen bestimmt werden. *Abbildung 4-9 zeigt die regelbasierte Stückliste für das* BEISPIEL DER PUMPE.

Einem Arbeitsplan eines Produkttypen wird genau eine Stückliste zugeordnet. Dabei werden die Materialtypen den einzelnen Arbeitsschritten zugeordnet, während die Materialklassen lediglich mit dem gesamten Arbeitsplan verbunden jedoch nicht auf einzelne Arbeitsschritte herunter gebrochen werden. *Für das* BEISPIEL DER ETANORM-PUMPE *sind die Zuordnungen zwischen den Arbeitsschritten und den Materialtypen in Abbildung 4-10 dargestellt. Dabei ist einerseits die Menge der Materialtypen der Menge der Arbeitsschritte zugeordnet und andererseits Teilmengen der Materialtypen einzelnen Arbeitsschritten. Außer den genannten Ursprungsmaterialien sind auch die im vorherigen Arbeitsschritt erzeugten Halbfertigprodukte (auch Work-in-Progress(WIP) genannt) dem entsprechenden Arbeitsschritt zugeordnet.*

---

[12] Alternative Stücklistendarstellungen wie die Baumstruktur oder die Matrixstruktur haben den Nachteil, dass sie keine abstrakte Produktdefinition vornehmen, sondern für jede der einzelnen Varianten eine eigene Stückliste, einen eigenen Zweig oder eine eigene Zeile inklusive der kompletten darüber liegenden Hierarchie definieren. Die regelbasierte Stückliste dagegen definiert nur die Materialien der untersten hierarchischen Ebene und stellt die hierarchischen Beziehungen nur auf Materialtypebene dar.

| *Materialtypen M:={* | *Parameter P:={* |
|---|---|
| • M701 Spiralgehäuse, | • P002 Gehäusematerial, |
| • M002 Druckdeckel, | • P003 Laufradmaterial, |
| • M003 Laufrad, | • P004 Dichtungsart, |
| • M201 Welle, | • P005 Baugröße } |
| • M202 Wellenhülse, | |
| • M203 Wellenschutzhülse, | |
| • M301 Lagerträger, | |
| • M801 Stützfuß, | |
| • M802 Grundträger } | |

*Materialregeln MR:={*

- MR01 Bearbeitungsmaterial(Lagerträger, Stützfuß, Grundträger):= Graugussstahl
- MR02 WENN Menge(Pumpe)==x
  DANN Menge(Spiralgehäuse,Druckdeckel,Laufrad,Welle,Lagerträger):=x
- MR03 WENN Gehäusematerial == Graugussstahl
  DANN (Bearbeitungsmaterial(Spiralgehäuse, Druckdeckel):= Graugussstahl UND
  Bearbeitungsmaterial(Welle):= Graugussstahl UND
  WENN Laufradmaterial == Graugussstahl
      DANN Bearbeitungsmaterial(Laufrad):= Graugussstahl
      SONST Bearbeitungsmaterial(Laufrad):= Zinnbronze)
      SONST (Bearbeitungsmaterial(Spiralgehäuse, Druckdeckel, Laufrad):= Zinnbronze
  UND
  Bearbeitungsmaterial(Welle):= Chrom-Nickel-Molybdän-Stahl)
- MR04 WENN Dichtungsart == Gleitringdichtung
  DANN (Bearbeitungsmaterial(Wellenhülse):= Chrom-Nickel-Molybdän-Stahl UND
  Menge(Wellenhülse):=1
      SONST Bearbeitungsmaterial(Wellenschutzhülse):= Chrom-Molybdän-Stahl UND
  Menge(Wellenschutzhülse):=1
- MR05 WENN Baugröße == x DANN Bearbeitungsgröße(Laufrad, Welle, Spiralgehäuse):=x }

Abbildung 4-9: Regelbasierte Stückliste für die Etanorm-Pumpe

| Arbeitsschritte V[M]:= { | Arbeitsschritte V[M]:={ |
|---|---|
| • (V001, V002, V003, V008, V101, V102, V103, V108, V201, V202, V301) [<br>• M701, M002, M003, M201, M202, M203, M301, M801, M802 ] } | • V001 [M003],<br>• V002,<br>• V003,<br>• V008[ M201,M202,M203],<br>• V101[ M002],<br>• V102[M701],<br>• V103,<br>• V108,<br>• V201,<br>• V202[M301,M801,M802] ,<br>• V301 } |

Abbildung 4-10: Zuordnung der Materialtypen zu Arbeitsschritten

***Auftragsabhängige Planungsphase***

Sobald ein Auftrag für eine spezifische Produktvariante vorliegt, werden die Parameterwerte der regelbasierten Stückliste bestimmt. Auf Basis dessen können die Produktvariante und die Materialklassen abgeleitet werden. Bei der Sekundärbedarfsermittlung werden diese Materialklassen reserviert und an den Fertigungsauftrag gekoppelt. Die Arbeitsschritte des dem Fertigungsauftrag zugrunde liegenden Arbeitsplanes sind jedoch nach wie vor direkt mit den Materialtypen verbunden. Die Beziehung zwischen den Arbeitsschritten und den Materialklassen sind nur durch die indirekte Referenz ableitbar. Das bietet den Vorteil, dass auch die alternativen Materialklassen noch immer referenziert werden und die Variante somit noch nicht endgültig mit dem Auftrag verbunden ist.

*Für das BEISPIEL DER PUMPE sollen die einzelnen Parameter wie in Abbildung 4-11 dargestellt gesetzt werden. Unter Anwendung der Regeln MR ergibt sich die variantenspezifische Materialklasse M1, deren Gesamtmenge der Gesamtmenge der variantenspezifischen Arbeitsschritte V1 zugeordnet ist. Weiterhin enthält die variantenspezifische Stückliste noch die Materialtypen und deren Zuordnung zu Arbeitsschritten, die auch in der variantenunabhängigen Stückliste beschrieben wird.*

Änderungsflexibilität in der kundenindividuellen Fertigung

---

*Variante A1:*
- P002 Gehäusematerial:=Graugussstahl,
- P003 Laufradmaterial:=Zinnbronze,
- P004 Dichtungsart:=Stopfbuchspackung,
- P005 Baugröße:=32-250

---

*Materialklassen M1:={*
- Menge (Spiralgehäuse, Druckdeckel, Laufrad, Welle, Wellenschutzhülse, Lagerträger, Stützfuß, Grundträger):=1,
- Bearbeitungsmaterial(Spiralgehäuse, Druckdeckel, Welle, Lagerträger, Stützfuß, Grundträger):=Graugussstahl,
- Bearbeitungsmaterial(Laufrad):=Zinnbronze,
- Bearbeitungsmaterial(Wellenschutzhülse):=Chrom-Molybdän-Stahl,
- Bearbeitungsgröße(Laufrad, Welle, Spiralgehäuse):=32-250 }

---

| *Materialtypen M:={* | *Arbeitsschritte V1[M]:={* |
|---|---|
| - M701 Spiralgehäuse, | - V001 [M003], |
| - M002 Druckdeckel, | - V002, |
| - M003 Laufrad, | - V003, |
| - M201 Welle, | - V008[M201,M202,M203], |
| - M202 Wellenhülse, | - V101[M002], |
| - M203 Wellenschutzhülse, | - V102 [M701], |
| - M301 Lagerträger, | - V103, |
| - M801 Stützfuß, | - V202[M301,M801,M802], |
| - M802 Grundträger } | - V301 } |
| | *Arbeitsschritte V[M]/V1[M1]:={* |
| | - V108, |
| | - V201 } |

Abbildung 4-11: Variantenspezifische Stückliste der Etanorm-Pumpe

*Auftragsabhängige Produktionsphase*

Mit Produktionsstart wird nicht der gesamte Auftrag zur Produktion freigegeben, sondern nur einzelne Arbeitsschritte. Erst mit der Freigabe eines Arbeitsschrittes wird die durch den Materialtyp referenzierte und zuvor ausgewählte Materialklasse an den Arbeitsschritt gebunden. Alle Arbeitsschritte, die noch nicht zur Produktion freigegeben worden sind, besitzen noch immer die gleichen Freiheitsgrade wie in der Entwurfsphase des Produktes.

*Wie die endgültige Zuordnung der variantenspezifischen Materialklassen zu dem variantenspezifischen Arbeitsplan für das BEISPIEL DER PUMPE aussieht, ist in Abbildung 4-12 dargestellt.*

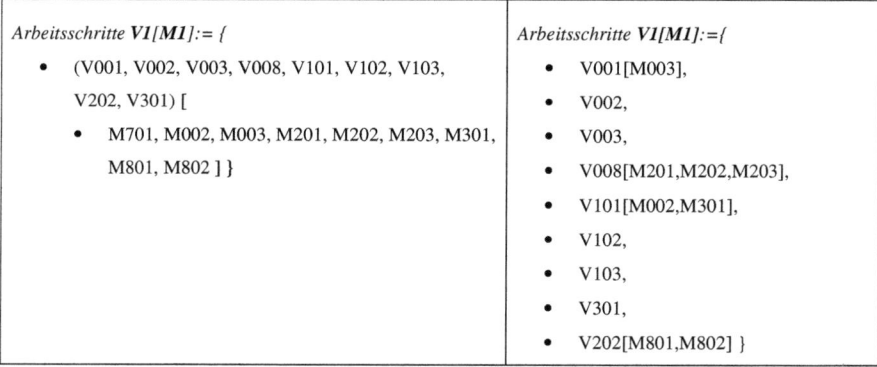

Abbildung 4-12: Variantenspezifische Arbeitsschrittzuordnung des ausgeführten Arbeitsplans

### 4.2.4 Prozessnahe Festlegung der eingesetzten Ressourcen

Ähnlich wie bei den Materialien kann auch die Ressourcenzuordnung davon abhängen, welche Produktvariante hergestellt werden soll und welche Aktivität in dem Arbeitsschritt ausgeführt wird. Ein weiterer wichtiger Grund, warum es notwendig sein kann, geplante Ressourcenzuordnungen zu ändern, ist jedoch auch, dass die ursprünglich geplante Ressource nicht mehr zur Verfügung steht. Weiterhin soll die Variabilität der Ressourcenzuordnung dazu dienen, einen optimalen Weg bei der Produktionsausführung zu bestimmen.

Um diese Ziele zu erreichen soll die konkrete Ressource dem Arbeitsschritt erst unmittelbar vor Ausführung zugewiesen werden. Die lockere Verbindung, die bis zu diesem Zeitpunkt zwischen Ressource und Arbeitsschritt bestehen soll, erfordert eine Abstraktion der Ressourcen. Diese Abstraktion setzt das PPS II-System durch das Konzept der Fähigkeiten um. Die Fähigkeitsbeschreibung dient dazu, geeignete Ressourcen zu finden und die Arbeitsschritte auf den entsprechenden Ressourcen einzuplanen.

*Auftragsunabhängige Entwurfsphase*

In der Entwurfsphase werden der Arbeitsplan, die Ressource und die Fähigkeit als separate Stammdaten beschrieben. Dabei stellen die Fähigkeiten die Verbindung zwischen dem Arbeitsplan und den Ressourcen her. Auf der einen Seite bietet jede Ressource bestimmte Fähigkeiten an. Auf der anderen Seite werden von den Arbeitsschritten bestimmte Fähigkeiten nachgefragt. Die Ressource selbst ist durch nicht viel mehr als eine ID, ihren Namen und ihren Standort beschrieben. Jeder Arbeitsschritt hat eine ID, eine Bezeichnung und eine Dauer. Dazwischen steht die Fähigkeit, die semantisch beschreibt, was eine Ressource unter Einsatz aller möglichen Werkzeuge tun kann und was in einem Arbeitsschritt benötigt wird (vgl. Abbildung 4-13). Einer Ressource bzw. einem Arbeitsschritt ist mindestens eine Fähigkeit zugeordnet und eine Fähigkeit wird von mindestens einer Ressource angeboten. Sie muss nicht unbedingt von einem Arbeitsschritt, kann jedoch auch von mehreren Arbeitsschritten nachgefragt werden.

Abbildung 4-13: Ressource-Fähigkeit-Arbeitsschritt-Beziehung (in UML-Notation)[13]

Bei der Beschreibung der Fähigkeiten ist insbesondere ihre Zielstellung zu berücksichtigen. Die Fähigkeitsbeschreibung dient dazu, dass eine für einen Arbeitsschritt geeignete Ressource gefunden und zugeordnet werden kann. Sie dient jedoch nicht der eigentlichen Ausführung des Arbeitsschrittes. Aus diesem Grund müssen die Fähigkeiten nicht die konkrete Konfiguration der Maschine, die zur Ausführung eines Arbeitsschrittes erforderlich ist, beschreiben. Diese produkt- und ressourcenspezifischen Konfigurationseinstellungen werden in separatem Maschinencode (z. B. CNC-Programm) beschrieben, der bei der Produktion durch die Steuerung hinzugezogen wird. Die Fähigkeitsbeschreibung soll deshalb so abstrakt wie möglich und so konkret wie nötig erfolgen, um die Gemeinsamkeiten und Unterschiede aller vorhandenen Ressourcen deutlich zu machen, eine geeignete Zuordnung der Arbeitsschritte zu den Ressourcen zu ermöglichen und die produktvariantenspezifischen Einstellungen der Ressource zu definieren.

---

[13] Eine gute Übersicht über die UML-Notation bietet [Oes09].

Weiterhin muss für die Definition der Fähigkeiten eine Klassifizierung gefunden werden, die so universell ist, dass sie einen Großteil der in einem Fertigungsunternehmen auftretenden Aktivitäten abdeckt. Um dies zu gewährleisten, soll auf existierende Standards bzw. Normen zurückgegriffen werden. In die Analyse von in Frage kommenden Regelwerken wurden internationale, europäische und deutsche Normen von den führenden Organisationen ISO, CEN und DIN[14] einbezogen, aber auch auf spezielle Produktionsfelder ausgerichtete Normen oder Richtlinien der Organisationen IEC (International Electrotechnical Commission), VDE (Verband der Elektrotechnik, Elektronik und Informationstechnik) und VDI (Verein Deutscher Ingenieure) betrachtet. Dabei hat sich gezeigt, dass es auf allen Ebenen eine Vielzahl von Regularien gibt, die individuelle Fertigungsprozesse beschreiben (z. B. Schweißen in der DIN EN ISO 4063 [DIN10], Tiefbohren in der VDI 3210 [VDI06]). Eine umfassende Kategorisierung aller Fertigungsprozesse gibt es mit der DIN 8580 „Fertigungsverfahren" [DIN03a] jedoch nur auf deutscher Ebene. Die DIN 8580 unterteilt die Fertigungsverfahren in folgende sechs Hauptgruppen:

- 1 Urformen,
- 2 Umformen,
- 3 Trennen,
- 4 Fügen,
- 5 Beschichten und
- 6 Stoffeigenschaft ändern.

Diese Hauptgruppen sind weiterhin in Gruppen und Untergruppen unterteilt. So gehört die Untergruppe 3.2.3 Fräsen beispielsweise zur Gruppe 3.2 Spanen mit geometrisch bestimmten Schneiden, welche zur Hauptgruppe 3 Trennen gehört. Die Untergruppen selbst sind größtenteils in separaten Normen detaillierter spezifiziert und dabei in eine vierte, fünfte und teilweise auch sechste Ebene unterteilt. Die Norm DIN 8589-3 [DIN03b] beschreibt beispielsweise den Fräsprozess und gliedert diesen in ein bis zwei

---

[14] Die ISO (International Organisation for Standardization) gibt international geltende Normen heraus, während das CEN (Europäisches Komitee für Normung), das CENELEC (Europäisches Komitee für elektrotechnische Normung) oder das ETSI (Europäisches Institut für Telekommunikation) europäische Normen herausgibt. Wenn eine ISO-Norm unverändert als EN-Norm übernommen wird, bekommt sie den Bezeichner EN ISO. Das DIN (Deutsches Institut für Normung) gibt nationale deutsche Normen für die Produkte und Leistungen heraus, für die es auf internationaler bzw. europäischer Ebene keine Norm gibt. Als DIN ISO wird die deutsche Ausgabe einer unverändert übernommenen ISO-Norm bezeichnet.

weitere Stufen bis zur fünften Ebene (z. B. 4. Ebene: 3.2.3.5 Profilfräsen, 5. Ebene: 3.2.3.5.1 Längs-Profilfräsen).

All diese in Hauptgruppen, Gruppen, Untergruppen oder falls vorhanden in weiteren Unterteilungen spezifizierten Prozesse könnten grundsätzlich Fähigkeiten entsprechen. Um der Anforderung an die Fähigkeitsbeschreibung so abstrakt wie möglich und so konkret wie nötig gerecht zu werden, erweist sich die Klassifizierung der dritten Ebene am geeignetsten. Diese Ebene spezifiziert die einzelnen Prozesse derartig genau, dass eine ausreichende Unterscheidung zwischen den Produktionsressourcen möglich ist. Die im PPS II-System definierten Fähigkeiten sollen deshalb der in der Norm DIN 8580 auf 3. Ebene genannten Prozesse (z. B. 2.1.1 Walzen, 3.2.3 Fräsen) entsprechen. Die darüber liegenden Ebenen, dienen lediglich der Strukturierung der Fähigkeiten und werden als abstrakte Fähigkeiten verstanden, die jedoch weder einer Ressource noch einem Arbeitsschritt zugeordnet werden.

Obwohl mit Verwendung der Norm DIN 8580 alle Fertigungsprozesse abgedeckt werden können, reicht das für eine Beschreibung aller Fähigkeiten noch nicht aus, da die ebenfalls bei der Produktion auftretenden Qualitätsprüfungsprozesse unberücksichtigt bleiben. Um diese Prozesse und damit auch Fähigkeiten ebenfalls allgemeingültig formulieren zu können, wurden qualitätsbezogene Standards untersucht. Es gibt zahlreiche Normen, die sich mit einzelnen Qualitätsmerkmalen im Detail beschäftigen (z. B. [DIN03c]). Die beste Übersicht über alle qualitätsbezogenen Prozesse bietet jedoch der internationale Standard ISO 9000[15] [DIN05]. Die ISO 9000 definiert die Grundlagen und Begriffe von Qualitätsmanagementsystemen und beschreibt dabei auch die Prozesse, die im Zusammenhang mit der Untersuchung der Qualität stehen. Die Ermittlung der Qualität kann danach durch die in Tabelle 4-3 dargestellten Prozesse erfolgen.

Diese vier Prozesse entsprechen den Fähigkeiten, die das PPS II-System zur Qualitätsuntersuchung definiert. Sie können den Ressourcen bzw. den Arbeitsschritten direkt zugewiesen werden. Aufgrund dessen, dass die durch das PPS II-System definierten Fertigungs- und Qualitätsuntersuchungsprozesse durchgängig auf Standards basieren,

---

[15] Da der ISO 9000 Standard auch als europäische und deutsche Norm übernommen wird, ist ebenfalls die Referenz DIN EN ISO 9000 korrekt.

sollten grundsätzlich alle bei der Herstellung eines Produktes anfallenden Aktivitäten[16] abgedeckt sein. Anlage 2 listet alle Fähigkeiten auf, die im PPS II-System vordefiniert sind. Existieren dennoch Aktivitäten, die nicht Teil der definierten Fähigkeiten sind, können diese zusätzlich definiert werden. Sowohl bei der Entwicklung des Konzepts als auch bei der Prototypentwicklung (vgl. Abschnitt 5.1.2) sind derartige Erweiterungen jedoch nicht notwendig gewesen.

Tabelle 4-3: Prozesse zur Ermittlung der Qualität nach ISO 9000 [DIN05]

| Bewerten der Zielerreichung | Tätigkeit zur Ermittlung der Eignung, Angemessenheit und Wirksamkeit der Betrachtungseinheit, festgelegte Ziele zu erreichen |
|---|---|
| Prüfen | Bewertung der Konformität durch Beobachten und Beurteilen |
| Testen | Ermitteln (der Merkmalswerte) eines oder mehrerer Merkmale nach einem Verfahren; Messen ist eine besonderer Test, bei dem ein Größenwert ermittelt wird |
| Erbringen eines objektiven Nachweises | Bestätigung durch Bereitstellen von Daten, welche die Existenz oder Wahrheit von etwas bestätigen (objektiver Nachweis), dass die festgelegten Anforderungen (Verifizierung) bzw. dass die Anforderungen für einen spezifischen beabsichtigten Gebrauch oder eine spezifische beabsichtigte Anwendung (Validierung) erfüllt worden sind |

Um eine Fähigkeit semantisch zu beschreiben, sind weiterhin Fähigkeitsparameter notwendig. Da die ressourcenspezifischen Konfigurationseinstellungen in separatem Maschinencode beschrieben werden, sind die Fähigkeitsparameter unabhängig von der individuellen Konfiguration einer Ressource. Ihre Ausprägung ist lediglich abhängig von der durch den Kunden spezifizierten Produktvariante. In der Entwurfsphase werden jeder Fähigkeit die Parameter zugeordnet, die in Abhängigkeit von der zu fertigenden Produktvariante erforderlich sind und die auf Basis dessen ebenfalls die Auswahl der Ressource beeinflussen. Dabei müssen die Fähigkeitsparameter nicht konkreten Produktvariantenparametern entsprechen, sondern können aus diesen direkt oder indirekt über Regeln hergeleitet werden.

---

[16] Transportprozesse werden nicht durch Fähigkeiten abgebildet, sondern werden in der Produktionsphase als Optimierungsfaktoren bei der Zuordnung von Ressourcen zu Arbeitsschritten berücksichtigt.

*Bei dem BEISPIEL DER BEAUFTRAGUNG DER PUMPE können die Farbe, einzelne Materialstoffe, die Größe und der Schriftzug kundenindividuell bestimmt werden. All diese Eigenschaften haben Einfluss auf die Konkretisierung der Fähigkeiten und spiegeln sich somit in den einzelnen Fähigkeitsparametern wider. Dabei entsprechen die Farbe und der Schriftzug den direkten Parametern, während die Bearbeitungsgröße und das Bearbeitungsmaterial aus der Baugröße und den Materialstoffen indirekt abgeleitet werden können. Welche Fähigkeitsmenge mit welchen Parametern bei der Herstellung der Etanorm-Pumpe relevant sind, ist in Abbildung 4-14 dargestellt. Diese Parameter werden in der Entwurfsphase bestimmt ohne dabei ihre Ausprägungswerte zu nennen.*

| Parameter *P*:={ | Fähigkeiten *F[P]*:={ |
|---|---|
| • P001 Schriftzug, | • F214 Eindrücken[Bearbeitungsmaterial, Schriftzug], |
| • P002 Gehäusematerial, | |
| • P003 Laufradmaterial, | • F321 Drehen[Bearbeitungsmaterial, Bearbeitungsgröße], |
| • P005 Baugröße, | |
| • P006 Farbe, | • F327 Feilen[Bearbeitungsmaterial, Bearbeitungsgröße], |
| • P007-X Bearbeitungsmaterial, | |
| • P008-X Bearbeitungsgröße } | • F413 Ineinanderschieben, |
| Bearbeitungsmaterial und Bearbeitungsgröße ergibt sich durch Anwendung der Regeln **MR** aus P002, P003 und P005. | • F431 Schrauben, |
| | • F512 Lackieren[Farbe], |
| | • F702 Prüfen, |
| | • F703 Testen[Bearbeitungsgröße] } |

Abbildung 4-14: Relevante Fähigkeiten für die Pumpenherstellung

In der Entwurfsphase werden nicht nur die Fähigkeiten an sich definiert, sondern ebenfalls die Zuordnung der Fähigkeiten zu Ressourcen bzw. zu Arbeitsschritten. Bei der Zuordnung von Fähigkeiten zu Ressourcen werden die Fähigkeitsparameter durch diskrete oder kontinuierliche Mengen von möglichen Werten beschrieben. Dadurch werden ebenfalls die Grenzen der einzelnen Ressourcen aufgezeigt. So kann beispielsweise eine Drehmaschine unter Berücksichtigung aller verfügbaren Werkzeuge nicht alles drehen, sondern nur bestimmte Materialien und nur bestimmte Baugrößen. Diese beiden Eigenschaften entsprechen den Fähigkeitsparametern. Die baugrößenabhängige Bestimmung aller drei Achsen, die für die Ausführung eines Fräsvorgangs erforderlich ist, wird auf Basis der Fähigkeitsparameter und der ressourcenspezifischen Merkmale durch den individuellen Maschinencode beschrieben.

*Ressourcen R[FR]:={*

- R101 Stanzmaschine[
  - F214 Eindrücken[
    - Bearbeitungsmaterial:={Graugussstahl, Zinnbronze}
    - Schriftzug] ],
- R001: Drehmaschine[
  - F321 Drehen[
    - Bearbeitungsmaterial:={Graugussstahl, Zinnbronze}
    - Bearbeitungsgröße:={32-125;32-160;40-125;40-160}],
  - F327 Feilen[
    - Bearbeitungsmaterial:={Graugussstahl, Zinnbronze}
    - Bearbeitungsgröße:={32-125;32-160;40-125;40-160}] ],
- R002: Drehmaschine[
  - F321 Drehen[
    - Bearbeitungsmaterial:={Graugussstahl, Zinnbronze}
    - Bearbeitungsgröße:={32-160; 32-200; 32-250; 40-160; 40-200; 40-250}] ],
  - F327 Feilen[
    - Bearbeitungsmaterial:={Graugussstahl, Zinnbronze}
    - Bearbeitungsgröße:={32-160; 32-200; 32-250; 40-160; 40-200; 40-250}] ],
- R201: Montagearbeitsplatz[
  - F413 Ineinanderschieben,
  - F431 Schrauben ],
- R202: Montagearbeitsplatz[
  - F413 Ineinanderschieben ],
- R203: Montagearbeitsplatz[
  - F431 Schrauben ],
- R303: Lackiermaschine[
  - F512 Lackieren[
    - Farbe:={grün; blau}] ]
- R501: Messarbeitsplatz[
  - F703 Testen[
    - Bearbeitungsgröße:={alle}] ],
- R503: Qualitätsarbeitsplatz[
  - F702 Prüfen,
  - F703 Testen[
    - Bearbeitungsgröße:={alle}] ] }

Abbildung 4-15: Zuordnung von Fähigkeiten zu ausgewählten Ressourcen des Pumpenwerks

*Die für die HERSTELLUNG DER PUMPE eine Rolle spielenden Ressourcen sind in Abbildung 4-15 mit den ihnen zugeordneten Fähigkeiten abgebildet.*

Die Zuordnung von Fähigkeiten zu Arbeitsschritten erfolgt ohne Einschränkung der Parameterwerte. Jedem im Arbeitsplan enthaltenen Arbeitsschritt werden ein oder mehrere Fähigkeiten zugeordnet. Dabei werden die Arbeitsschritte aller für ein Produkt existierenden Arbeitsplanvarianten einschließlich aller parallelen, optionalen und alternativen Arbeitsschritte berücksichtigt. Dem Arbeitsplankopf werden keine Fähigkeiten zugeordnet, sondern die Zuordnung erfolgt immer auf Arbeitsschrittebene. *Abbildung 4-16 zeigt, welche Fähigkeiten den im Arbeitsplan der ETANORM-PUMPE enthaltenen Arbeitsschritten zugeordnet werden.*

---

*Arbeitsschritte V[F]:={*

- V001 Laufrad drehen[
- V002 Laufrad entgraten[
- V003 Laufradmaße prüfen[
- V008 Welle montieren[
- V101 Laufrad montieren[
- V102 Gehäuse montieren[
- V103 Pumpe lackieren[
- V108 Schriftzug stanzen[
- V201 Stanzung anbringen[
- V202 Stützfuß montieren[
- V301 Endkontrolle durchführen[

- F321 Drehen[Bearbeitungsmaterial, Bearbeitungsgröße] ],
- F327 Feilen[Bearbeitungsmaterial, Bearbeitungsgröße] ],
- F703 Testen[Bearbeitungsgröße] ],
- F431 Schrauben ],
- F431 Schrauben ],
- F413 Ineinanderschieben ],
- F512 Lackieren ],
- F214 Eindrücken[Bearbeitungsmaterial, Schriftzug] ],
- F431 Schrauben ],
- F431 Schrauben ],
- F702 Prüfen ] }

---

Abbildung 4-16: Zuordnung von Fähigkeiten zu Arbeitsschritten der Pumpenherstellung

Mit der Definition der Fähigkeiten und deren Zuordnung zu Ressourcen und Arbeitsschritten sind die in der Entwurfsphase vorzunehmenden Aufgaben, die in Zusammenhang mit dem Ressourceneinsatz stehen, erfüllt.

*Auftragsabhängige Planungsphase*

Bei der Platzierung eines Auftrags werden verschiedene variantenspezifische Parameter gesetzt. Einerseits gibt es Parameter, die Einfluss auf die Materialauswahl haben. Andererseits gibt es Parameter, die Einfluss auf die geforderten Fähigkeiten haben. Das sind die Parameter, die den Wert der den Arbeitsschritten zugeordneten Fähigkeitsparameter spezifizieren.

---

*Variante A1:*
- P001 Schriftzug:={ },
- P006 Farbe:=blau,
- P007-A1 Bearbeitungsmaterial(Laufrad):=Zinnbronze,
- P008-A1 Bearbeitungsgröße(Laufrad):=32-250

---

*Arbeitsschritte V1[F1]:={*

- V001: Laufrad drehen[
- V002: Laufrad entgraten[
- V003: Laufradmaße prüfen[
- V008: Welle montieren[
- V101: Laufrad montieren[
- V102: Gehäuse montieren[
- V103: Pumpe lackieren[
- V202: Stützfuß montieren[
- V301: Endkontrolle durchführen[

- F321 Drehen[Zinnbronze, 32-250] ],
- F327 Feilen[Zinnbronze, 32-250] ],
- F703 Testen[32-250] ],
- F431 Schrauben ],
- F431 Schrauben ],
- F413 Ineinanderschieben ],
- F512 Lackieren[blau] ],
- F431 Schrauben ],
- F702 Prüfen ] }

---

*Arbeitsschritte (V/V1)[F]:={*

- V108: Schriftzug stanzen[
- V201: Stanzung anbringen[

- F214 Eindrücken[Bearbeitungsmaterial, Schriftzug] ],
- F431 Schrauben ] }

---

Abbildung 4-17: Zuordnung der Fähigkeiten zum variantenspezifischen Arbeitsplan der Etanorm-Pumpe

*Für das BEISPIEL DER PUMPE sind das Gehäusematerial, das Laufradmaterial, die Dichtungsart und die Baugröße die Parameter, die die Materialauswahl beeinflussen (vgl. auch Abbildung 4-9). Zu den für die Fähigkeitsauswahl relevanten Parametern gehören die Farbe, der Schriftzug, das Bearbeitungsmaterial und die Bearbeitungsgrö-*

*ße. Die Farbe und der Schriftzug werden durch den Auftrag direkt spezifiziert. Das Bearbeitungsmaterial und die Bearbeitungsgröße dagegen ergeben sich durch die in der Stückliste definierten Regeln (vgl. Abbildung 4-9) aus den materialspezifischen Parametern des Materials, welches dem Arbeitsschritt zugeordnet ist (vgl. Abbildung 4-10).* Dieser Zusammenhang demonstriert auch, dass sich die Fähigkeitsparameter immer direkt oder indirekt durch die Produktvariante ergeben müssen.

*Wie die mit dem Auftrag spezifizierten Parameter die Werte der Fähigkeitsparameter bestimmen, ist in Abbildung 4-17 dargestellt. Da die Zuordnung in der auftragsabhängigen Planungsphase erfolgt, wird der variantenspezifische Arbeitsplan zugrunde gelegt.*

### *Auftragsabhängige Produktionsphase*

Während die von Ressourcen angebotenen Fähigkeiten einen bestimmten Fähigkeitsraum beschreiben, bestimmen die von einem Arbeitsschritt nachgefragten Fähigkeiten einen exakten Wert, der sich innerhalb dieses Intervalls bewegt. In der Produktionsphase müssen diese beiden Spezifikationen zusammengebracht werden. Das bedeutet, dass für jeden Arbeitsschritt eine oder mehrere geeignete Ressourcen gefunden werden müssen. Während der Prozess der Ressourcenfindung bereits vorher angestoßen wird (vgl. dazu auch Abschnitt 4.3.5), erfolgt die Zuordnung der Ressourcen erst in dem Moment, in dem der einzelne Arbeitsschritt freigegeben wird. Dazu werden die Reihenfolgeregeln des Arbeitsplans analysiert, um dann dem jeweils folgenden Arbeitsschritt bei Freigabe geeignete Ressourcen zuzuweisen. Bei parallelen Abläufen erfolgen auch die Freigabe und die damit verbundene Zuweisung der Ressourcen parallel.

Die Zuordnung der Ressourcen zu Arbeitsschritten basiert nicht allein auf den Fähigkeiten, also auf der Möglichkeit den Arbeitsschritt überhaupt auszuführen, sondern ist ebenfalls von Optimierungsfaktoren abhängig. Zu diesen Faktoren gehören der Standort der Ressource und den bis dahin erforderlichen Transportweg, die Bearbeitungszeit und eventuelle Rüstzeit zur Konfiguration der Ressource und die Verfügbarkeit der Ressource. In diesem Optimierungsschritt ist es ebenfalls notwendig nicht nur den einzelnen Ausführungsschritt, sondern auch abhängige Ausführungsschritte zu betrachten, um beispielsweise minimale Transportwege und Rüstzeiten zu erreichen.

Da es nicht Ziel der Arbeit ist, Optimierungsalgorithmen zu beschreiben, sei hierfür auf andere Publikationen verwiesen. Grundsätzliche Schedulingalgorithmen und ihre Anwendungsmöglichkeiten in der Praxis werden beispielsweise in [Bux89]; [MPW02] und [Wie97b] diskutiert. Werden die einzelnen Ressourcen und Arbeitsschritte als voneinander unabhängige Einheiten betrachtet, sind auch Ansätze des verteilten Scheduling, wie sie beispielsweise in [NSIT10] und [SMN00] für Agentensysteme diskutiert werden, von Interesse[17].

Generell wurde dem Aspekt der Optimierung allerdings auch aus Gründen von Ergebnissen vorhergehender Studien wenig Aufmerksamkeit geschenkt. So hat die Studie von Pellerin et al. [PBR08, 3]), welche die Anwendung von Schedulingsystemen in kleinen und mittel-ständigen Unternehmen untersucht hat, beispielsweise ergeben, dass es viele Unternehmen gibt, in denen der prozessnah agierende Produktionsplaner keine optimalen Ausführungspläne benötigt, da er sie aufgrund von nicht automatisch berechenbaren Faktoren ohnehin in den meisten Fällen manuell anpasst. Aber auch für größere Unternehmen gilt, dass automatisch generierten Produktionspläne niemals einem für den gesamten Produktionsbereich geltenden Optimum entsprechen, sondern immer einen Eingriff des Produktionsplaners erfordern (vgl. beispielsweise [McW04, 111f]). Somit gibt es sowohl unter den kleinen und mittelständischen als auch unter den großen Unternehmen solche, bei denen das Vorliegen eines frühzeitigen optimalen Plans eine untergeordnete Rolle spielt, die Möglichkeit der prozessnahen Anpassung der Planung jedoch sehr wichtig ist.

Für das PPS II-System bedeutet dies, dass auf Basis möglicher Ressourcen, die jedem Arbeitsschritt (auch denen auf alternativen Pfaden) nach dem ersten Schritt des Findens einer möglichen Ressource auf Basis der Fähigkeiten zugeordnet sind, gängige Schedulingalgorithmen genutzt werden, um geeignete ausführbare Pläne zu finden. Diese Pläne können sowohl durch das System als auch durch den Produktionsplaner mehrfach angepasst werden. Erst bei Freigabe des einzelnen Arbeitsschrittes werden die ausführende Ressource und die weitere Struktur des Arbeitsplanes festgelegt.

*Die Bestimmung eines ausführbaren Arbeitsplanes in der auftragsabhängigen Produktionsphase soll auch am* BEISPIEL DER PUMPENHERSTELLUNG *erläutert werden. Die den*

---

[17] Obwohl diese Verteilung durch das in der Arbeit beschriebene PPS II-System nicht unterstützt wird (vgl. auch Abschnitt 4.3.5), soll für spätere Weiterentwicklungen auf die generelle Möglichkeit eines verteilten Scheduling hingewiesen werden.

*Reihenfolgeregeln (vgl. Abbildung 4-6) entsprechenden ersten beiden Arbeitsschritte des Arbeitsplanes sind V001 Laufrad drehen und V008 Welle montieren. Für V001 ist eine Maschine, welche die Fähigkeit F321 Drehen (vgl. Abbildung 4-17) anbietet, erforderlich. Im ersten Schritt der Suche kommen demnach die beiden Drehmaschinen R001 und R002 in Frage. Im zweiten Schritt werden die Fähigkeitsparameter analysiert, nach denen das Drehen eines Materials (in diesem Fall des Laufrads) aus Zinnbronze, welches eine Bearbeitungsgröße von 32-250 hat, verlangt wird. Obwohl beide Drehmaschinen Werkzeuge für die Bearbeitung von Zinnbronze besitzen, kann nur die Drehmaschine R002 die geforderte Größe bearbeiten (vgl. Abbildung 4-15). Aus diesem Grund wird die Ressource R002 dem Arbeitsschritt V001 zugeordnet. Für den Arbeitsschritt V008 wird die Fähigkeit F431 Schrauben benötigt, welche von den beiden Montagearbeitsplätzen R201 und R203 angeboten wird. Da es für diese Fähigkeit keine weiteren Einschränkungen durch Parameter gibt, kann die Entscheidung für einen der beiden Montageplätze auf Basis der oben aufgeführten Optimierungsfaktoren getroffen werden. Falls beide verfügbar wären, könnte beispielsweise der Arbeitsplatz gewählt werden, dessen Standort dem Warenlager am nächsten ist, um die Transportkosten zu minimieren. Hier kommt der Einfluss des PPS II-Systems auf die logistischen Parameter, z. B. Wahl des Transportmittels und des Transportweges zum Tragen (vgl. auch Tabelle 2-2 im Abschnitt 2.1.2). Als Ergebnis werden jedem Arbeitsschritt eine oder mehrere Ressourcen zugeordnet. Eine mögliche Variante der Arbeitsschritt-Ressourcen-Zuordnung ist in Abbildung 4-18 dargestellt.*

Arbeitsschritte **V1[R]**:={

- V001 Laufrad drehen[
- V002 Laufrad entgraten[
- V003 Laufradmaße prüfen[
- V008 Welle montieren[
- V101 Laufrad montieren[
- V102 Gehäuse montieren[
- V103 Pumpe lackieren[
- V202 Stützfuß montieren[
- V301 Endkontrolle durchführen[

- R002 Drehmaschine ],
- R002 Drehmaschine ],
- R501 Messarbeitsplatz ],
- R201 Montagearbeitsplatz ],
- R201 Montagearbeitsplatz ],
- R201 Montagearbeitsplatz ],
- R303 Lackiermaschine ],
- R203 Montagearbeitsplatz ],
- R503 Qualitätsarbeitsplatz ] }

Abbildung 4-18: Mögliche Zuordnung der Ressourcen zum variantenspezifischen Arbeitsplan der Pumpe

Wenn die Arbeitsschritt-Ressourcen-Zuordnung erfolgt ist, wird für die Ausführung ein produkt- und ressourcenspezifischer Programmcode geladen. Dessen Auswahl ist ebenfalls von der Ausprägung der Fähigkeitsparameter abhängig. Wenn beispielsweise die Fähigkeit F321 Drehen durch das Bearbeitungsmaterial Zinnbronze und die Baugröße 32-250 definiert ist, wird das für dieses Material und diese Größe spezifizierte Programm geladen. Dieses Programm enthält unter anderem die Dreheinstellungen der x- und z-Achse und bestimmt außerdem, dass das für Zinnbronze geeignete Werkzeug einzuspannen ist. Mit diesen Einstellungen kann die Produktion durchgeführt werden.

### 4.2.5 Zusammenfassung des Paradigmas der prozessnahen Gestaltungsentscheidung

Das Paradigma der prozessnahen Gestaltungsentscheidung wird dadurch umgesetzt, dass die Festlegung der ausführungsrelevanten Merkmale eines Arbeitsschrittes erst bei Freigabe des Arbeitsschrittes erfolgt. Dies ist der Moment, ab dem die in diesem Arbeitsschritt dem Produkt hinzugefügte Eigenschaft nicht mehr änderbar ist (vgl. auch eigenschaftsspezifischer Order Penetration Point in Abschnitt 2.2.1). Um dieses Paradigma umzusetzen, ist es notwendig in der Produktionsplanung mit *Abstraktionen* zu arbeiten. Diese Abstraktionen betreffen die Arbeitsplanstruktur, die Material-Arbeitsplan-Zuordnung und die Ressourcen-Arbeitsplan-Zuordnung.

Die *Arbeitsplanstruktur* wird abstrahiert, indem

- die einzelnen Arbeitsschritte losgelöst von den zugeordneten Materialien und Ressourcen betrachtet werden und
- die Reihenfolgebeziehungen über Regeln, welche einen einheitlichen Zugriffspunkt bieten, definiert werden.

Voraussetzungen für die Abstrahierung der *Material-Arbeitsplan-Zuordnung* sind

- die Unterscheidung zwischen abstrakten Materialtypen und konkreten Materialklassen,
- die Zuordnung von abstrakten Materialtypen zu einzelnen Arbeitsschritten und
- die regelbasierte Definition von konkreten Materialklassen durch eine regelbasierte Stückliste für alle Varianten eines Produktes.

Die *Ressourcen-Arbeitsplan-Zuordnung* wird abstrahiert, indem

- Fähigkeiten mit Fähigkeitsparametern definiert werden,
- Ressourcen durch die von ihnen angebotenen Fähigkeiten beschrieben werden und
- Arbeitsschritte durch die für ihre Ausführung erforderlichen Fähigkeiten beschrieben werden.

Auf Basis dieser Abstraktionen können in den einzelnen Phasen des Entwurfs, der Planung und der Produktionsausführung zunächst lose und später konkrete Zuordnungen getroffen werden. In der *Entwurfsphase* werden für ein Produkt einschließlich aller möglichen Produktvarianten folgende Konstrukte definiert:

- die Arbeitsschritte, deren Abhängigkeiten untereinander und deren Abhängigkeiten von den Produktvarianten,
- die Materialtypen und ihre Existenz- und Mengenabhängigkeiten und
- die Fähigkeiten einschließlich der Fähigkeitsparameter.

Weiterhin erfolgen die Zuordnungen

- der Materialtypen zum Arbeitsplan und einzelnen Arbeitsschritten,
- der Fähigkeiten zu Ressourcen mit Bestimmung der Fähigkeitsparameterwerte und
- der Fähigkeiten zu Arbeitsschritten ohne Bestimmung der Fähigkeitsparameterwerte.

Die Definitionen und die Zuordnungen erfolgen unter Zuhilfenahme von Parametern und Regeln.

In der *auftragsabhängigen Planungsphase* wird die Produktvariante bestimmt. Dies kann durch den Kundenauftrag bzw. den konkreten Fertigungsauftrag erfolgen. Mit der Produktvariante werden die zuvor definierten Parameter gesetzt, was dazu führt, dass

- die variantenspezifischen Arbeitsschritte und deren Abhängigkeiten untereinander markiert werden ohne den Bezug zum variantenunabhängigen Arbeitsplan zu verlieren,

- die Materialklassen aus den zuvor definierten Regeln abgeleitet werden können und
- die Fähigkeitsparameterwerte für die den variantenspezifischen Arbeitsschritten zugeordneten Fähigkeiten bestimmt werden.

Der Bezug zu den in der Entwurfsphase getroffenen Definitionen und Zuordnungen bleibt dabei erhalten. Zusätzlich wird die Zuordnung

- der Materialklassen zum gesamten Arbeitsplan vorgenommen ohne diese konkreten Arbeitsschritten zuzuordnen.

In der *auftragsabhängigen Produktionsphase* werden die endgültigen Festlegungen getroffen, um einen ausführbaren Arbeitsplan zu erhalten. Dabei ist die Festlegung der Arbeitsplanstruktur getrennt von der Zuordnung von Materialklassen und Ressourcen zu betrachten. Kurz vor Produktionsbeginn erfolgt die Festlegung:

- der frühesten und spätesten Anfangs- und Endzeiten aller Arbeitsschritte und
- der möglichen und geeigneten Ressourcen für alle Arbeitsschritte (auch alternative).

Sobald die Produktion für den ersten Arbeitsschritt beginnen kann und dieser freigegeben wird, erfolgen folgende Zuordnungen zu diesem Arbeitsschritt:

- der konkreten Materialklassen,
- der Ressourcen und
- der konkreten Ausführungszeit.

Weiterhin wird mit Freigabe des ersten Arbeitsschrittes die Entscheidung für die tatsächlich ausgeführten Arbeitsschritte von dem freigegebenen bis zur nächsten ODER-Vereinigung getroffen, sodass keine Alternativen offen bleiben.

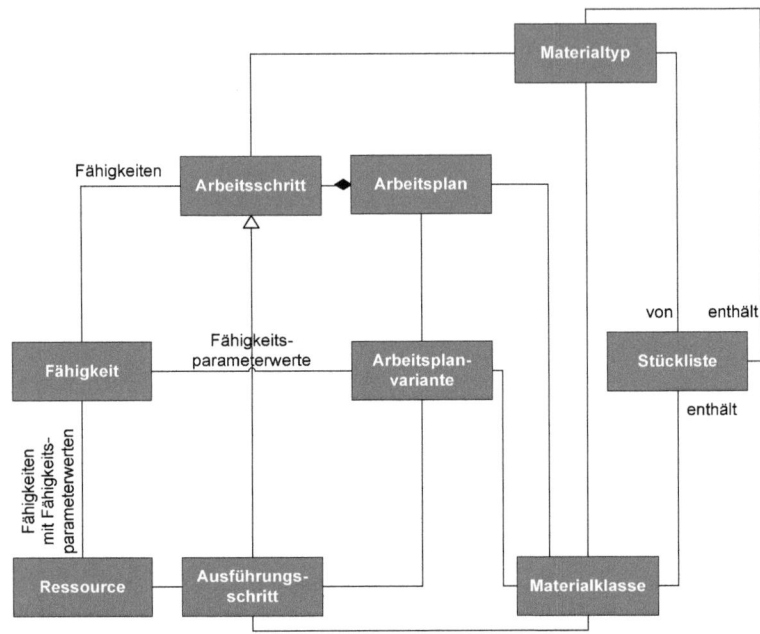

Abbildung 4-19: Datenmodell des PPS II-Systems (in UML-Notation)[18]

Die dargestellten Funktionalitäten, die das Paradigma der prozessnahen Gestaltungsentscheidung umsetzen, basieren auf dem in Abbildung 4-19 dargestellten Datenmodell. Einzelne Ausschnitte daraus wie beispielsweise die Ressource-Fähigkeit-Arbeitsschritt-Beziehung wurden bereits bei den vorherigen Erläuterungen referenziert.

## 4.3 IT-Konzept des PPS II-Systems: Zusammenspiel von Services in einem modularen System

Das Fachkonzept des PPS II-Systems beschreibt die inhaltlichen Anforderungen, die durch das IT-Konzept umgesetzt werden müssen. Um eine geeignetes Paradigma für die Architektur des PPS II-Systems zu finden, werden im Abschnitt 4.3.1 die Paradigmen der Objektorientierung, der Agentenorientierung und der Serviceorientierung gegenübergestellt, um ihre Eignung, diese inhaltlichen Anforderungen zu erfüllen, zu untersuchen. Auf Basis der Ergebnisse dieser Auswertung beschreibt Abschnitt 4.3.2 die technische Architektur des PPS II-Systems.

---

[18] Eine gute Übersicht über die UML-Notation bietet [Oes09].

Anschließend wird das Zusammenwirken der Komponenten der einzelnen Module Datenmanagement, Produktionsvariantenmanagement und Produktionssteuerung in den Abschnitten 4.3.3 bis 4.3.5 im Detail erläutert. Abschnitt 4.3.6 fasst das IT-Konzept des PPS II-Systems zusammen

### 4.3.1 Vergleich der Architekturparadigmen

Die Bestimmung einer geeigneten Architektur für das PPS II-System wird durch das objektorientierte, das agentenorientierte und das serviceorientierte Paradigma beeinflusst. Diese Paradigmen bilden die forschungstheoretische Wissensbasis der Architekturentwicklung, die für die methodische Stringenz der Artefakterstellung (siehe Richtlinie 5 in [HMPR04, 88] relevant ist. Um die Eignung dieser Paradigmen als Lösungsvariante zu prüfen, werden sie in diesem Abschnitt hinsichtlich ihres Nutzens und ihrer Grenzen analysiert. Der Prozess des Suchens eines geeigneten Paradigmas ist Teil des iterativen Design-Prozesses (siehe Richtlinie 6 in [HMPR04, 88f]).

*Objektorientierung*

Das Paradigma der Objektorientierung bildete sich in den späten 80er Jahren mit der Entwicklung objektorientierter Programmiersprachen (z. B. C++, objektorientiertes Pascal) heraus. Später durchdrang es ebenfalls den Softwareentwurf, Datenbanksysteme, Nutzeroberflächen bis hin zu Modellierungsansätzen (vgl. [FeS08, 184]). Eine der heutzutage am weitest verbreiteten objektorientierten Modellierungssprachen ist die Unified Modelling Language (UML), die 1997 durch die Object Management Group (OMG) als Standard anerkannt wurde. Damit hat sich die Objektorientierung als Strukturierungs- und Verhaltens-Paradigma, welches der Modellierung, Entwicklung und Implementierung von Systemen zugrunde liegt, durchsetzen können.

Die Objektorientierung definiert eine Menge von Objekten, die durch Attribute, Operatoren (Methoden) und Nachrichtendefinitionen beschrieben werden. Die Attribute charakterisieren den Zustand eines Objektes. Die Operatoren bilden die Schnittstelle für die Manipulation der Objekte und realisieren dadurch das Kapselungsprinzip der Objektorientierung. Die Nachrichten dienen zur Kommunikation der Objekte untereinander und bilden somit das Verhalten des Systems ab. Durch das Wesen eines Objektes schafft es die Objektorientierung Daten, Funktionen und Interaktionen in einer

Sicht zu vereinigen. Eine detaillierte Beschreibung der Prinzipien der Objektorientierung sind [BME+07] zu entnehmen.

Als Vorteile der Objektorientierung werden insbesondere die Möglichkeiten der Wiederverwendbarkeit und die Reduzierung der Komplexität[19] gesehen (vgl. [BME+07, 326]). Obwohl das Prinzip der Generalisierung, nach dem die Strukturen und das Verhalten zwischen verschiedenen Objekttypen vererbt werden können, und die Einteilung in separate Komponenten, die Objekte, gute Voraussetzungen dafür schaffen, ist die Objektorientierung an sich kein Garant für die Wiederverwendung. Komponenten, die für einen bestimmten Anwendungstyp passen, sind für einen anderen möglicherweise nicht mehr geeignet. Die Wiederverwendbarkeit der Komponenten muss geplant und dokumentiert werden. Das bedeutet, dass man das System nicht nur für einen bestimmten Zweck oder ein bestimmtes Projekt konzipieren darf, sondern bereits bei der Modellierung und Systemplanung vorausschauender denken muss, um potentiell wiederverwendbare Komponenten zu identifizieren und diese dann entsprechend generisch zu definieren.

Auch die Komplexität von Systemen kann nicht per se durch die Objektorientierung reduziert werden. Die Modellierung einzelner Klassen oder Objekttypen liegt im Ermessen des Entwicklers. Einerseits kann eine Klasse, wenn sie zu viele Funktionalitäten abbilden will, sehr komplex und unübersichtlich werden. Andererseits kann aber auch die Aufteilung der Funktionalitäten auf zu viele Klassen zur Unüberschaubarkeit führen.

*Agentenorientierung*

Das Paradigma der Agentenorientierung hat seine Wurzeln in verschiedenen Fachrichtungen. Aus der informationstechnischen Perspektive ist es eine Weiterentwicklung der Objektorientierung. Aus der Sicht der Produktionstechnik wurde es aus der Grundidee des holonen[20] Steuerungskonzeptes abgeleitet. Die holone Steuerung beschreibt eine

---

[19] Manche Autoren unterscheiden zwischen unorganisierter und organisierter Komplexität, wobei die unorganisierte Komplexität mit Unübersichtlichkeit gleichzusetzen ist und die organisierte Komplexität auf einer Strukturierung aufbaut (vgl. [BME+07, 14]). Ziel der Objektorientierung ist es unter Berücksichtigung dieser Definition unorganisierte Komplexität zu beseitigen und organisierte Komplexität zu schaffen.
[20] Das Kunstwort "Holon" geht auf das griechische „holos" für Gesamtheit und das Suffix „-on" für Teil zurück und soll sowohl die Vollständigkeit als auch die Bestandteilrelation der betrachteten Objekte eines Systems reflektieren (vgl. [Lüd06, 43]).

Steuerungsarchitektur mit eigenständigen, selbstverantwortlichen Steuerungsbausteinen, den Holonen, deren Aktivitäten auf ein gemeinsames Ziel ausgerichtet sind (vgl. [Sud89]).

Das Grundelement der Agentenorientierung ist der Agent, der als unabhängig agierende Softwareeinheit mit Agenten-internen Zielen und der Fähigkeit zweckgerichtet zu agieren ausgestattet ist. Er kann mit seiner Umgebung und anderen Agenten interagieren und sein Verhalten autonom der Situation und Umgebung anpassen, um die vorgegebenen Ziele zu erreichen. Um das Konzept von Agentensystemen zu verstehen, soll die Struktur anhand der von Wooldridge, Jennings und Kinny vorgeschlagenen Modellierungsmethode Gaia erläutert werden (vgl. [WJK00]). Dabei wird ein Agent durch seine Rolle spezifiziert. Eine Rolle ist durch ihre Aufgaben, Rechte, Aktivitäten und Protokolle beschrieben. Eine einzelne Aufgabe listet die möglichen Reihenfolgen und Zusammenhänge aller Aktivitäten auf, wobei Aktivitäten den internen Abläufen einer Rolle entsprechen. Auf diese Weise können die Freiheitsgrade eines Agenten abgebildet werden. Die Protokolle beschreiben die Abhängigkeiten und Beziehungen zwischen verschiedenen Rollen. Ebenso wie ein Objekt kapselt ein Agent sein Verhalten und ist nur über die durch diese Protokolle beschriebene Schnittstelle zugänglich. Eine ausführliche Beschreibung der Konzepte, Modellierungs- und Implementierungsmöglichkeiten von Agentensystemen wird in [Göh03] gegeben.

Die Vorteile von Agentensystemen liegen zum einen in der geringen Kopplung zwischen den Systemelementen und zum anderen in der Möglichkeit, Wissen über die Problemstellung in die Software integrieren zu können. Durch diese Eigenschaften können agentenorientierte Systeme eine flexible Systemarchitektur mit flexiblem Systemverhalten sehr gut unterstützen. Sie werden bevorzugt in dezentralen, kooperativen Systemen mit komplexen variablen Abläufen eingesetzt. Der Nachteil des flexiblen Systemverhaltens von Agentensystemen besteht allerdings darin, dass sich das Systemverhalten nur eingeschränkt vorhersagen und analysieren lässt, da es vom internen Zustand der Agenten und der aktuellen Umgebungssituation abhängig ist.

*Serviceorientierung*

Das Paradigma der serviceorientierten Architekturen (SOA) kombiniert die geschäftliche Fokussierung mit der Notwendigkeit der technischen Unterstützung. Der Mehrwert, den die Einführung von SOA für Unternehmen bringt, besteht in der besseren Unterstützung der unternehmerischen Flexibilität. Voraussetzung für die Erreichung dieses Ziels ist die Neudefinition der zugrundeliegenden Geschäftsprozesse. Um solche geschäftlich ausgerichteten SOA-Initiativen angemessen zu unterstützen, ist SOA-Technik notwendig. Auf Basis dieser Sichtweise wird SOA folgendermaßen definiert:

„Eine SOA ist eine Unternehmensarchitektur, deren zentrales Konstruktionsprinzip Services (Dienste) sind. Services sind klar gegeneinander abgegrenzt und aus betriebswirtschaftlicher Sicht sinnvolle Funktionen. Sie werden entweder von einer Unternehmenseinheit oder durch externe Partner erbracht. Die der Unternehmensarchitektur zugrunde liegende IT-Architektur definiert lose gekoppelte Services, die die entsprechende Geschäftsfunktion über eine implementierungsunabhängige Schnittstelle kapseln." [TiS07, 12, 17]

Lose Kopplung bedeutet, dass der Grad der Abhängigkeit zwischen den Services gering ist. Die Unabhängigkeit der Services kann dabei hinsichtlich der folgenden Dimensionen gewährleistet werden (vgl. [TiS07, 18]):

- Zeitliche Unabhängigkeit: Zwei miteinander kommunizierende Services müssen nicht zeitgleich in Betrieb sein und kommunizieren asynchron miteinander.
- Örtliche Unabhängigkeit: Die Adresse eines Services ist nicht fix. Ein Service-Consumer ermittelt in der Regel erst während der Laufzeit die Adresse seines Service-Providers.
- Struktur- und Implementierungsunabhängigkeit: Die Nutzung eines Services ist unabhängig von dessen Implementierung. Die Kommunikation findet über eine implementierungsunabhängige Schnittstelle statt.
- Datenunabhängigkeit: Die interne Repräsentation der Daten eines Service kann geändert werden, ohne dass dies die Nutzung dieses Services beeinflusst.

Die lose Kopplung in allen genannten Dimensionen ist dabei nicht immer erreichbar. Ziel ist es jedoch, die Services nicht enger miteinander zu verflechten als unbedingt nötig. Um die örtliche Unabhängigkeit zu erreichen, gibt es das Konzept einer Registry. Die Registry ist ein Verzeichnis aller Services, das alle Informationen zu den Services, die die Service-Consumer benötigen, um die Service-Provider zu nutzen, speichert. Diese Informationen umfassen funktionale Metadaten (z. B. Beschreibung der Schnittstellen und der an ihnen ausgetauschten Informationen) und nichtfunktionale Metadaten (z. B. Sicherheitsanforderungen, Berechtigungen, Adresse) zu einem Service und werden auch als Servicevertrag (vgl. [TiS07, 21]) bezeichnet. Abbildung 4-20 zeigt den Zusammenhang zwischen Service-Provider, Service-Consumer und Service-Registry.

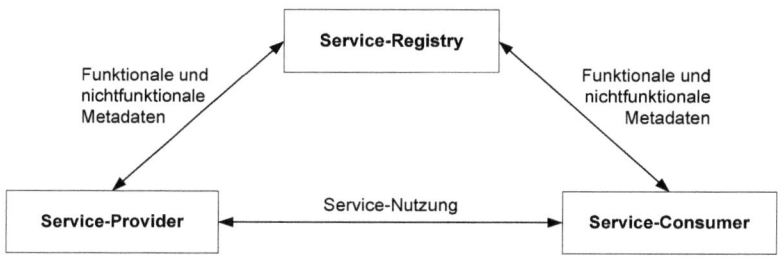

Abbildung 4-20: Zusammenarbeit in einer SOA (in Anlehnung an [TiS07, 24])

Eine konkrete Vorstellung, wie diese drei Parteien in einer SOA zusammenarbeiten, wird durch die folgende Beschreibung des Ablaufs von der Definition bis zur Nutzung eines Services gegeben (vgl. [TiS07, 23]):

1. Ein Service-Provider definiert die funktionale Schnittstelle eines Services in einer formalisierten und maschinenlesbaren Form und implementiert diese.
2. Der Service-Provider macht diese Implementierung in einer Laufzeitumgebung zugänglich, indem er eine Adresse für diese Serviceimplementierung festlegt. Damit kommen Serviceschnittstelle, konkrete Implementierung, konkrete Ablaufumgebung sowie Metadaten zusammen.
3. Der Service-Provider publiziert diese Informationen in einer Registry.
4. Der Service-Consumer sucht und findet in der Registry die Definition einer Schnittstelle und entwickelt sein System unter Verwendung dieser Schnittstelle.
5. Zur Laufzeit benutzt die Implementierung des Service-Consumers das Verzeichnis, um die Laufzeitinformationen und andere Metadaten nachzuschlagen und mit dem Service des Service-Providers zu kommunizieren.

Es wurde bereits erwähnt, dass SOA beides braucht: eine Neuorientierung der Geschäftsprozesse entsprechend des SOA-Gedankens und die Unterstützung durch SOA-Technologien. Eine Technologie, deren Implementierung durchgängig auf Standards basiert und die dadurch die Interoperabilität zwischen verschiedenen Maschinen eines

Netzwerks garantiert, ist die Webservice-Technologie. Das World Wide Web Consortium (W3C) definiert einen Webservice in folgender Weise:

"A web service is a software system designed to support interoperable machine-to-machine interaction over a network. It has an interface described in a machine-processable format (specifically WSDL). Other systems interact with the web service in a manner prescribed by its description using SOAP-messages, typically conveyed using HTTP with an XML serialization in conjunction with other web-related standards." [W3C04]

Diese Definition nennt die beiden Standards, die zu einem Webservice gehören: WSDL und SOAP. Die gemeinsame Syntax, die beiden Standards zugrunde liegt ist XML. Die Web Service Description Language (WSDL) beschreibt die Services. Wie ein XML-Schema die Struktur von XML-Dokumenten beschreibt, charakterisiert das WSDL-Dokument die einzelnen zu einem Service gehörenden Operationen. WSDL unterstützt somit die Entwicklung von Webservices. SOAP dagegen dient dazu, die Webservice-Kommunikation während der Laufzeit zu unterstützen. SOAP definiert für alle Nachrichten ein einheitliches Format bestehend aus SOAP envelope, der einen SOAP header und einen SOAP body enthält. Der SOAP body enthält die eigentlichen Nutzdaten, die auf Basis der WSDL beschrieben werden.

Um die vorhandenen Services in einer Service Registry zu verwalten, ihr Suchen und Finden zu ermöglichen und so insbesondere die örtliche Unabhängigkeit von Services zu gewährleisten, wurde den UDDI-Standard (vgl. [OAS05]) definiert. UDDI steht für Universal Description, Discovery and Integration und spezifiziert einerseits, wie die Einträge in einer Service Registry verwaltet werden können und bietet andererseits eine Schnittstelle für alle Service Consumer, damit diese auf die Services zugreifen können. Während WSDL und SOAP in Theorie und Praxis gut anerkannt sind, konnte sich die UDDI insbesondere aufgrund des Fehlens semantischer Beschreibungsvorschriften nie wirklich durchsetzen. Das ist die Motivation für die gegenwärtig laufenden Entwicklungen weitreichenderer Ansätze zur Verwaltung von Services wie sie beispielsweise durch die Universal Service Description Language (USDL) bereitgestellt werden. Die USDL will Services nicht nur von der technischen Seite beschreiben, sondern ebenfalls geschäftlich relevante Daten berücksichtigen. Dabei unterstützt die USDL nicht nur die Beschreibung, sondern weiterhin die Publikation, die Auswahl und die Überwachung von Services, um ein allumfassendes Werkzeug anzubieten, welches den gesamten Prozess von der Serviceentstehung bis zur Servicenutzung unterstützt (vgl. [CWV09]).

Die Entwicklung einer SOA kann auf verschiedenen Architekturstilen basieren: dem schnittstellenorientierten, dem nachrichtenorientierten und dem ressourcenorientierten Stil. Die am häufigsten beschriebene Variante ist der schnittstellenorientierte Stil, bei dem die Services und ihre Operationen analog zu Klassen und Methoden aus dem objektorientierten Design entworfen werden (vgl. [TiS07, 27]). Die Operationen können bidirektional (Anfrage/Antwort-Muster) oder unidirektional (ohne Rückgabewert) agieren. Anstelle von Parametern wie in der Objektorientierung werden Dokumente ausgetauscht. Für jeden Service gibt es genau eine Schnittstelle. Deshalb ist der wichtigste Standard beim nachrichtenorientierten Stil der WSDL-Standard, der einen Service mit mehreren Operationen beschreibt. Beim nachrichtenorientierten Stil liegt der Hauptfokus auf den ausgetauschten Informationen (den Dokumenten) (vgl. [TiS07, 28]). Ein Service entspricht hierbei einer einzelnen Nachricht bzw. einem Nachrichtenaustausch[21] und nicht wie beim schnittstellenorientierten Stil mehreren Operationen. Somit kommt dem SOAP-Standard beim nachrichtenorientierten Stil die größte Bedeutung zu. Da WSDL und SOAP jedoch bei beiden Ansätzen nebeneinander existieren, folgen der schnittstellenorientierte und der nachrichtenorientierte Stil grundsätzlich dem selben Muster.

Der ressourcenorientierte Stil dagegen grenzt sich von diesem Muster deutlich ab und stellt die einzelnen Objekte bzw. Ressourcen in den Vordergrund. Beschrieben wird dieser Stil durch **REST** (Representational State Transfer). REST ist eine von Roy Fielding entwickelte Architektur für verteilte Anwendungen, die die Kernprinzipien von HTTP technologieunabhängig abstrahiert (vgl. [Fie00, 76ff]). Dabei implementieren alle Ressourcen die gleiche Schnittstelle bestehend aus vier Operationen: Ressource lesen (*Get*), Ressource verändern (*Put*), Ressource löschen (*Delete*) und Ressource erzeugen (*Post*). Da beim ressourcenorientierten Stil nicht mehr der eigentliche Service (Schnittstelle bzw. Nachricht) im Vordergrund steht, sondern das Objekt, gibt es einige Autoren, die diesen Stil nicht als SOA-Variante, sondern als eigenes Paradigma betrachten (vgl. [TiS07, 30]).

---

[21] Ein Nachrichtenaustausch ist mit einer Operation gleichzusetzen. Beim nachrichtenorientierten Stil wird auf den Begriff der Operation jedoch meist verzichtet.

Der Einsatz von SOA bietet ein großes Potential die Flexibilität von Unternehmensprozessen zu erhöhen. Auch Gartner sieht es als einen der gegenwärtigen Haupttrends, um Unternehmensprozesse und -systeme an neuen Zielen auszurichten (vgl. [HAP09, 4]). Es muss jedoch beachtet werden, dass man bei der Einführung einer SOA ein Gesamtmodell entwickeln muss, welches nicht nur die technischen Rahmenbedingungen berücksichtigt, sondern auch der Unternehmenskultur entspricht. Nutzt man Webservices als der SOA zugrunde liegende Technologie muss man mit dem typischen Verhalten von webbasierten Anwendungen rechnen. Da die einzelnen Services eines Systems auf verschiedenen Netzwerken verteilt sein können, muss man mit einigen Sekunden Wartezeit auf eine Rückantwort eines Services rechnen. Der Einsatz in zeitkritischen Szenarien, bei denen Reaktionszeiten von wenigen Sekunden notwendig sind, sollte deshalb vermieden werden.

*Bewertung der Architekturparadigmen bezüglich ihrer Unterstützung flexibler Prozesse*

Alle drei Paradigmen basieren auf dem Kapselungsprinzip. Das heißt, dass auf die Objekte, Agenten bzw. Services nur über Methoden, Protokolle oder Operationen der definierten Schnittstellen zugegriffen werden kann. Dies ist die Grundvoraussetzung, um eine lose Kopplung hinsichtlich der Daten und inneren Implementierung zu gewährleisten. Die innere Struktur und damit das Verhalten kann demnach geändert werden, ohne dass dies Einfluss auf die Implementierung anderer Systemteilnehmer hat. Hinsichtlich der örtlichen Abhängigkeit kann jedoch nur ein serviceorientiertes System die lose Kopplung gewährleisten. Services finden sich erst zur Laufzeit des Systems über die in der Service Registry erfassten Metadaten und bauen dann eine Kommunikationsbeziehung miteinander auf. Objekte und Agenten dagegen referenzieren sich direkt und kommunizieren auf Basis dieser festen Referenz miteinander. Grund für diesen Ansatz ist, dass Services einer SOA in physisch weit voneinander entfernten Netzwerken verteilt sein können. Dies wird insbesondere durch die Nutzung der Webservice-Technologie, die auf webbasierten, standardisierten Protokollen beruht, ermöglicht. Dadurch werden ebenfalls die Voraussetzungen für eine verteilte Entwicklung und Erweiterbarkeit geschaffen.

Während bei objekt- und agentenorientierten Systemen, die im Rahmen engerer Systemgrenzen ebenfalls verteilt implementiert sein können, nur ein kleiner Kreis von

Entwicklern Änderungen und Erweiterungen vornimmt, kann dies bei einer SOA wesentlich offener gehandhabt werden. Einzelne Services können von jedem für seine spezifischen Belange entwickelt werden. Ein nach dem SOA-Paradigma entwickeltes System kann somit für jeden Nutzer anders aussehen. Jeder kann nur ausgewählte Services nutzen, bei Bedarf die Implementierung bestimmter Services komplett austauschen oder zusätzliche Services erstellen und registrieren.

Hinsichtlich der Vorherbestimmtheit bzw. Flexibilität des Verhaltens gibt es ebenfalls Unterschiede zwischen objektorientierten, agentenorientierten und serviceorientierten Systemen. Wenn eine öffentliche Methode eines Objektes aufgerufen wird, werden die darin festgelegten Aktionen stets ausgeführt. Objektorientierte Systeme haben somit keine Freiheitsgrade. Auch die Flexibilität von Agentensystemen ist kritisch zu beurteilen. Agenten können zwar innerhalb ihrer vordefinierten Welt situationsabhängig entscheiden, ob und wann sie eine Aktion oder Interaktion ausführen. Verändern sich jedoch einzelne Umgebungsparameter, muss gegebenenfalls jeder Agent auf die neue Umwelt angepasst werden. Die flexible Gestaltung des Verhaltens von serviceorientierten Systemen wird auf andere Art realisiert. Nicht das Verhalten eines einzelnen Services ist variierbar, sondern das System wird dadurch flexibel, dass zur Laufzeit je nach Situation ein anderer Service gewählt und genutzt wird. Dies ist dadurch möglich, dass jeder Service durch funktionale und nichtfunktionale Metadaten beschrieben wird und die Beziehung zwischen den Services erst zur Laufzeit über die Registry aufgebaut wird.

Die Bewertung der drei Architekturparadigmen wird in Tabelle 4-4 zusammengefasst. Dabei werden die Merkmale, die die Anforderungen des Fachkonzeptes erfüllen können, als Vorteil (+) gekennzeichnet, während die Merkmale, die diese Anforderungen des Fachkonzeptes nicht erfüllen können, als Nachteil (-) gekennzeichnet sind.

Zusammenfassend lässt sich erkennen, dass das Paradigma der Serviceorientierung das größte Potential hat, die flexible Architektur und das flexible Verhalten, die durch das Fachkonzept des PPS II-Systems gefordert werden, zu unterstützen. Die Möglichkeit der netzwerkübergreifenden Verteilung der Komponenten und die damit verbundene örtliche Unabhängigkeit der Komponenten untereinander sind notwendig, um das Modul Produktionssteuerung lokal in der Fertigungsumgebung zu installieren, während die anderen Module in der Produktionszentrale installiert werden können. Wie im

Fachkonzept beschrieben wurde, muss das PPS II-System noch um weitere Komponenten erweitert werden, um branchenspezifische Anforderungen und weitere fertigungsrelevante Funktionalitäten wie beispielsweise Personalmanagement oder Qualitätsmanagement abzudecken. Solche Erweiterungen sind grundsätzlich bei allen Paradigmen möglich, werden aber am besten vom serviceorientierten Paradigma unterstützt.

Tabelle 4-4: Eignung der Architekturparadigmen für das PPS II-System

| Kriterium | Objektorientierung | Agentenorientierung | Serviceorientierung |
|---|---|---|---|
| Unabhängigkeit der Komponenten | (+) Struktur-, Implementierungs- und Datenunabhängigkeit der Objekte; <br><br>(-) Keine örtliche Unabhängigkeit der Objekte | (+) Struktur-, Implementierungs- und Datenunabhängigkeit der Agenten; <br><br>(-) Keine örtliche Unabhängigkeit der Agenten | (+) Struktur-, Implementierungs-, Daten- und örtliche Unabhängigkeit der Services |
| Verteilung | (-) System kann nicht verteilt implementiert werden (Replizieren ist möglich) | (-) System kann nicht verteilt implementiert werden (Replizieren ist möglich) | (+) Netzwerkübergreifende Verteilung der Services eines Systems möglich |
| Erweiterung und Anpassung | (-) Erweiterung und Anpassung durch engen Kreis von Entwicklern möglich <br><br>(-) Gesamtheit der Objekte ist für jeden Nutzer identisch | (-) Erweiterung und Anpassung durch engen Kreis von Entwicklern möglich; <br><br>(-) Gesamtheit der Agenten ist für jeden Nutzer identisch | (+) Erweiterung und Anpassung durch weiten Kreis von Entwicklern möglich; <br><br>(+) System kann für jeden Nutzer eine andere Auswahl an Services enthalten |
| Flexibilität des Systemverhaltens | (-) Verhalten des Systems ist durch Verhalten der Objekte fest vordefiniert | (+) Verhalten des Systems ist durch das flexible Verhalten der Agenten flexibel; | (+) Verhalten des Systems ist durch variables Aufrufen von Services flexibel |

Das flexible Systemverhalten ist die wichtigste Anforderung, die durch nahezu alle funktionalen Anforderungen, die sich in der funktionalen Beschreibung des Fachkonzeptes wiederfinden, gefordert wird. Diese kann durch das Paradigma der Agentenorientierung und der Serviceorientierung gewährleistet werden. Da die Serviceorientierung jedoch ebenfalls eine flexible Architektur durch die Möglichkeiten der besseren Erweiterbarkeit und Anpassbarkeit unterstützt, soll das PPS II-System einer serviceorientierten Architektur entsprechen[22]. Wie die technische Architektur des PPS II-System auf Basis des Paradigmas der Serviceorientierung aussieht, wird im nachfolgenden Abschnitt 4.3.2 beschrieben.

### 4.3.2 Serviceorientierte Architektur des PPS II-Systems

Bei der Konstruktion der Architektur wird unter Berücksichtigung der Richtlinie 5 von Hevner et al. (vgl. Tabelle 4-1 in Abschnitt 4.1) die Bewertung der im vorangegangenen Abschnitt 4.3.1 dargestellten Forschungstheorien der Objekt-, Agenten- und Serviceorientierung genutzt, um ein flexibles Produktionsplanungs- und -steuerungssystem zu entwickeln. Das resultierende Systemkonzept des PPS II-Systems bietet eine Lösung für ein bis dahin ungelöstes Problem, was einem Beitrag zur Forschung gemäß der vierten Richtlinie der Designwissenschaften (vgl. Tabelle 4-1 in Abschnitt 4.1) entspricht.

Das PPS II-System entspricht einer serviceorientierten Architektur, da diese das größte Potential hat, eine flexible Architektur und flexibles Verhalten zu unterstützen. Das System besteht aus lose gekoppelten Services, die eine bestimmte Funktionalität inklusive der Daten und der Logik kapseln und diese über eine standardisierte Schnittstelle anbieten. Wie in Abschnitt 4.3.1 dargestellt, bezieht sich die Kopplung auf vier Abhängigkeitsbereiche. Für das PPS II-System wird die lose Kopplung insbesondere für die Bereiche der Struktur- und Implementierungsunabhängigkeit, der Datenunabhängigkeit und der örtlichen Unabhängigkeit umgesetzt. Das bedeutet, dass die Services andere Services aufrufen können ohne die innere Struktur dieser Services zu kennen. Um zu gewährleisten, dass sich die Services untereinander finden, gibt es eine Service-Registry, in der Informationen zu den Services und ihr Ort gespeichert werden. Die Kommunikation zwischen den Services ist teilweise asynchron und teilweise synchron. Deshalb ist eine durchgängige zeitliche Unabhängigkeit nicht gegeben.

---

[22] In Zwischeniterationen auf dem Weg zum endgültigen IT-Konzept wurde allerdings ebenfalls in Erwägung gezogen Teile des System als agentenorientiertes System zu implementieren (vgl. Abschnitt 5.1.2). Für die endgültige Architektur hat sich jedoch eine durchgängige serviceorientierten Architektur als geeigneter erwiesen.

Für die Kommunikation zwischen den Services sollen die der Webservice-Technologie zugrunde liegenden Protokolle verwendet werden. Dieser Ansatz hat den Vorteil, dass die darauf basierenden Kommunikationsmechanismen standardisiert, sehr gut spezifiziert sind und den webbasierten Austausch von Nachrichten über Internetprotokolle erlauben. Eine systemübergreifende Servicekommunikation ist notwendig, da die Services physisch an unterschiedlichen Orten, unter Umständen auch über Rechnergrenzen hinweg, gespeichert sind. Das Wesen der Services entspricht dem schnittstellenorientierten Stil, wonach jeder Service mehrere Operationen enthält. Hier kommen die Parallelen zur Objektorientierung zum Tragen, bei der die Objekte ihre Funktionalitäten über Methoden verfügbar machen. Die systemexterne Kommunikation basiert ebenfalls soweit möglich auf der Webservice-Technologie. Die ausführungsrelevanten Schnittstellen zu den Maschinen können nur im Einzelfall durch Webservices implementiert werden, da erstens nicht alle Maschinen diese Schnittstellen bedienen und zweitens die darauf basierende Kommunikation zu langsam wäre (vgl. auch Abschnitt 4.3.1). Aus diesem Grund werden für die Kommunikation zur Feldebene ebenfalls andere Schnittstellen unterstützt (z. B. OPC).

Die im Fachkonzept vorgestellten Module dienen dazu, die einzelnen Services zu strukturieren. Die Services, die eine starke semantische Beziehung miteinander haben, gehören zu einem Modul. Die Module selbst kommunizieren jedoch nicht miteinander, sondern nur die darin eingebetteten Services. Die Module bilden nicht nur den inhaltlichen Rahmen der Services, sondern sind ebenfalls die Basis für die physische Implementierung. Die Module könnten zentral auf einem Server oder verteilt auf mehreren Servern an unterschiedlichen Plätzen installiert sein. Es können aber auch alle Module zentral installiert werden, wobei einige Module lokal repliziert werden. Dafür können die bekannten Mechanismen zur Datenreplikation zwischen Anwendungsservern verwendet werden, wie sie beispielsweise ausführlich von Ameling (vgl. [Ame09, 23ff]) beschrieben werden. Da die Kommunikation der in den Modulen eingebetteten Services webbasiert erfolgt, ist der Austausch auch über Entfernungen ohne Probleme möglich. Für die Replikation einzelner Services ohne die Übertragung des gesamten Moduls gibt es ebenfalls bereits erste Lösungsansätze (vgl. [Ame09, 35ff]). Dies ist jedoch für die im Rahmen der Arbeit verfolgten Ziele nicht notwendig.

Die durch das Fachkonzept geforderte Erweiterbarkeit des PPS II-Systems kann ebenfalls durch dessen Implementierung als serviceorientierte Architektur umgesetzt werden. Da alle Services ihre Dienste ausschließlich über die standardisierten Schnittstellen anbieten, spielt es keine Rolle, wie die gekapselte Funktionalität im Inneren des Services tatsächlich implementiert ist. Sollen neue Module und Services in das System eingebettet werden, müssen sich diese in der Service-Registry anmelden und stehen ab diesem Zeitpunkt zur Verfügung. Bei Bedarf kann die Implementierung eines Services ausgetauscht werden, ohne dass nutzende Services dies merken. Das SOA-Paradigma ermöglicht es außerdem, die Produktionsgrobplanung, -feinplanung und -steuerung in einem System zu vereinigen und damit die Basis für die Realisierung des Paradigmas der prozessnahen Gestaltungsentscheidung zu legen.

Welche Services auf welche Weise zusammenarbeiten, um das Paradigma der prozessnahen Gestaltungsentscheidung umzusetzen, wird in den folgenden Abschnitten 4.3.3 bis 4.3.5 beschrieben. Dabei werden die Services durch einen Servicevertrag charakterisiert, welcher funktionale und nichtfunktionale Aspekte enthält. Dieser Abschnitt beschreibt die Funktionalität dieser Service-Schnittstellen und der an ihnen ausgetauschten Informationen. Die nichtfunktionalen Aspekte wie Sicherheitsanforderungen, Berechtigungen, Performanceanforderungen und organisatorische Zuordnungen werden in dieser Arbeit nicht betrachtet. Da das PPS II-System auf dem schnittstellenorientierten Ansatz beruht, enthält jeder dieser Services mehrere Operationen, welche zur detaillierten Charakterisierung der funktionalen Service-Schnittstellen genutzt werden.

### 4.3.3 Modul Datenmanagement

Im Modul Datenmanagement sind folgende Services enthalten: Arbeitsplanmanagement, Materialmanagement, Ressourcenmanagement und Fähigkeitsmanagement (siehe Abbildung 4-21). Weiterhin sind für die vollständige Abdeckung der Funktionalitäten des PPS II-Systems weitere Stammdaten für die Personalverwaltung, die Dokumentenverwaltung etc. verantwortlich. Diese Funktionalitäten werden jedoch im Rahmen dieser Arbeit nicht diskutiert und die zugehörigen Services sind deshalb auch nicht Teil der folgenden Ausführungen (vgl. auch Abgrenzung im Abschnitt 2.1.1)

Änderungsflexibilität in der kundenindividuellen Fertigung

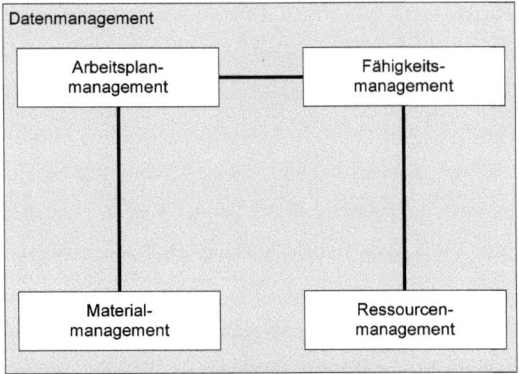

Abbildung 4-21: Services des Moduls Datenmanagement

Die Services dieses Moduls tragen insbesondere zur Erstellung der dem PPS II-System zugrundeliegenden Stammdaten bei. Der Service *Arbeitsplanmanagement* enthält folgende Operationen[23] zur Verwaltung der Arbeitsschritte und des aus ihnen zusammengesetzten Arbeitsplans:

- erstelleArbeitsschritt(),
- leseArbeitsschritt(),
- aktualisiereArbeitsschritt(),
- löscheArbeitsschritt(),
- erstelleReihenfolgeregel(),
- leseReihenfolgeregel(),
- aktualisiereReihenfolgeregel(),
- löscheReihenfolgeregel(),
- erstelleArbeitsplan(),
- leseArbeitsplan() und
- löscheArbeitsplan().

Dabei ist ein Arbeitsplan nicht mehr als ein Regelwerk, welches für ein bestimmtes Material vom Typ Endprodukt die Reihenfolgebeziehungen zwischen denen zu dessen

---

[23] Die Eingangs- und Ausgangvariablen der einzelnen Operationen werden hier aus Gründen der Übersichtlichkeit nicht genannt. In der im Abschnitt 5.1.2 beschriebenen prototypischen Implementierung werden sie vollständig aufgelistet.

Herstellung notwendigen Arbeitsschritten auflistet. Reihenfolgeregeln und Arbeitsschritte können nur in Zusammenhang mit einem Arbeitsplan mit den Operationen erstelleArbeitsplan(), erstelleArbeitsschritt() und erstelleReihenfolgeregel() definiert werden. Änderungen des Arbeitsplanes werden generell nicht direkt vollzogen, sondern indem einzelne zu dem Arbeitsplan gehörende Regeln geändert oder gelöscht werden. Das ist der Grund, warum es keine Operation aktualisiereAbeitsplan() gibt. Der Service Arbeitsplanmanagement hat damit einen direkten Einfluss auf die Stammdaten Arbeitsplan und Arbeitsschritt.

Der Service *Materialmanagement* beeinflusst alle materialbezogenen Stammdaten wie den Materialtyp, die Materialklasse und die Stückliste aber auch die herstellungsbezogenen Stammdaten wie den Arbeitsplan und den Arbeitsschritt. Dies wird durch folgende Operationen umgesetzt:

- erstelleMaterialtyp(),
- leseMaterialtyp(),
- aktualisiereMaterialtyp(),
- löscheMaterialtyp(),
- erstelleMaterialklasse(),
- leseMaterialklasse(),
- aktualisiereMaterialklasse(),
- löscheMaterialklasse(),
- erstelleMaterialvariantenregel(),
- leseMaterialvariantenregel(),
- aktualisiereMaterialvariantenregel(),
- löscheMaterialvariantenregel(),
- erstelleStückliste(),
- leseStückliste(),
- löscheStückliste(),
- erstelleMaterialtypArbeitsschrittZuordnung(),
- aktualisiereMaterialtypArbeitsschrittZuordnung(),
- leseMaterialtypArbeitsschrittZuordnung() und
- löscheMaterialtypArbeitsschrittZuordnung().

Dabei können die Materialtypen und die Materialklassen unabhängig von ihrer Rolle im Herstellungsprozess (z. B. als Eingangs- oder Ausgangsmaterialien eines Arbeitsschrittes) definiert werden. Die Definition einer Materialklasse ist jedoch von der Existenz eines Materialtypen abhängig, dem sie zugeordnet wird. Die Definition der Materialvariantenregeln ist nur in Bezug auf eine bestimmte Stückliste durch die Operationen erstelleStückliste() oder erstelleMaterialvariantenregel() möglich. Eine Stückliste enthält einerseits eine Auflistung aller mit einem Endprodukt in Zusammenhang stehenden Materialvariantenregeln und andererseits die darin referenzierten Materialtypen und Materialklassen. Somit entspricht sie ebenso wie der Arbeitsplan einem Regelwerk. Aus den mengenbezogenen Regeln können die Materialtypen und aus den ausprägungsbezogenen Regeln können die Materialklassen abgeleitet werden. Wird eine Materialvariantenregel geändert oder der Stückliste hinzugefügt, so werden automatisch die in der Stückliste aufgeführten Materialtypen und Materialklassen aktualisiert.

Mit der Stückliste wird nicht nur die Beziehung zu einem bestimmten Endprodukt (entspricht einer bestimmten Materialklasse) aufgebaut, sondern durch die Verknüpfung zwischen Endprodukt und Arbeitsplan ebenfalls zu dessen Herstellungsprozess. Die konkrete Verbindung zwischen Material und Arbeitsplan geschieht jedoch über die direkte Materialtyp-Arbeitsschritt-Zuordnung bei gleichzeitiger Charakterisierung ihrer Rolle (Eingangs- bzw. Ausgangsmaterial von Arbeitsschritt).

Der Service *Ressourcenmanagement* ist für die Verwaltung der Ressourcen verantwortlich und enthält folgende Operationen:

- erstelleRessource(),
- leseRessource(),
- aktualisiereRessource() und
- löscheRessource().

Eine *Ressource* ist durch ihren Standort und ihren Status charakterisiert. Nur auf dieser Basis sind Zuordnungen oder Hierarchiebildungen möglich (z. B. Definition einer Ressourcenlinie bestehend aus einzelnen Ressourcen). Die Beschreibung der Fähigkeiten von Ressourcen und der davon abhängigen Zuordnungen zu Ressourcen oder Arbeitsschritten wird durch den Service Fähigkeitsmanagement vorgenommen.

Der Service *Fähigkeitsmanagement* hat die Aufgabe alle Fähigkeiten zu verwalten und beeinflusst weiterhin die Stammdaten Ressource und Arbeitsschritt. Die Serviceschnittstelle wird durch folgende Operationen beschrieben:

- erstelleFähigkeit(),
- leseFähigkeit(),
- aktualisiereFähigkeit(),
- löscheFähigkeit(),
- erstelleFähigkeitRessourceZuordnung(),
- leseFähigkeitRessourceZuordnung(),
- aktualisiereFähigkeitRessourceZuordnung(),
- löscheFähigkeitRessourceZuordnung(),
- erstelleFähigkeitArbeitsschrittZuordnung(),
- leseFähigkeitArbeitsschrittZuordnung(),
- aktualisiereFähigkeitArbeitsschrittZuordnung() und
- löscheFähigkeitArbeitsschrittZuordnung().

Die Fähigkeiten werden unabhängig von eventuellen Zuordnungen definiert und beschreiben die möglichen Aktivitäten aller in der Produktion vorhanden Ressourcen. Dabei orientieren sie sich an den durch die Standards DIN8580 [DIN03a] und DIN EN ISO 9000 [DIN05] vorgegeben Fertigungs- und Qualitätsuntersuchungsverfahren, die zusammenfassend in Anlage 2 dargestellt sind (vgl. dazu auch die Ausführungen in Abschnitt 4.2.4). Die jeder einzelnen Fähigkeit zugeordneten Parameter müssen geeignet sein, um eine Unterscheidung der vorhandenen Ressourcen vorzunehmen und ihre Eignung für die Ausführung produktvariantenspezifischer Arbeitsschritte bewerten zu können.

Weitere Operationen des Services Fähigkeitsmanagement sind dafür verantwortlich, die Zuordnung von einzelnen Fähigkeiten zu Ressourcen bzw. zu Arbeitsschritten vorzunehmen. Die Beziehung zwischen einer Fähigkeit und einer Ressource ist dabei durch eine Einschränkung der Fähigkeitsparameterwerte charakterisiert, während bei der Definition der Beziehung zwischen einer Fähigkeit und einem Arbeitsschritt keine nähere Bestimmung der Fähigkeitsparameterwerte erfolgt. Sowohl die Fähigkeiten selbst als auch die Zuordnungen dieser können geändert werden.

### 4.3.4 Modul Produktionsvariantenplanung

Das Modul Produktionsvariantenplanung beinhaltet die Services Auftragsvariantenmanagement, Auftragsvereinigungsmanagement, Auftragsexistenzmanagement, Auftragszeitmanagement, Materialvariantenmanagement, Fähigkeitsvariantenmanagement und Änderungsmanagement (vgl. Abbildung 4-22).

Diese Services sind insbesondere für die Unterstützung der in der auftragsabhängigen Planungsphase stattfindenden Prozesse verantwortlich. Der Service Änderungsmanagement nimmt dabei eine Sonderrolle ein und ist für die Entgegennahme und Weiterleitung diverser Änderungen verantwortlich. Aus diesem Grund kann er grundsätzlich alle Services (auch die anderer Module) aufrufen. Die diesbezüglichen Serviceaufrufe sind in Abbildung 4-22 aus Gründen der Übersichtlichkeit nicht mit dargestellt.

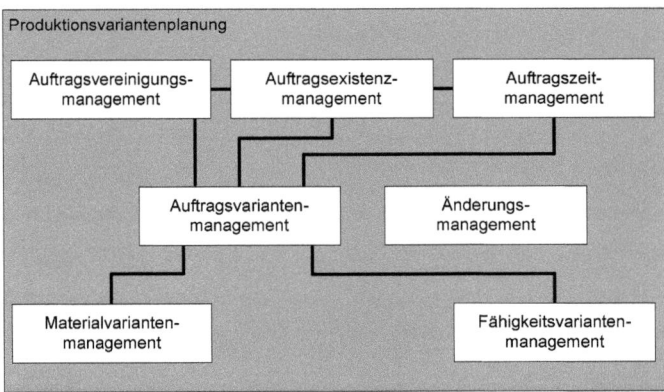

Abbildung 4-22: Services des Moduls Produktionsvariantenplanung

Der Service *Auftragsvariantenmanagement* enthält folgende Operationen:

- erstelleArbeitsplanvariante(),
- leseArbeitsplanvariante(),
- aktualisiereArbeitsplanvariante(),
- löscheArbeitsplanvariante(),
- erstelleArbeitsplanvarianteKundenauftragZuordnung(),
- leseArbeitsplanvarianteKundenauftragZuordnung(),
- aktualisiereArbeitsplanvarianteKundenauftragZuordnung() und

- löscheArbeitsplanvarianteKundenauftragZuordnung().

Um eine Arbeitsplanvariante zu erstellen (erstelleArbeitsplanvariante()), werden die in einem Kundenauftrag gesetzten Parameter anhand der Reihenfolgeregeln ausgewertet und aus einem produktspezifischen Arbeitsplan wird eine Arbeitsplanvariante generiert. Die Operation erstelleArbeitsplanvariante() greift dabei auf einen externen Service des hier nicht betrachteten Kundenauftragsmanagement zu, der die Parameter eines Kundenauftrags bzw. einer Kundenauftragsposition[24] übergibt. Weiterhin wird die Operation leseArbeitsplan() des Services Arbeitsplanmanagements aufgerufen. Im ersten Schritt ist somit eine Arbeitsplanvariante mit genau einer Kundenauftragsposition verknüpft. Eine finale Arbeitsplanvariante enthält die Werte aller Variantenparameter (auch die abgeleiteten - siehe Operation erstelleMaterialklassenArbeitsplanvarianteZuordnung() des Services Materialvariantenmanagement) und markiert den sich aus der Anwendung der Regeln ergebenden Pfad als Primärpfad. Da die Arbeitsschritte der Arbeitsplanvariante sich strukturell nicht von denen des Arbeitsplans unterscheiden, müssen diese nicht variantenspezifisch angelegt werden. Die Existenz bzw. Nichtexistenz eines Arbeitsschrittes im Arbeitsplan bzw. in der Arbeitsplanvariante wird über die entsprechende Referenz abgebildet.

Die Services Auftragsvereinigungsmanagement, Auftragsexistenzmanagement und Auftragszeitmanagement decken arbeitsplanübergreifende Berechnungen ab und bauen auf zuvor erstellten Arbeitsplanvarianten auf. Dabei besteht der Service *Auftragsvereinigungsmanagement* aus den Operationen:

- erstelleAuftragsvereinigungsplanung(),
- leseAuftragsvereinigungsplanung(),
- aktualisiereAuftragsvereinigungsplanung() und
- löscheAuftragsvereinigungsplanung().

Auf Basis der existierenden Arbeitsplanvarianten prüft die Operation aktualisiereAuftrags-vereinigungsplanung() bzw. erstelleAuftragsvereinigungsplanung(), ob es Arbeitsplanvarianten gibt, die auf die gleiche Produktvariante abzielen und aufgrund dessen zusammengefasst werden könnten. Dabei wird ebenfalls geprüft, ob die vorge-

---

[24] Im Folgenden wird ein Kundenauftrag mit einer Kundenauftragsposition gleichgesetzt. Das bedeutet, wenn der Kundenauftrag referenziert wird, ist immer die Bestellung einer bestimmten Produktvariante gemeint.

gebenen Fertigstellungszeiten miteinander vereinbar sind. Als Ergebnis werden bei Bedarf die Operationen aktualisiereArbeitsplanvarianteKundenauftragZuordnung() und löscheArbeitsplanvariante() aufgerufen.

Der Service *Auftragsexistenzmanagement* enthält die Operationen:

- erstelleAuftragsexistenzplanung(),
- leseAuftragsexistenzplanung(),
- aktualisiereAuftragsexistenzplanung() und
- löscheAuftragsexistenzplanung().

Nachdem gleichartige Arbeitsplanvarianten zusammengefasst wurden, prüft der Service erstelleAuftragsexistenzplanung(), ob die Produktvarianten, die in den existierenden Arbeitsplanvarianten referenziert werden, eventuell schon verfügbar sind und in dem Fall nicht hergestellt werden müssen. Sollte dies der Fall sein, wird die Operation löscheArbeitsplanvariante() des Services Arbeitsplanvariantenmanagement ausgeführt, welche einen weiteren externen Service aufruft, der die entsprechende Lagerposition an den Kundenauftrag bindet.

Die Operationen des Services *Auftragszeitmanagement* lauten:

- erstelleAuftragszeitplanung(),
- leseAuftragszeitplanung(),
- aktualisiereAuftragszeitplanung() und
- löscheAuftragszeitplanung().

Nach der Prüfung der Zusammenfassung von Arbeitsplanvarianten sind die Operationen aktualisiereAuftragszeitplanung() bzw. erstelleAuftragszeitplanung() dafür verantwortlich die grobe Zeitplanung der Arbeitsplanvarianten durchzuführen, die unter Umständen auch zu einer (erneuten) Splittung der Arbeitsplanvarianten führen kann. Dazu werden die Fähigkeiten, die von allen verfügbaren Ressourcen angeboten werden (leseFähigkeitRessourceZuordnung() des Services Fähigkeitsmanagement) den für einen bestimmten Zeitraum nachgefragten Fähigkeiten (leseFähigkeitenArbeitsplanvarianteZuordnung() des Services Fähigkeitsvariantenmanagement) gegenübergestellt. Resultat ist eine grobe Vorgabe der Eckdaten für alle Arbeitsplanvarianten (aktualisiereArbeitsplanvariante()). Diese Eckdaten werden ebenfalls mit den Materialverfügbarkeitszeiten (Resultat des Services Materialvariantenmanagement) verglichen, sofern diese bereits vorliegen. Falls sich dabei herausstellt, dass ein Material zu spät verfügbar wäre, prüft der Service, ob er die Zeitplanung entsprechend anpassen kann und falls dies nicht möglich ist, ruft er den externen Reservierungsservice auf, um eine mögliche Änderung zu erfragen. Eine genaue Kapazitätsplanung auf Arbeitsschrittebene wird durch diesen Service nicht durchgeführt. Aufgrund dessen können zu diesem Zeitpunkt auch noch keine exakte Materialbereitstellungszeitpunkte[25] festgelegt werden.

In diesem Sinne decken die drei Services Auftragsvereinigungs-, Auftragsexistenz- und Auftragszeitmanagement auftragsübergreifenden Aufgaben der Produktionsgrobplanung ab. Das Auftragsvereinigungsmanagement übernimmt Aufgaben der Primärbedarfsplanung, indem der Primärbedarf einer bestimmten Produktvariante in einem bestimmten Zeitraum geprüft wird. Das Auftragsexistenzmanagement prüft den Nettobedarf der Produktvariante in einem bestimmten Zeitraum, indem es mögliche freie Lagerbestände des Produktes untersucht und übernimmt somit Aufgaben der Nettobedarfsplanung. Das Auftragszeitmanagement stellt den Arbeitsbedarf den vorhandenen Kapazitäten gegenüber und deckt damit die Aufgaben der Grobkapazitätsplanung ab.

Diese drei Services werden nicht nur einmalig für einen bestimmten Zeitraum durchgeführt, sondern finden in regelmäßigen Intervallen statt (z. B. alle vier Stunden). Außerdem werden die Planungen im Anschluss an die initiale Erstellung der Fertigungsaufträge (hier als Arbeitsplanvariante bezeichnet) durchgeführt und nicht wie in existierenden ERP-Systemen vor der Generierung der Fertigungsaufträge (vgl. auch Abschnitt 3.1). Dabei wird die erstelle…-Operation genutzt, wenn für den bestimmten Zeitraum noch kein Plan vorliegt und die aktualisiere…-Operation, wenn für den Zeitraum bereits ein Plan existiert. Durch die regelmäßige Durchführung der Planungsläufe können eventuelle Verschiebungen durch Änderungen von Aufträgen besser kompensiert werden als wenn man bei jeder Änderung einen erneuten Planungslauf anstößt.

Die Services Materialvariantenmanagement und Fähigkeitsvariantenmanagement, die im Folgenden vorgestellt werden, arbeiten sehr eng mit dem Service Auftragsvarian-

---

[25] Die Auswirkungen der Prozesse des PPS II-Systems auf logistische Prozesse werden im Detail in der Kosten- und Nutzenanalyse im Abschnitt 5.3 beschrieben. Da diese Arbeit logistische Flexibilität der Transport-, Umschlags-, Lager- und Kommissioniersysteme voraussetzt (vgl. auch Abschnitt 2.1.2), soll dieser Punkt hier nicht tiefgründiger untersucht werden.

tenmanagement zusammen und sind dabei insbesondere für die Zuordnungen verantwortlich. Die Operationen des Services *Materialvariantenmanagement* lauten:

- erstelleMaterialklassenArbeitsplanvarianteZuordnung(),
- leseMaterialklassenArbeitsplanvarianteZuordnung(),
- aktualisiereMaterialklassenArbeitsplanvarianteZuordnung() und
- löscheMaterialklassenArbeitsplanvarianteZuordnung().

Um die Materialklassen Arbeitsplanvarianten zuzuordnen (erstelleMaterialklassenArbeitplanvarianteZuordnung()), wird für alle Arbeitsplanvarianten eine Sekundärbedarfsplanung durchgeführt. Dazu werden die Parameter der Arbeitsplanvarianten abgefragt, denen bislang lediglich Materialtypen nicht jedoch Materialklassen zugeordnet sind (Operation leseArbeitsplanvariante() des Services Auftragsvariantenmanagements)[26]. Auf Basis dieser Parameter werden die Materialvariantenregeln angewendet und als Resultat wird eine Menge von Materialklassen mit einer bestimmten Arbeitsplanvariante verbunden. Weiterhin wird die Operation aktualisiereArbeitplanvariante() aufgerufen, um die aus den Regeln abgeleiteten Parameter zu speichern. Ein solch abgeleiteter Parameter bei der Herstellung der Pumpe wären beispielsweise das Bearbeitungsmaterial oder die Bearbeitungsgröße.

In der Regel wird die Operation erstelleMaterialklassenArbeitplanvarianteZuordnung() erst durchgeführt, nachdem die Services Auftragsvereinigungs-, Auftragsexistenz- und Auftragszeitmanagement bereits einmalig durchgeführt wurden. Er kann aber auch zuvor ausgeführt werden. Dann muss jedoch bei der Zusammenlegung von Arbeitsplanvarianten darauf geachtet werden, dass nur Arbeitsplanvarianten, bei denen der Status bezüglich der Sekundärbedarfsplanung konsistent ist, vereinigt werden können. Falls als Resultat dieses Services Arbeitsplanvarianten zusammengelegt werden sollen, deren diesbezüglicher Status nicht konsistent ist, muss die erstelleMaterialklassenArbeitsplanZuordnung() zuvor angestoßen werden. Anders als die Ausführungsgrobplanung wird die durch den Service Materialvariantenmanagement durchgeführte Sekundärbedarfsplanung nicht laufend angestoßen, sondern wird nur dann wiederholt, wenn eine Wiederholung aufgrund von Änderungen erforderlich ist.

---

[26] Die Zuordnung zwischen Materialtypen und Arbeitsplanvariante wurde aus dem Arbeitsplan, aus dem die Arbeitsplanvariante abgeleitet wurde, übernommen.

Mit der Zuordnung der Materialklassen stößt der Service Materialvariantenmanagement weiterhin externe Services zur Reservierung von den jeweiligen Materialien an. Auf Basis der bei der Auftragszeitplanung festgelegten Zeiten werden die Materialverfügbarkeitszeiten für die Arbeitsplanvariante bestimmt. Gibt es dabei eine Diskrepanz, so wird diese bei dem nächsten Durchlauf des Services Auftragszeitmanagement erkannt und die Zeitplanung wird auf Basis dessen angepasst. Ist dies im Rahmen der Lieferterminerfüllung nicht möglich, so ruft das Auftragszeitmanagement direkt den externen Materialreservierungsservice auf, um eine entsprechende Änderung zu veranlassen. Dies ist auch der Fall, wenn der Service Materialvariantenmanagement vor dem Auftragszeitmanagement-Service stattgefunden hat.

Der Service *Fähigkeitsvariantenmanagement* enthält folgende Operationen:

- erstelleFähigkeitenArbeitsplanvarianteZuordnung(),
- leseFähigkeitenArbeitsplanvarianteZuordnung(),
- aktualisiereFähigkeitenArbeitsplanvarianteZuordnung() und
- löscheFähigkeitenArbeitsplanvarianteZuordnung().

Auf Basis von Regeln und Parametern werden die den Arbeitsschritten der Arbeitsplanvariante zugeteilten Fähigkeiten aktualisiert. In der Regel wird dabei die Operation aktualisiereFähigkeitenArbeitsplanvarianteZuordnung() aufgerufen, da die Zuordnung zwischen Fähigkeit und Arbeitsschritt bereits von den Stammdaten auf Basis der Operation leseFähigkeitArbeitsschrittZuordnung() des Services Fähigkeitsmanagement für alle Arbeitsschritte bei Anlegen der Arbeitsplanvariante übernommen wurde. In der Planungsphase werden mit Aufruf der Operation aktualisiereFähigkeitenArbeitsplanvarianteZuordnung() die Fähigkeitsparameterwerte gesetzt. Auf Basis der zugeordneten Fähigkeiten wird, wie im Auftragsvariantenmanagement beschrieben, die grobe Ausführungsplanung durchgeführt. Dabei spielt es keine Rolle, ob die Fähigkeitsparameterwerte bereits gesetzt wurden oder nicht, da die grobe Zeitplanung nur auf Basis der Fähigkeiten ohne Berücksichtigung der Fähigkeitsparameter durchgeführt wird.

Der Service *Änderungsmanagement* nimmt eine Sonderrolle im Modul Produktionsvariantenplanung ein und besteht aus folgenden Operationen:

- erstelleAuftragsänderung(),
- leseAuftragsänderung(),

- aktualisiereAuftragsänderung(),
- löscheAuftragsänderung(),
- prüfeAuftragstatus(),
- gestalteArbeitplanvarianteKundenauftragZuordnung() und
- verarbeiteAuftragsänderung().

Eine Auftragsänderung wird dann erstellt, wenn aufgrund eines geänderten Kundenwunsches oder auch aufgrund der internen Notwendigkeit Änderungen an Aufträgen erforderlich sind (erstelleAuftragsänderung()). Ein Auftrag ist dabei als eine Arbeitsplanvariante einschließlich aller Zuordnungen (Materialklassen, Fähigkeiten) und der zugehörigen Arbeits- bzw. Ausführungsschritte zu verstehen. Bei jeder Änderung wird geprüft, in welchem Status sich die Arbeitsplanvariante befindet, welche Zuordnungen vorhanden sind und ob die Produktionsfreigabe bereits erfolgt ist (prüfeAuftragsstatus()). Auf Basis dessen kann der Änderungsmanagement-Service entsprechend des Änderungstyps (z. B. Änderung der Produkteigenschaft, Stornierung) entscheiden, ob das PPS II-System die Änderung erlaubt. Wenn die Änderung erlaubt wird und die Änderung von Kundenseite initiiert wurde, stellt der Änderungsservice als erstes wieder eine 1:1-Beziehung zwischen Kundenauftrag und zu ändernder Arbeitsplanvariante her (gestalteArbeitsplanvarianteKundenauftragZuordnung()). Je nach Änderungstyp werden weiterhin andere Services aufgerufen, um die Änderung umzusetzen (verarbeiteAuftragsänderung()). Welche Services bei verschiedenen Änderungen aufgerufen werden, ist im Abschnitt 5.1.1 ausführlich erläutert.

Hinsichtlich der Beziehung zwischen den Services des Moduls Produktionsvariantenplanung und dem Datenmodel zielen alle Services auf die Erstellung bzw. Änderung der Arbeitsplanvariante und ihrer Beziehungen ab. Wie sich die Arbeitsplanvariante in die gesamte Datenstruktur einfügt, ist am Ende dieses Abschnitts dargestellt.

### 4.3.5 Modul Produktionssteuerung

Das Modul Produktionssteuerung besteht aus den Services Auftragsausführungsmanagement, Materialzuweisungsmanagement, Ressourcenauswahlmanagement und Ressourcenzuweisungsmanagement (vgl. Abbildung 4-23).

4 Architektur und Funktionalität des PPS II-Systems

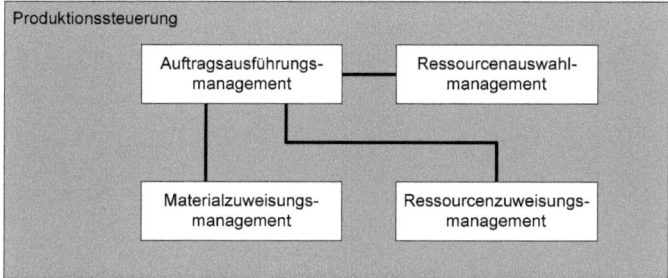

Abbildung 4-23: Services des Moduls Produktionssteuerung

Die im Modul Produktionssteuerung enthaltenen Services dienen hauptsächlich dazu, die während der Produktionsausführung durchgeführten Funktionen zu unterstützen. Zusätzlich wird während der Produktionsausführung auf die Services der Produktionsvariantenplanung zugegriffen. Dies geschieht insbesondere dann, wenn Änderungen erforderlich sind.

Der Service *Auftragsausführungsmanagement* enthält folgende Operationen:

- erstelleAusführungsschritt(),
- leseAusführungsschritt(),
- aktualisiereAusführungsschritt() und
- löscheAusführungsschritt().

Die Operation erstelleAusführungsschritt() wird im Vorfeld der Produktion ausgeführt, um vorbereitende Schritte für die Freigabe der Produktion zu treffen. Dabei werden allen Ausführungsschritten einer Arbeitsplanvariante inklusive aller alternativen Ausführungsschritte jeweils früheste und späteste Start- und Endtermine zugewiesen. Bei der Erstellung eines Ausführungsschrittes werden alle Daten und Zuordnungen aus dem entsprechenden Arbeitsschritt der Arbeitsplanvariante übernommen (Operationen leseArbeitsplanvariante(), für den referenzierten Arbeitsschritt leseArbeitsschritt()). Durch die Verbindung zwischen Ausführungsschritt und Arbeitsplanvariante sind weiterhin die Zuordnungen zum Kundenauftrag und zu den dem Arbeitsplan zugewiesenen Materialklassen und Fähigkeiten vorhanden. Beim Anlegen des Ausführungsschrittes wird deshalb gleichzeitig geprüft, ob die Services Materialvariantenmanagement und Fähigkeitsvariantenmanagement für die Arbeitsplanvariante bereits stattgefunden haben. Falls nicht werden sie, bevor der Ausführungsschritt angelegt werden kann, angestoßen. Weiterhin prüft der Service Auftragsausführungsmanagement bei der Erstellung eine Ausführungsschrittes, ob die Services Auftragsexistenz- und Auftragszeitmanagement für die Arbeitsplanvariante bereits mindestens ein Mal durchgeführt wurden. Falls dies nicht der Fall ist, werden die Services ebenfalls aufgerufen, bevor der Ausführungsschritt erstellt wird. Dies ist notwendig, da mit der Erstellung der Ausführungsschritte einer Arbeitsplanvariante ebenfalls der Service Ressourcenauswahlmanagement angestoßen wird.

Resultat der Erstellung ist demnach ein Ausführungsschritt mit frühesten und spätesten Start- und Endterminen, dem Materialtypen und Fähigkeiten zugewiesen sind. Ein Ausführungsarbeitsplan als Pendant der Arbeitsplanvariante existiert nicht, sondern im Mittelpunkt der Produktionssteuerung steht der einzelne Arbeitsschritt. Auf Basis dieser Sichtweise kann die individuelle Betrachtung einzelner Produkteigenschaften, die in einem bestimmten Arbeitsschritt mit dem Produkt verbunden werden (siehe auch eigenschaftsspezifischer Entkopplungspunkt - Abschnitt 2.2.1), besser unterstützt werden. Soll ein Ausführungsschritt zur Produktion freigeben werden, wird die Operation aktualisiereAusführungsschritt() mit den entsprechenden Parametern angestoßen. Bevor ein Ausführungsschritt freigegeben wird, wird geprüft, ob die dem im Ressourcenauswahlmanagement zugeordnete Ressource noch immer verfügbar ist. Falls dies nicht der Fall ist, wird der Service Ressourcenauswahlmanagement erneut aufgerufen. Mit der Freigabe eines Ausführungsschrittes wird für Arbeitsplanvarianten mit alternativen Ausführungsschritten ebenfalls der endgültige Pfad bis zur nächsten ODER-Vereinigung festgelegt.

Die tatsächliche Ausführungszeit kann bei Erstellung eines Ausführungsschrittes noch nicht bestimmt werden, da diese von der tatsächlich zugewiesenen Ressource abhängt. Diese Zuordnung zu treffen, ist Aufgabe der Services Ressourcenauswahlmanagement und Ressourcenzuweisungsmanagement. Der Service *Ressourcenauswahlmanagement* besteht aus folgenden Operationen:

- findeFähigeRessourceFürAusführungsschritt() und
- findeGeeigneteRessourceFürAusführungsschritt().

Eine geeignete Ressource für einen Ausführungsschritt wird in zwei Schritten gefunden. Diese beiden Schritte werden nach der initialen Erstellung des Ausführungsschrittes angestoßen (erstelleAusführungsschritt()). Als erstes (findeFähigeRessourceFürAusführungsschritt() wird auf Basis der dem Ausführungsschritt zugewiesenen Eigenschaften geprüft, welche Ressourcen fähig sind, den Ausführungsschritt durchzuführen. Dabei werden die Operationen des Fähigkeitsvariantenmanagement (leseFähigkeitenArbeitsplanvarianteZuordnung() für den Arbeitsschritt) und des Fähigkeitsmanagement (leseFähigkeitRessourceZuordnung()) genutzt. Als Ergebnis dieses Schrittes gibt es eine Menge von für den Ausführungsschritt fähigen Ressourcen. Ob diese in der fraglichen Ausführungszeit jedoch überhaupt verfügbar sind und mit welchen Kosten eine Ausführung verbunden wäre, ist noch nicht klar. Deshalb wird im zweiten Schritt geprüft, welche der in Frage kommenden Ressourcen gut geeignet ist (findeGeeigneteRessourceFürAusführungsschritt()). Dies geschieht auf Basis von Optimierungsfaktoren wie Transportweg, Bearbeitungszeit, Rüstzeit und Verfügbarkeit. In diesem Optimierungsschritt ist es ebenfalls notwendig nicht nur den einzelnen Ausführungsschritt, sondern auch abhängige Ausführungsschritte zu betrachten, um beispielsweise minimale Transportwege und Rüstzeiten zu erreichen. Das Thema der Optimierung ist jedoch wie bereits in Abschnitt 4.2.4 angesprochen nicht Thema dieser Arbeit. Als Ergebnis sind jedem Ausführungsschritt eine oder mehrere geeignete Ressourcen zugeordnet.

Darauf aufbauend kann der Service *Ressourcenzuweisungsmanagement* agieren, der folgende Operationen enthält:

- erstelleRessourceAusführungsschrittZuordnung(),
- leseRessourceAusführungsschrittZuordnung(),
- aktualisiereRessourceAusführungsschrittZuordnung() und
- löscheRessourceAusführungsschrittZuordnung().

Die tatsächliche Zuordnung des Ausführungsschrittes zu einer Ressource (erstelleRessourceAusführungsschrittZuordnung()) geschieht mit Freigabe desselbigen (aktualisiereAusführungsschritt()). Dabei wird ebenfalls der entsprechende Programmcode zur exakten Konfiguration der Ressource zugeordnet. Das Finden von fähigen und geeigneten Ressourcen kann somit bereits vor Produktionsstart durchgeführt werden, kann aber auch mehrfach aktualisiert werden, falls Änderungen erforderlich sind. Die Freigabe des Ausführungsschrittes bindet die Ressource jedoch fest für einen definierten Zeitraum an den Ausführungsschritt.

Ähnlich verhält es sich mit der Materialzuweisung, welche durch den Service **Materialzuweisungsmanagement** realisiert wird, der aus folgenden Operationen besteht:

- erstelleMaterialklasseAusführungsschrittZuordnung(),
- leseMaterialklasseAusführungsschrittZuordnung(),
- aktualisiereMaterialklasseAusführungsschrittZuordnung() und
- löscheMaterialklasseAusführungsschrittZuordnung().

Mit der Erstellung des Ausführungsschrittes wird die Materialklasse dem Ausführungsschritt zugewiesen (erstelleMaterialklasseAusführungsschrittZuordnung()). Dies geschieht auf Basis der dem Arbeitsschritt in der Entwurfsphase zugeordneten Materialtyp und der der Arbeitsplanvariante zugewiesenen Menge von Materialklassen. Die Materialklasse, die zu dem Materialtyp gehört wird an den Ausführungsschritt gebunden. Falls bis zur Freigabe des Ausführungsschrittes noch Änderungen auftreten, müsste diese Bindung aktualisiert werden (aktualisiereMaterialklasseAusführungsschrittZuordnung()). Bei Freigabe des Ausführungsschrittes (aktualisiereAusführungsschritt()) wird das Material unwiderruflich an den Ausführungsschritt gebunden (aktualisiereMaterialklasseAusführungsschrittZuordnung() und externe Services zum Transport des Materials zu der zugewiesenen Ressource werden angestoßen. Die im Modul Produktionssteuerung enthaltenen Services beeinflussen hauptsächlich den Ausführungsschritt und dessen Zuordnungen als Teil des Datenmodels.

### 4.3.6 Zusammenfassung der Servicebeschreibung des PPS II-Systems

Der Abschnitt 4.3 hat erläutert, wie die Services als technische Komponenten des IT-Konzepts zusammenarbeiten, um das Konzept der prozessnahen Gestaltungsentscheidung umzusetzen. Das vollständige Servicenetz des PPS II-Systems ist in der Abbildung 4-24 dargestellt.

4 Architektur und Funktionalität des PPS II-Systems

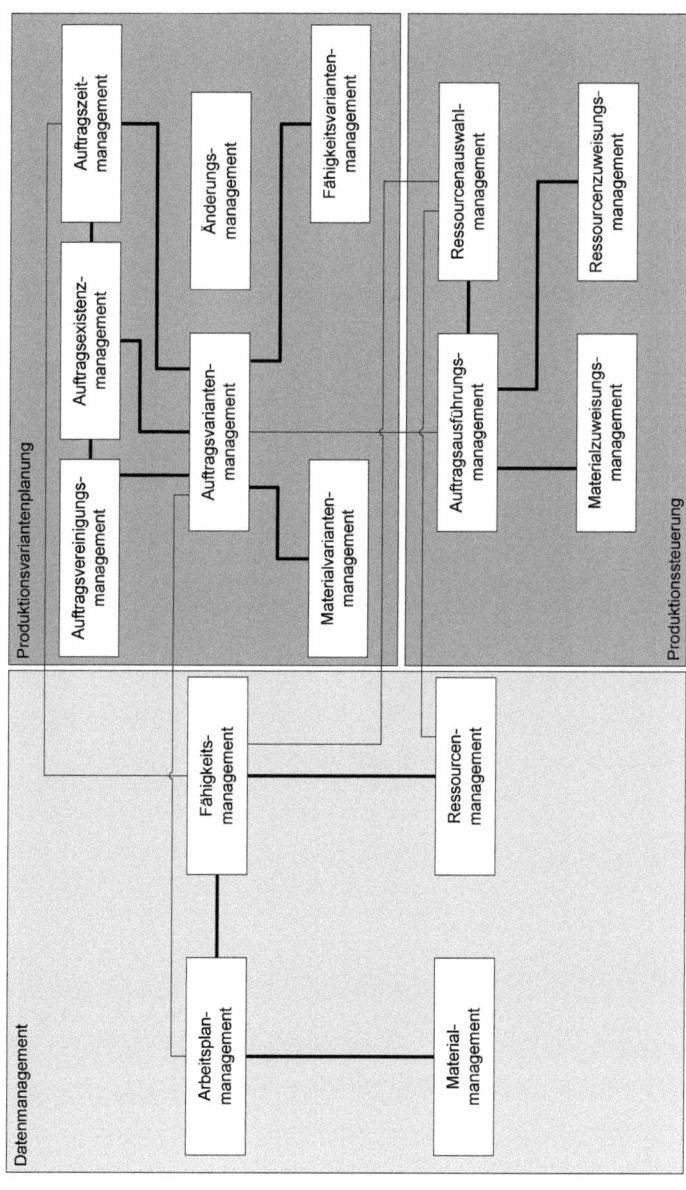

147

Abbildung 4-24: Servicenetz des PPS II-Systems

Obwohl das PPS II-System wie man der Beschreibung entnehmen kann nicht mehr dem strengen MRP II-Ablauf folgt, können alle Prozesse des MRP II-Laufs, die in der kundenindividuellen Fertigung notwendig sind, abgebildet werden.

Tabelle 4-5: Abbildung der MRP II-Prozesse durch das PPS II-System

| MRP II-Prozess | Services [*Operationen*] im PPS II-System |
| --- | --- |
| Erstellen und Verwalten der Fertigungsaufträge | Auftragsvariantenmanagement [erstelleArbeitsplanvariante(), aktualisiereArbeitsplanvariante()] |
| Primärbedarfsplanung | Auftragsvereinigungsmanagement [erstelleAuftragsvereinigungsplanung(), aktualisiereAuftragsvereinigungsplanung()], Auftragsvariantenmanagement [aktualisiereArbeitsplanvariante()] |
| Nettobedarfsplanung | Auftragsexistenzmanagement [erstelleAuftragsexistenzplanung(), aktualisiereAuftragsexistenzplanung()], Auftragsvariantenmanagement [löscheArbeitsplanvariante()] |
| Grobkapazitätsplanung | Auftragszeitmanagement [erstelleAuftragszeitplanung(), aktualisiereAuftragszeitplanung()] |
| Sekundärbedarfsermittlung | Materialvariantenmanagement [erstelleMaterialklassen-ArbeitsplanvarianteZuordnung()] |
| Kapazitätsplanung | Ressourcenzuweisungsmanagement [findeFähigeRessourceFürAusführungsschritt(), findeGeeigneteRessourceFürAusführungsschritt()] |
| Ausführung und Steuerung | Auftragsausführungsmanagement [erstelleAusführungsschritt(), aktualisiereAusführungsschritt()] mit Untersützung des: Ressourcenzuweisungsmanagement [erstelleRessourceAusführungsschrittZuordnung(), aktualisiereRessourceAusführungsschrittZuordnung()], Materialzuweisungsmanagement [erstelleMaterialklasseAusführungsschrittZuordnung(), aktualisiereMaterialklasseAusführungsschrittZuordnung()] |

Tabelle 4-5 enthält die einzelnen Schritte des MRP II-Laufs in der Reihenfolge, wie sie im PPS II-System abgebildet werden und stellt sie den Operationen und Services gegenüber. Aufgrund dessen, dass die einzelnen Aktivitäten durch unterschiedliche Services ausgeführt werden, sind jedoch auch andere Reihenfolgen und beliebig häufige Wiederholungen denkbar. Wie die einzelnen Operationen der Services beim Auftreten einer spezifischen Änderung tatsächlich zusammenarbeiten, wird im Abschnitt 5.1.1 bei der Evaluierung der funktionalen Anforderungen im Detail erläutert.

# 5 Evaluierung des PPS II-Systems

Die Evaluierung hat das Ziel, das resultierende Konzept des PPS II-Systems selbst zu bewerten als auch den Prozess der Erstellung des Systemkonzepts. Um die Evaluierung von allen Seiten zu gewährleisten, orientiert sich diese an der Richtline 3 von Hevner et al. (vgl. [HMPR04]), nach der die Wirksamkeit (Abschnitt 5.1), die Qualität (Abschnitt 5.2) und der Nutzen (Abschnitt 5.3) des Artefakts bewertet werden sollen.

## 5.1 Evaluierung der Wirksamkeit

Um die Wirksamkeit des PPS II-Systems nachzuweisen, muss dessen Funktionalität untersucht werden. Das geschieht einerseits in Bezug auf die funktionalen Anforderungen (Abschnitt 5.1.1) und andererseits anhand eines Prototypen (Abschnitt 5.1.2).

### 5.1.1 Evaluierung auf Basis der funktionalen Anforderungen

Das Konzept der prozessnahen Gestaltungsentscheidung und dessen Umsetzung im serviceorientierten PPS II-System wurde im Kapitel 4 ausführlich erläutert. Ob dieses Konzept geeignet ist, um alle im Abschnitt 2.2.1 gestellten funktionalen Anforderungen zu erfüllen, soll in diesem Abschnitt im Detail untersucht werden. Dabei wird insbesondere darauf eingegangen, wie die einzelnen Services beim Auftreten einer spezifischen Änderung zusammenarbeiten. Um mögliche Änderungen zu veranschaulichen, soll weiterhin das in Abschnitt 4.2 eingeführte Beispiel der Herstellung der Etanorm-Pumpe dienen.

Ausgangspunkt für alle Änderungen ist eine existierende Arbeitsplanvariante, die einem bestimmten Kundenauftrag zugeordnet ist. Änderungen, die das PPS II-System entgegennimmt, werden von dem Service Änderungsmanagement, der im Modul der Produktionsvariantenplanung angesiedelt ist, behandelt. Dieser Service ist dafür verantwortlich, andere Services aufzurufen, um die gewünschte Änderung zu realisieren. Der Änderungsmanagement-Service prüft als erstes, in welchem Status sich die betroffene Arbeitsplanvariante befindet, welche Zuordnungen bereits getätigt wurden und ob bereits einzelne Ausführungsschritte für diese Arbeitsplanvariante existieren. Dies ermittelt er durch Aufrufen des Services Auftragsvariantenmanagement. Falls bereits Ausführungsschritte für die Arbeitsplanvariante existieren, ruft der Service Änderungsmanagement weiterhin den Service Auftragsausführungsmanagement auf, um zu erfahren, ob dieser bereits einzelne Ausführungsschritte freigegeben hat. In Abhängigkeit des Ergebnisses dieser Prüfung wird entschieden, ob die Änderung noch erlaubt ist. Für den positiven Fall kann es anschließend notwendig sein, verschiedene andere Services anzustoßen. Um welche Services es sich dabei handelt und welche Auswirkungen die Änderungen auf sonstige bereits getroffene Zuordnungen (z. B. von Materialien, Fähigkeiten, Ressourcen) haben, wird änderungsspezifisch diskutiert.

Für alle Änderungen, die vom Kunden und damit vom Kundenauftrag ausgehen, wird zunächst der Service Auftragsvariantenmanagement aufgerufen, um die dem Kundenauftrag zugeordnete Arbeitsplanvariante zu ermitteln (leseArbeitsplanvarianteKundenauftragZuordnung()). Für den Fall, dass keine 1:1-Zuordnung zwischen der Arbeitsplanvariante und dem Kundenauftrag existiert, da beispielsweise der Service Auftragsvereinigungsmanagement für die Arbeitsplanvariante bereits durchgeführt wurde, wird zunächst wieder eine Arbeitsplanvariante erzeugt, welche eine direkte Zuordnung zu dem geänderten Kundenauftrag hat. Dies wird ebenfalls durch den Service Auftragsvariantenmanagement gehandhabt. Für den Fall, dass dem Kundenauftrag keine Arbeitsplanvariante zugewiesen ist, da der bereits durchgeführte Service Auftragsexistenzmanagement ergeben hat, dass das Produkt nicht produziert werden muss, weil es auf Lager liegt, kann die Lagerreservierung aufgehoben und eine entsprechende Arbeitsplanvariante durch den Service Auftragsvariantenmanagement erzeugt (erstelleArbeitsplanvariante()) werden. Da eine solche Änderung jedoch per Definition nach dem Ende der Produktion liegt, wird sie durch keine der funktionalen Anforderungen explizit adressiert.

Wie das PPS II-System auf die zehn funktionalen Anforderungen eingeht, wird für jede der Anforderungen spezifisch beschrieben. Die Anforderungen 1 bis 6 adressieren hauptsächlich vom Kunden initiierte Änderungen, können aber grundsätzlich ebenfalls von internen Ereignissen ausgelöst werden. So kann beispielsweise die Einplanung eines zusätzlichen Auftrags (5. Anforderung) auch aufgrund von Qualitätsmängeln bei der Fertigung eines vorangegangenen Auftrags notwendig werden. Die Anforderungen 7 bis 10 adressieren dagegen die Flexibilität des PPS II-Systems, die erforderlich ist, um auf interne Ereignisse aber auch auf externe Ereignisse durch Anpassung der Produktionsplanung zu reagieren. Sie zielen dabei nicht auf bestimmte Änderungen ab.

*1. Anforderung:* Änderung einer Produkteigenschaft bis zum Beginn des Arbeitsschrittes, der von der Änderung betroffen ist

Einleitend stellt Abbildung 5-1 dar, wie die Services bei der Änderung einer Produkteigenschaft zusammenarbeiten. Die Bedeutung der Ziffern wird nachfolgend erläutert. Optionale bzw. alternative Aufrufe sind hier und in den nachfolgenden Abbildungen gestrichelt dargestellt.

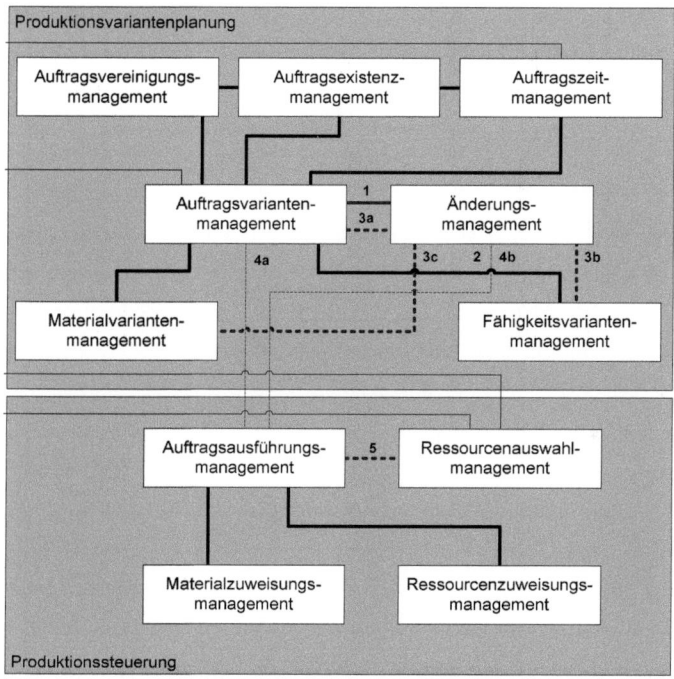

Abbildung 5-1: Zusammenwirkende Services bei Änderung einer Produkteigenschaft[27]

Als erstes prüft das Änderungsmanagement bei einer gewünschten Änderung einer Produkteigenschaft den Status der Arbeitsplanvariante (Service Auftragsvariantenmanagement) **[1]** und gegebenenfalls den Status des von dieser Produkteigenschaft betroffenen Ausführungsschrittes (Service Auftragsausführungsmanagement) **[2]**, um zu

---

[27] Die bei Bedarf stattfindende 1:1-Zuordnung zwischen Kundenauftrag und Arbeitsplanvariante (Service Auftragsvariantenmanagement) und die damit verbundene Aktualisierung der Referenz eventuell existierender Ausführungsschritte (Service Auftragsausführungsmanagement) ist in diesem und den folgenden Abbildungen nicht dargestellt, da die Änderung nicht unbedingt vom Kundenauftrag initiiert worden sein muss.

entscheiden, ob die Änderung erlaubt wird oder nicht. Solange der Ausführungsschritt noch nicht freigegeben wurde, kann die Änderung erlaubt werden. Die Änderung einer Produkteigenschaft geht in der Regel vom Kundenauftrag aus, sodass die beschriebene Analyse und gegebenenfalls Änderung der Arbeitsplanvariante-Kundenauftrags-Beziehung als erstes durchgeführt wird. Eine Änderung einer Produkteigenschaft kann Auswirkungen auf die Arbeitsplanstruktur, die Materialien und einzusetzenden Ressourcen bzw. nachgefragten Fähigkeiten haben. Welche Zuordnungen tatsächlich betroffen sind, ist anhand der die Produktvariante spezifizierenden Parameter erkennbar. *Bei dem* BEISPIEL DER PUMPENHERSTELLUNG *hat beispielsweise der Parameter P001 Schriftzug Auswirkungen auf die Arbeitsplanstruktur, während andere Parameter Auswirkungen auf die Bestimmung der Materialklassen und damit auf die Materialauswahl haben.*

Auf Basis dieser Zusammenhänge entscheidet der Service Änderungsmanagement anhand des geänderten Parameters, welche Services angestoßen werden sollen. Bei Änderungen, welche die Arbeitsplanstruktur betreffen, wird der Service Auftragsvariantenmanagement mit der Operation aktualisiereArbeitsplanvariante() angestoßen **[3a]**. *Dies wäre beim* BEISPIEL DER PUMPE *der Fall, wenn der Kunde, obwohl ursprünglich nicht gewünscht, im Nachhinein doch einen gestanzten Schriftzug in der Pumpe haben möchte. Aufgrund dieser Änderung würden die Arbeitsschritte V108 und V201 zu der Menge V1 der Arbeitsplanvariante gehören und die Formeln zur Transformation der Reihenfolgeregeln im Fall der Abgrenzung der Vorgänge (vgl. Formel 4-2) würden invers angewendet werden, sodass aus der Sequenz wieder eine Vereinigung werden würde. Die wieder integrierten Arbeitsschritte werden mit den zugeordneten Materialtypen und Fähigkeiten eingebettet, die als Menge V/V1 bereits Teil der Arbeitsplanvariante waren.*

Falls der geänderte Parameter Auswirkungen auf das Vorhandensein bzw. die Ausprägung einer Materialklasse hat, wird der Service Materialvariantenmanagement aufgerufen, um zu prüfen, ob die Sekundärbedarfsplanung bereits stattgefunden hat (leseMaterialklassenArbeitsplanvarianteZuordnung() und um für den positiven Fall, die der Arbeitsplanvariante zugewiesenen Materialklassen zu aktualisieren (aktualisiereMaterialklassenArbeitsplanvarianteZuordnung()) **[3c]**. Für den dritten Fall, dass der geänderte Parameter, direkten oder indirekten Einfluss auf die Fähigkeitsparameter der den

Arbeitsschritten der Arbeitsplanvariante zugewiesenen Fähigkeiten hat, wird der Service Fähigkeitsvariantenmanagement aufgerufen, um die Parameterwerte der Fähigkeiten zu setzen bzw. zu aktualisieren [3b].

All die genannten Änderungen sind möglich bis der betroffene Ausführungsschritt freigeben wird. Es soll deshalb auch noch der Fall betrachtet werden, dass der Ausführungsschritt bereits mit frühesten und spätesten Start- und Endterminen angelegt wurde (Service Auftragsausführungsmanagement), die ausführungsschritt- und arbeitsplanübergreifende Ressourcenfindung bereits stattgefunden hat (Service Ressourcenauswahlmanagement) und somit unmittelbar produktionsvorbereitende Tätigkeiten bereits durchgeführt wurden. Bei Änderungen der Parameter, die Einfluss auf die Materialklassen haben, hat dieser Status keine Auswirkungen. Bei Änderungen, die die Arbeitsplanstruktur betreffen, müssten alle betroffenen Ausführungsschritte aktualisiert, erstellt bzw. gelöscht werden. Da der Service Auftragsvariantenmanagement im Fall der Aktualisierung einer Arbeitsplanvariante alle dazu existierenden Ausführungsschritte durch Aufruf des Services Auftragsausführungsmanagement automatisch anpasst [4a], muss hierbei der Service Änderungsmanagement nicht eingreifen. Anders verhält es sich bei Änderungen der Fähigkeitsparameterwerte. Auch diese müssten im Fall existierender Ausführungsschritte an das Auftragsvariantenmanagement weitergeleitet werden. Da der Service Fähigkeitsvariantenmanagement diesen jedoch nicht aktiv aufruft, muss dies in diesem Fall der Service Änderungsmanagement übernehmen[28] [4b]. Der Service Auftragsausführungsmanagement ruft seinerseits bei jeder Aktualisierung den Service Ressourcenauswahlmanagement wiederholt auf [5].

*Welchen Einfluss welche Produktvariantenparameter bei dem* BEISPIEL DER ETANORM-PUMPE *haben und welche Services bei einer entsprechenden Änderung vom Service Änderungsmanagement aufgerufen werden, ist in Tabelle 5-1 dargestellt.* An diesem Beispiel lässt sich ebenfalls sehr gut erkennen, dass einige Parameter nicht nur einen Service aufrufen, sondern mehrere, da sie gleichzeitig mehrere Facetten des Variantenmanagements beeinflussen. *So beeinflusst der Schriftzug beispielsweise sowohl die Arbeitsplanstruktur als auch das Setzen der Fähigkeitsparameterwerte.*

---

[28] Falls die Änderung gleichzeitig die Arbeitsplanstruktur als auch die Ressourcenauswahl und damit die Fähigkeitsparameterwerte beeinflusst, ist dies dem Service Änderungsmanagement ebenfalls bekannt und er ruft das Auftragsausführungsmanagement nicht separat auf, da dieser Aufruf bereits durch den Service Auftragsvariantenmanagement geschieht.

Vorab werden, wie bereits erwähnt wurde, bei allen Änderungen die Services Auftragsvariantenmanagement und Auftragsausführungsmanagement aufgerufen, um den Status der Arbeitsplanvariante und der Ausführungsschritte zu kennen.

Tabelle 5-1: Einfluss von Änderungen der individuellen Produkteigenschaften

| Parameter | Einfluss | Service |
|---|---|---|
| P001 Schriftzug | Arbeitsplanstruktur | Auftragsvariantenmanagement |
| P002 Gehäusematerial | Materialauswahl | Materialvariantenmanagement |
| | Ressourcenauswahl | Fähigkeitsvariantenmanagement, Auftragsausführungsmanagement |
| P003 Laufradmaterial | Materialauswahl | Materialvariantenmanagement |
| | Ressourcenauswahl | Fähigkeitsvariantenmanagement, Auftragsausführungsmanagement |
| P004 Dichtungsart | Materialauswahl | Materialvariantenmanagement |
| P005 Baugröße | Materialauswahl | Materialvariantenmanagement |
| | Ressourcenauswahl | Fähigkeitsvariantenmanagement, Auftragsausführungsmanagement |
| P006 Farbe | Ressourcenauswahl | Fähigkeitsvariantenmanagement, Auftragsausführungsmanagement |

Ob die Services Auftragsvereinigungs-, Auftragsexistenz- und Auftragszeitmanagement bereits ausgeführt wurden, spielt in Bezug auf die Änderungen keine primäre Rolle, da das PPS II-System diese drei Services ohnehin laufend ausführt bis ein Ausführungsschritt freigeben wird. Die geänderte Arbeitsplanvariante würde somit umgehend in diesen Wiederholungslauf integriert werden.

*Resümee*

Mit dieser Beschreibung konnte nachgewiesen werden, dass das PPS II-System imstande ist, eine Änderung der Produkteigenschaft bis zum Zeitpunkt der Freigabe des Ausführungsschrittes, in dem die Produkteigenschaft fest mit dem Produkt verbunden wird, zu erlauben. Weiterhin wurde gezeigt, dass im Gegensatz zu den meisten im

Betrieb befindlichen Systemen der existierende Produktionsauftrag (hier: die Arbeitsplanvariante) geändert wird und kein neuer Auftrag erzeugt werden muss. Dies bietet Vorteile hinsichtlich der Zuordnungen, die nicht generell aktualisiert werden müssen, sondern größtenteils bestehen bleiben können.

*2. Anforderung:* Änderung einer Operationsanweisung bis zum Beginn des Arbeitsschrittes, der von der Änderung betroffen ist

Operationsanweisungen sind kundenindividuelle Anweisungen, welche keinen Einfluss auf die Materialauswahl, sondern auf die Arbeitsplanstruktur bzw. die gewünschten Fähigkeiten haben. Sie spiegeln sich somit in den Produktvariantenparametern wieder, welche Einfluss auf diese beiden Facetten haben. Dabei ist der Wert des Parameters nicht Teil einer vordefinierten Auswahl, sondern wird individuell bestimmt. *Für das BEISPIEL DER PUMPE wäre der Schriftzug solch eine kundenindividuelle Operationsanweisung. Die Farbe für die Lackierung könnte ebenfalls einer kundenindividuellen Operationsanweisung entsprechen, wenn es sich um eine einzigartige Mischung handelt.* Wie diesbezügliche Änderungen gehandhabt werden, wurde bereits in Zusammenhang mit der 1. Anforderung erläutert.

*3. Anforderung:* Erhöhung bzw. Senkung der Bestellmenge bis zur Freigabe der Produktion

Die Zusammenarbeit und Reihenfolge der Serviceaufrufe bei Mengenänderungen sind in Abbildung 5-2 dargestellt. Bei erwünschten Änderungen der Menge prüft der Service Änderungsmanagement ebenfalls als erstes den Status der Arbeitsplanvariante (Service Auftragsvariantenmanagement - leseArbeitsplanvariante()) [1] und aller zu der Arbeitsplanvariante gehörenden Ausführungsschritte (Service Auftragsausführungsmanagement - leseAusführungsschritt()) [2]. Geht die Mengenänderung vom Kundenauftrag aus, wird die entsprechende Arbeitsplanvariante durch den Service Auftragsvariantenmanagement gefunden. Solange keiner der Schritte bereits freigeben wurde, wird die Änderung erlaubt. In diesem Fall wird als erstes eine 1:1-Zuordnung zwischen Kundenauftrag und Arbeitsplanvariante hergestellt, falls diese nicht bereits existiert (Service Auftragsvariantenmanagement).

Änderungsflexibilität in der kundenindividuellen Fertigung

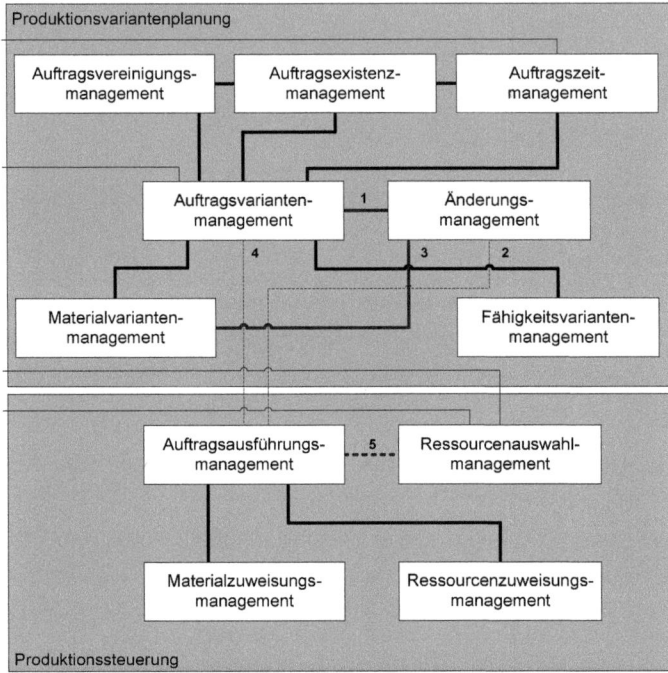

Abbildung 5-2: Zusammenwirkende Services bei Änderung der Menge

Als nächstes wird der Service Materialvariantenmanagement aufgerufen, um zu ermitteln, ob die Sekundärbedarfsermittlung und damit die Zuweisung und Kalkulation der Materialklassen bereits stattgefunden hat (leseMaterialklassenArbeitsplanvariante-Zuordnung()). Falls dem so ist, muss diese für die neue Menge erneut durchgeführt werden (aktualisiereMaterial-klassenArbeitsplanvarianteZuordnung()) und die damit verbundenen logistischen Schritte müssen ebenfalls entsprechend angepasst werden [3]. Bei einer Erhöhung der Menge müssten zusätzliche Materialien mit dem Auftrag verbunden werden. Bei einer Verminderung der Menge müssen bestehende Reservierungen aufgehoben werden. Als Resultat existiert eine aktualisierte Arbeitsplanvariante mit der neuen Menge, welche ab dem Zeitpunkt Teil des wiederholten Laufs der Services Auftragsvereinigungs-, Auftragsexistenz- und Auftragszeitmanagement ist. Für den Fall, dass für die Arbeitsplanvariante bereits Ausführungsschritte erstellt wurden, müssten diese ebenfalls aktualisiert werden (Service Auftragsausführungsmanagement) [4] und die Ressourcenfindung müsste erneut angestoßen werden (Service Ressourcenauswahlmanagement) [5].

*Resümee*

Mit diesen Abläufen konnte gezeigt werden, dass das PPS II-System Mengenänderungen bis zum Zeitpunkt der Produktionsfreigabe mit einem Zusammenspiel der Services unterstützen kann.

*4. Anforderung:* Verschieben des Liefertermins bis zur Freigabe der Produktion

Abbildung 5-3 zeigt die Zusammenarbeit der Services bei einer Verschiebung des Liefertermins.

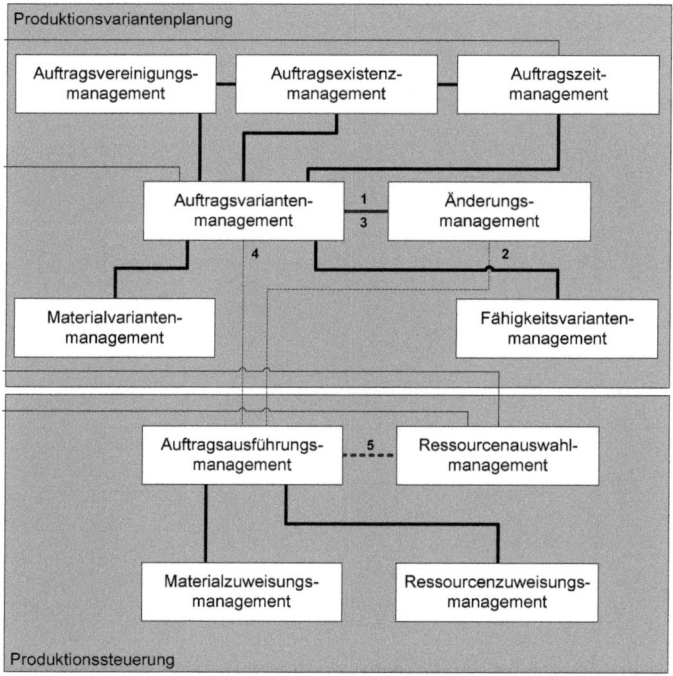

Abbildung 5-3: Zusammenwirkende Services bei Änderung des Liefertermins

Da eine Verschiebung des Liefertermins ebenfalls Einfluss auf den gesamten Auftrag und nicht nur einzelne Arbeitsschritte hat und ebenfalls bis zur Freigabe der Produktion erlaubt werden soll, führt der Service Änderungsmanagement zu Beginn die gleiche Statusprüfung wie bei einer gewünschten Mengenänderung durch und ruft dabei den Service Auftragsvariantenmanagement [1] und bei Bedarf auch den Service Auftragsausführungsmanagement [2] auf. Sollten keine Ausführungsschritte existieren bzw. alle gegebenenfalls existierenden Ausführungsschritte noch nicht freigegeben worden sein, hat eine Lieferterminverschiebung egal ob nach vorn oder nach hinten die im weiteren Verlauf beschriebenen Aktivitäten zur Folge. Sollten alle oder einzelne Ausführungsschritte bereits freigegeben worden sein, wird eine Lieferterminverschiebung auf einen früheren Zeitpunkt nicht mehr erlaubt. Eine Lieferterminverschiebung nach hinten ist jedoch noch immer möglich, indem ein Ausgleich über das Lager erfolgt. Die damit verbundenen Aktivitäten (Verlängerung der Lagerzeit) werden jedoch nicht durch das PPS II-System abgebildet.

Bei einer positiven Entscheidung für die Durchführung einer Änderung ruft der Service Änderungsmanagement den Service Auftragsvariantenmanagement auf, um die 1:1-Beziehung zwischen Arbeitsplanvariante und Kundenauftrag zu gewährleisten. Anschließend ändert der Service die entsprechende Arbeitsplanvariante und versieht sie mit einem adaptierten spätesten Endtermin [3]. Ab diesem Zeitpunkt wird die geänderte Arbeitsplanvariante in den regelmäßigen Lauf der Services Auftragsvereinigungs-, Auftragsexistenz- und Auftragszeitmanagement eingebunden. Auswirkungen sind dabei insbesondere als Ergebnis des Services Auftragszeitmanagement zu erwarten. Da dieser jedoch nur grobe ressourcenunabhängige Zeitfenster für alle Arbeitsplanvarianten festlegt, sind auch dabei nur gravierende Lieferterminverschiebungen sichtbar. Ob der Service Materialvariantenplanung bereits stattgefunden hat, spielt keine Rolle, weil sich die Zuordnung zwischen den Materialklassen und der Arbeitsplanvariante durch den neuen Liefertermin nicht ändert. Eine eventuell notwendige Einflussnahme auf die Verfügbarkeiten der Materialien, die von einem externen Reservierungsservice verwaltet werden, wird direkt von dem Services Auftragszeitmanagement durchgeführt. Sollten für die betroffene Arbeitsplanvariante bereits Ausführungsschritte existieren, müssen auch diese durch einen Aufruf des Service Auftragsausführungsmanagement aktualisiert werden, um deren früheste und späteste Start- und Endtermine anzupassen [4]. Der Service Auftragsausführungsmanagement stößt seinerseits den Service Ressourcenauswahlmanagement wiederholt an [5].

*Resümee*

Durch die Zusammenarbeit der Services Auftragsvariantenmanagement und gegebenenfalls Auftragsausführungs- und Ressourcenauswahlmanagement können Lieferterminverschiebungen bis zur Freigabe der Produktion gut durch das PPS II-System abgebildet werden. Im Vergleich zu existierenden Systemen, ist insbesondere hervorzuheben, dass das PPS II-System auch das Potential von späteren Lieferterminen in der Produktionsplanung berücksichtigt und die dadurch frei werdenden Kapazitäten und Materialien für andere Aufträge genutzt werden könnten.

*5. Anforderung:* Platzierung eines zusätzlichen Auftrags bis zur Freigabe der Produktion

Da das PPS II-System durch das Konzept der prozessnahen Gestaltungsentscheidung endgültige Festlegungen der Zeiten, Materialien und Ressourcen erst unmittelbar vor Ausführung trifft, kann ein zusätzlicher Eilauftrag wie jeder andere Auftrag behandelt werden. Die dafür nötigen Serviceaufrufe sind in Abbildung 5-4 dargestellt. Somit sind keine änderungsspezifischen Serviceaufrufe nötig, sondern die Serviceaufrufe entsprechen dem normalen Ablauf.

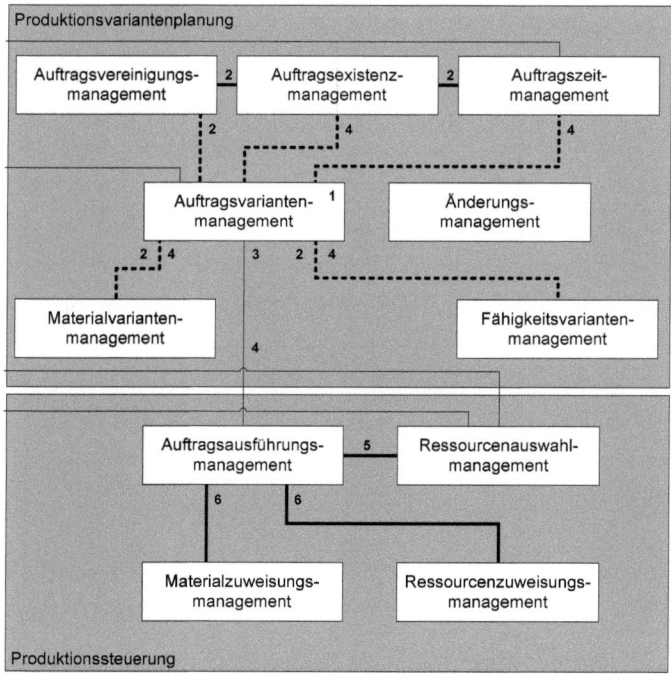

Abbildung 5-4: Zusammenwirkende Services bei Platzierung eines zusätzlichen Auftrags

Das bedeutet, dass hierfür nicht der Service Änderungsmanagement aufgerufen wird, sondern eine mit dem neuen Kundenauftrag in Beziehung stehende Arbeitsplanvariante durch den Service Auftragsvariantenmanagement erstellt wird [1]. Diese Arbeitsplanvariante wird ebenso wie alle anderen Arbeitsplanvarianten in den Lauf der Services Auftragsvereinigungs-, Auftragsexistenz- und Auftragszeitmanagement eingebunden [2]. Weiterhin werden entsprechend des normalen Ablaufs die Services Materialvariantenmanagement und Fähigkeitsvariantenmanagement aufgerufen, um der Arbeitsplanvariante Materialklassen und Fähigkeiten zuzuweisen [2]. Falls die Ausführungsschritte der Arbeitsplanvariante schneller angelegt werden [3], als solch ein Lauf und die Zuordnungen planmäßig erfolgt, würden allenfalls potentiellen Zusammenfassungen, die mit dem Service Auftragsvereinigungsmanagement ermittelt werden, außer Acht gelassen, da beim Erstellen der Ausführungsschritte automatisch der Status der Arbeitsplanvariante geprüft wird, um fehlende Zuordnungen zu ermitteln [4]. Falls dem zu erstellenden Ausführungsschritt noch keine Materialklassen bzw. Fähigkeitsparameterwerte zugewiesen wurden, werden die Services Materialvariantenmanagement und Fähigkeitsvariantenmanagement für die gesamte Arbeitsplanvariante aufgerufen (über den Service Auftragsvariantenmanagement - aktualisiereArbeitsplanvariante()) [4]. Für den Fall, dass die Services Auftragsexistenzmanagement oder Auftragszeitmanagement noch nicht ausgeführt worden sind, werden sie mit Erstellen der Ausführungsschritte aufgerufen (über den Service Auftragsvariantenmanagement - aktualisiereArbeitsplanvariante()), um auf Basis der dabei getroffenen Zuordnungen (grobe Zeiten) die frühesten und spätesten Anfangs- und Endzeiten der einzelnen Ausführungsschritte zu ermitteln [4]. Mit Erstellen der Ausführungsschritte wird weiterhin der Service Ressourcenauswahlmanagement aufgerufen, um mögliche und geeignete Ressourcen zu finden [5]. Anschließend können die Ausführungsschritte umgehend staffelweise freigegeben werden und die feste Zuweisung der Ressourcen (Service Ressourcenzuweisungsmanagement) und Materialien (Service Materialzuweisungsmanagement) erfolgt [6].

*Resümee*

Ein zusätzlicher, meist besonders eiliger Auftrag kann aufgrund des flexiblen Servicekonzeptes des PPS II-Systems ohne Probleme eingebunden werden, indem der normale Ablauf von der Erstellung der Arbeitsplanvariante bis zur Freigabe der Ausführungsschritte durchgeführt wird. Ein besonderes Änderungsmanagement ist dabei nicht erforderlich.

**6. Anforderung:** Stornierung eines Auftrags bis zur Freigabe der Produktion

Abbildung 5-5 zeigt die Zusammenarbeit der Services bei der Stornierung eines Auftrags.

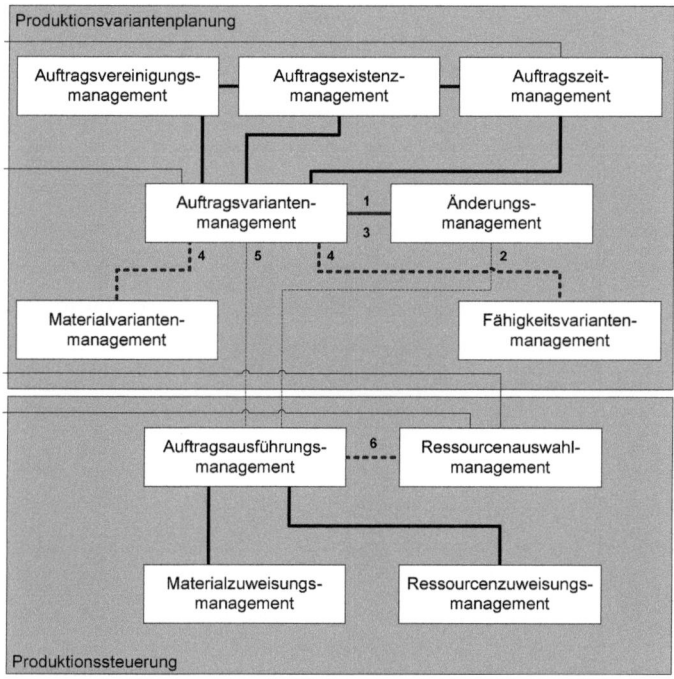

Abbildung 5-5: Zusammenwirkende Services bei Stornierung eine Auftrags

Als erstes prüft der Service Änderungsmanagement analog zum Vorgehen bei Mengenänderungen und Lieferterminverschiebungen zunächst den Status der Arbeitsplanvariante [1] und gegebenenfalls existierender Ausführungsschritte [2]. Wurde noch keiner der Ausführungsschritte freigegeben bzw. existieren noch keine Ausführungsschritte, wird die Stornierung durch das PPS II-System unterstützt. Geht die Stornierung von einem Kundenauftrag aus, wird als nächstes die 1:1-Zuordnung zwischen Kundenauftrag und Arbeitsplanvariante hergestellt (Service Auftragsvariantenmanagement).

Danach initiiert der Service Änderungsmanagement die Löschung der entsprechenden Arbeitsplanvariante (löscheArbeitsplanvariante() - Service Auftragsvariantenmanagement) [3]. Der Service Auftragsvariantenmanagement stößt mit der Löschung ebenfalls die Löschung aller existierender Zuordnungen an. Im Fall existierender Materialklassenzuordnungen wird der Service Materialvariantenmanagement aufgerufen, um diese zu löschen (löscheMaterialklassenArbeitsplanvarianteZuordnung()) und gleichzeitig die damit verbundenen Reservierungen freizugeben [4]. Durch Aufrufen des Services Fähigkeitsvariantenmanagement werden weiterhin die Fähigkeitszuordnungen gelöscht (löscheFähigkeitenArbeitsplanvarianteZuordnung()), sofern diese bereits getroffen wurden [4]. Falls schon einzelne oder alle Ausführungsschritte für die Arbeitsplanvariante angelegt wurden, werden auch diese durch Aufrufen des Services Auftragsausführungsmanagement gelöscht [5], der wiederum den Service Ressourcenauswahlmanagement anstößt, um die frei werdenden Ressourcenkapazitäten zu berücksichtigen [6]. Bei einem erneuten regelmäßigen Lauf der Services Auftragsvereinigungs-, Auftragsexistenz- und Auftragszeitmanagement wird die gelöschte Arbeitsplanvariante bereits nicht mehr berücksichtigt.

*Resümee*

Auch die Stornierung eines Auftrags kann somit bis zur Freigabe der Produktion durch das PPS II-System unterstützt werden, wobei die Nutzung der frei werdenden Kapazitäten und Materialien automatisch angestoßen wird.

*7. Anforderung:* Definition alternativer Arbeitsschritte bis zum Beginn des Arbeitsschrittes, der von der Festlegung betroffen ist

Alternative Arbeitsschritte werden durch die Zusammenarbeit von Services aller drei Module des PPS II-Systems abgebildet (vgl. Abbildung 5-6). In der Entwurfsphase wird ein Arbeitsplan für einen bestimmten Produkttypen als Regelwerk aus Arbeitsschritten und Reihenfolgeregeln definiert (Service Arbeitsplanmanagement) [1]. Dabei werden die alternativen Folgen durch die Vorgänger- und Nachfolgerbeziehungen zwischen den Arbeitsschritten beschrieben. Arbeitsschritte, welche auf den parallelen Pfaden vor einer ODER-Vereinigung bzw. nach einer ODER-Splittung liegen, können alternativ stattfinden. Weiterhin wird definiert, welche Alternativen von Variantenparametern abhängen *(z. B. V108 Schriftzug stanzen, V201 Stanzung anbringen)* und welche grundsätzlich bestehen (z. B. weil bei einem Produkt unterschiedliche Arbeitsschrittreihenfolgen zum Ziel führen).

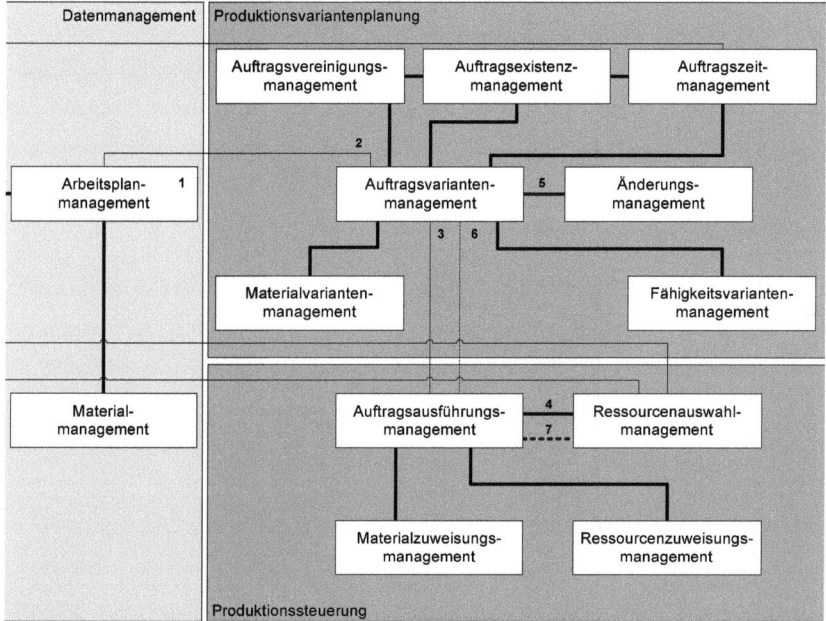

Abbildung 5-6: Zusammenwirkende Services bei der Definition alternativer Arbeitsschritte, deren Festlegung (Nummern 1-4) und der darauf basierenden Unterstützung von Änderungen (Nummern 5-7)

Wenn ein bestimmter Auftrag für die Fertigung - in der Regel auf Basis eines Kundenauftrages - eingeplant werden soll, wird eine Arbeitsplanvariante erstellt (Service Auftragsvariantenmanagement) [2]. Dabei können aufgrund variantenspezifischer Parameter alternative Arbeitsschritte wegfallen. Die weggefallenen Arbeitsschritte gehören dann zwar nicht mehr zu der variantenspezifischen Arbeitsschrittmenge, sind aber als zusätzliche Menge noch immer Teil der Arbeitsplanvariante. Der variantenspezifischen Arbeitsschrittmenge werden Materialklassen und Fähigkeitsparameterwerte zugeordnet, während der restlichen Menge der Arbeitsschritte weiterhin die in der Entwurfsphase zugewiesenen Materialtypen und Fähigkeiten ohne genauere Spezifikation zugeordnet sind. Alle alternativen Arbeitsschritte, welche aufgrund von Optimierungsmöglichkeiten bei der Kapazitätsplanung bestehen, sind in der variantenspezifischen Arbeitsschrittmenge weiterhin enthalten.

Die Services Auftragsvereinigungs- und Auftragsexistenzmanagement werden unabhängig vom Vorhandensein alternativer Arbeitsschritte ausgeführt, da sie nur das finale Produkt im Fokus haben. Der Service Auftragszeitmanagement betrachtet die Gesamtzahl aller nachge-fragten Fähigkeiten für eine Arbeitsplanvariante, die durch die Entscheidung für alternative Arbeitsschritte geringfügig variieren kann. Da die Zeitplanung im Rahmen dieses Services jedoch nicht auf Arbeitsschrittebene, sondern auf Arbeitsplanvariantenebene vollzogen wird, spielen hierbei die unter Umständen geringfügigen internen Verschiebungen zwischen ähnlichen Fähigkeiten (z. B. Stanzen und Drucken, Fräsen und Bohren) keine Rolle.

Zur Vorbereitung der Produktionsausführung werden durch den Service Auftragsausführungsmanagement die Ausführungsschritte für alle Arbeitsschritte der variantenspezifischen Arbeitsschrittmenge angelegt [3]. Somit werden die alternativen Strukturen nach wie vor berücksichtigt. Der Service Auftragsausführungsmanagement ruft weiterhin den Ressourcenauswahlmanagementservice auf [4]. Dabei wird im ersten Schritt für alle Ausführungsschritte (auch die auf alternativen Wegen) eine mögliche Ressource auf Basis der Fähigkeitsparameterwerte gefunden (findeFähigeRessourceFürAusführungsschritt()). Im zweiten Schritt werden die vorhandenen alternativen Pfade bei der Suche nach einer geeigneten (optimalen) Ressource hinzugezogen (findeGeeigneteRessourceFürAusführungsschritt()). Als Ergebnis existiert eine Ressourcenzuweisung für eine primäre Arbeitsschrittreihenfolge, wobei die anderen Arbeitsschritte noch immer als Alternative referenziert werden.

Erst mit Freigabe der Ausführungsschritte wird der endgültige Pfad einschließlich der endgültigen Materialzuordnung und Ressourcenzuordnung bestimmt. Dabei werden mit Freigabe des Ausführungsschrittes die weiteren Ausführungsschritte bis zur nächsten ODER-Vereinigung als endgültig zu verfolgende Ausführungsschritte festgelegt und die dazu alternativ stehenden Ausführungsschritte werden gelöscht. Ein weiteres Offenhalten der alternativen Arbeitsschritte bis zur Freigabe des spezifischen Ausführungsschrittes wäre nicht sinnvoll, da mit der Entscheidung für den ersten Ausführungsschritt kein Wechsel auf einen anderen Pfad mehr möglich ist.

Wie das Konzept der Darstellung alternativer Arbeitsschritte bei Änderungen hilft, soll anhand von zwei Situationen erläutert werden. Als erstes Beispiel (vgl. auch Serviceaufrufe der Nummern 5, 6 und 7 in Abbildung 5-6) soll die Änderung einer Produkteigenschaft dienen. In Abhängigkeit des geänderten Parameters kann diese zu einer Änderung der variantenspezifischen Arbeitsschrittmenge der Arbeitsplanvariante führen, wobei ein Rückgriff auf die in der Arbeitsplanvariante referenzierten alternativen Arbeitsschritte erforderlich wäre. Dabei stößt der Service Änderungsmanagement eine Aktualisierung der Arbeitsplanvariante (Service Auftragsvariantenmanagement) an [5], wobei ebenfalls eventuell existierende Ausführungsschritte durch den Aufruf des Services Auftragsausführungsmanagement aktualisiert bzw. gelöscht oder erstellt werden [6]. Dies hat weiterhin das erneute Aufrufen des Services Ressourcenauswahlmanagement zur Folge [7]. Der Prozess bei Änderung einer Produkteigenschaft ist ausführlich bei der Evaluierung der ersten Anforderung in diesem Abschnitt beschrieben.

Im zweiten Beispiel sollen die Auswirkungen des Ausfalls einer Ressource betrachtet werden. Wenn der Ausfall der Ressource bereits vor der erstmaligen Ausführung des Services Ressourcenauswahlmanagement bekannt ist, kann dieser bereits bei der Suche nach einer fähigen Ressource dazu führen, dass für eine bestimmte Alternative keine oder nur eine schlechtgeeignete Ressource gefunden werden kann, sodass im zweiten Schritt bei der Auswahl einer geeigneten Ressource der Weg gewählt wird, der unter Umständen andere Fähigkeiten und damit auch andere Ressourcen benötigt. Ist der Ressourcenausfall erst nach der Ausführung des Ressourcenauswahlmanagements bekannt und betrifft der Ausfall eine auf dem primären Pfad definierte Ressource, so kann bei Freigabe des Ausführungsschrittes auf eine andere noch mögliche, wenn auch nicht optimale Arbeitsfolge ausgewichen werden. Der Service Änderungsmanagement muss für diesen Fall nicht hinzugezogen werden.

*Resümee*

Das PPS II-System kann alternative Arbeitsschritte darstellen, wobei für die Planungsläufe und Zuordnungen sowohl die Arbeitsschritte auf dem primären Pfad als auch die auf den alternativen Pfaden einbezogen werden. Anhand von zwei Situation, welche Änderungen der Arbeitsplanvariante erfordern, konnte gezeigt werden, dass das Vorhandensein von alternativen Strukturen notwendig ist, um die Durchführung der Änderungen zu unterstützen. Dabei bietet das zentrale Regelwerk des Arbeitsplans einen zentralen Zugriffspunkt für eventuelle Änderungen.

Änderungsflexibilität in der kundenindividuellen Fertigung

**8. Anforderung:** Definition alternativer Ressourcen bis zum Beginn des Arbeitsschrittes, der von der Festlegung betroffen ist

Um alternative Ressourcen für einen Arbeitsschritt darzustellen, nutzt das PPS II-System das Konzept der Fähigkeiten. Abbildung 5-7 zeigt, welche Services für die Definition und die Konkretisierung der Fähigkeiten verantwortlich sind und wie auf Basis dessen die konkreten Ressourcen bei Freigabe der Produktion zugeordnet werden können.

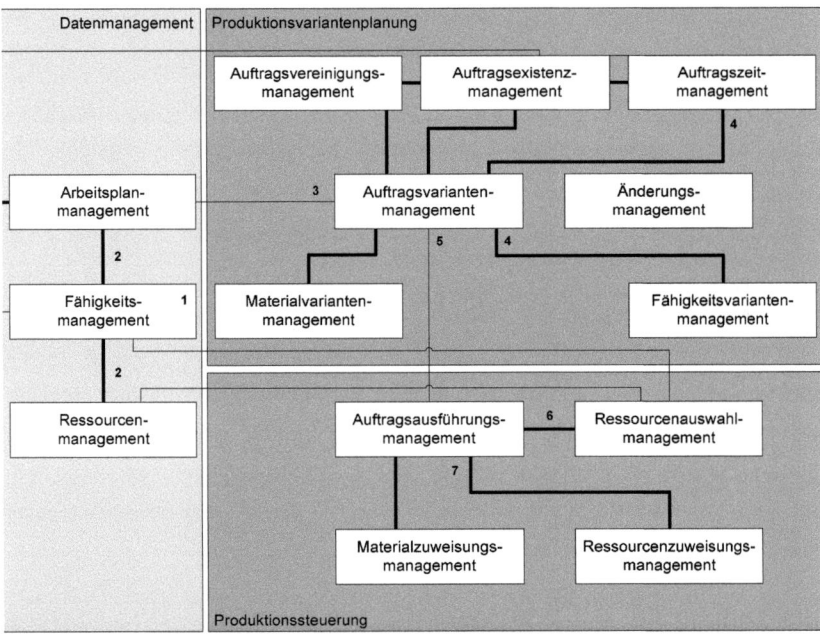

Abbildung 5-7: Zusammenwirkende Services bei der Definition alternativer Ressourcen

Unter Nutzung des Services Fähigkeitsmanagement werden alle für die jeweilige Produktion relevanten Fähigkeiten in Anlehnung an die in Anlage 2 aufgelisteten Fähigkeiten in der Entwurfsphase definiert (erstelleFähigkeit() - Service Fähigkeitsmanagement) **[1]**. Diese Fähigkeiten werden im zweiten Schritt einerseits den Ressourcen und andererseits den Arbeitsschritten des Arbeitsplans (erstelleFähigkeitRessourceZuordnung(), erstelleFähigkeit ArbeitsschrittZuordnung()) zugeordnet **[2]**. Alle Ressourcen, welche die Fähigkeit anbieten, welche in einem spezifischen Arbeitsschritt nachgefragt wird, kämen demnach als alternative Ressourcen in Frage. Die Werte der den Ressourcen zugeordneten Fähigkeitsparameter werden in der Entwurfsphase weiterhin auf bestimmte diskrete oder kontinuierliche Intervalle eingeschränkt.

Nach Platzierung eines Auftrages und dem Anlegen der Arbeitsplanvariante (Service Auftragsvariantenmanagement) [3] ist der Service Fähigkeitsvariantenmanagement dafür verantwortlich, die für die Fertigung der gewünschten Produktvariante notwendigen Fähigkeitsparameterwerte zu setzen [4]. Da ab diesem Zeitpunkt ein Vergleich auf Fähigkeitsparameterebene stattfinden kann, kommt es mit dieser Festlegung in der Regel zu einer Reduktion der möglichen alternativen Ressourcen für den konkreten Arbeitsschritt. In dieser Phase werden die konkreten für einen Arbeitsschritt in Frage kommenden Ressourcen jedoch noch nicht explizit benannt. Auch bei der Auftragszeitplanung spielen die konkreten Ressourcen noch keine Rolle, sondern die Gesamtzahl der durch Arbeitsplanvarianten nachgefragten Fähigkeiten wird der Gesamtzahl der durch Ressourcen angebotenen Fähigkeiten gegenübergestellt.

Der Service Auftragsvariantenmanagement legt produktionsvorbereitend alle Ausführungsschritte zu einer Arbeitsplanvariante an [5] und ruft dabei den Service Ressourcenauswahlmanagement auf, der auf Basis der Fähigkeiten geeignete Ressourcen für die Ausführungsschritte bestimmt (findeFähigeRessourceFürAusführungsschritt()) und damit die alternativen Ressourcen zum ersten Mal explizit auflistet [6]. Der Service Ressourcenauswahlmanagement ist ebenfalls dafür verantwortlich unter den alternativen Ressourcen die beste auszuwählen, was dazu führt, dass für einen Ausführungsschritt nur noch eine bestimmte Ressource vorgesehen ist. Solange die Ausführungsschritte nicht freigegeben worden sind, ist jedoch noch immer die entsprechende Fähigkeit mit dem Ausführungsschritt verbunden. Erst bei Freigabe des Ausführungsschrittes wird dieser der zuvor bestimmten geeigneten Ressource fest zugeordnet (Ressourcenzuweisungsmanagement) [7].

*Resümee*

Das PPS II-System kann die Anforderung alternative Ressourcen darzustellen mit dem Konzept der Fähigkeiten sogar besser bedienen als dies mit einer reinen Auflistung von Ressourcen möglich wäre, da bis zur Freigabe der Ausführungsschritte grundsätzlich jede Ressource, die die nachgefragten Fähigkeiten anbietet, zum Einsatz kommen kann. Das bedeutet, dass auch neu hinzugekommene Ressourcen sofort für die Ausführung von Aufträgen zur Verfügung stehen, auch wenn diese erst nach dem Anlegen der Arbeitsplanvariante im System existieren. Auf der anderen Seite kann durch das Konzept der Fähigkeiten auch auf den Ausfall einer Ressource sehr gut reagiert werden. Ist der Ressourcenausfall vor Ausführung des Services Ressourcenauswahlmanagement bekannt, wird die entsprechende Ressource bei der Suche nach fähigen Ressourcen gar nicht erst berücksichtigt. Bei einem späteren Ausfall einer bereits als fähig und geeignet eingeschätzten Ressource, wird im Moment der Freigabe der Ausführungsschritte bemerkt, dass diese nicht mehr zur Verfügung steht und der Service Auftragsausführungsmanagement würde dass Ressourcenauswahlmanagement erneut aufrufen, um anhand der Fähigkeiten eine andere fähige und geeignete Ressource zu finden.

*9. Anforderung:* Definition und Ausführung paralleler Arbeitsschritte bis zum Abschluss der Produktion

Die Services, die bei der Definition und Ausführung paralleler Abläufe zusammenarbeiten, sind in Abbildung 5-8 dargestellt. Die Darstellung von parallelen Arbeitsschrittfolgen erfolgt analog zu der Darstellung von alternativen Arbeitsschrittfolgen. Das bedeutet, dass parallele Folgen durch die im Arbeitsplan bzw. nach Platzierung des Auftrags durch die in der Arbeitsplanvariante beschriebenen Reihenfolgebeziehungen definiert werden. Dabei gehören alle Arbeitsschritte zu einer parallelen Folge, die nach einer UND-Splittung bzw. vor einer UND-Vereinigung liegen. Bei der Ausführung der Services Auftragsvereinigungs-, Auftragsexistenz- und Auftragszeitmanagement müssen parallele Folgen nicht besonders behandelt werden.

Es gibt verschiedene Arten paralleler Arbeitsschrittfolgen: inhaltlich begründete und mengenmäßig begründete. Inhaltlich begründete parallele Folgen beschreiben unterschiedliche Abläufe zur Fertigung eines Produktes, die in der Regel in einem Montagsschritt vereinigt werden. *Solch eine parallele Folge wäre beim BEISPIEL DER PUMPE die Montage der Welle (Arbeitsschritt V008), die parallel zur Fertigung des Laufrads (Arbeitsschritte V001, V002 und V003) ablaufen kann und mit der Montage des Laufrads (V101) mit dieser Folge vereinigt wird.* Die Definition dieser Parallelität erfolgt in der Entwurfsphase mit der Erstellung des Arbeitsplans (Service Arbeitsplanmanagement) [1] und wird anschließend bei der Erstellung einer spezifischen Arbeitsplanvariante (Service Auftragsvariantenmanagement) übernommen [2]. Die Arbeitsplanvariante definiert während der Produktion bis zu deren Ende die Beziehungen zwischen den Ausführungsschritten [3, 4].

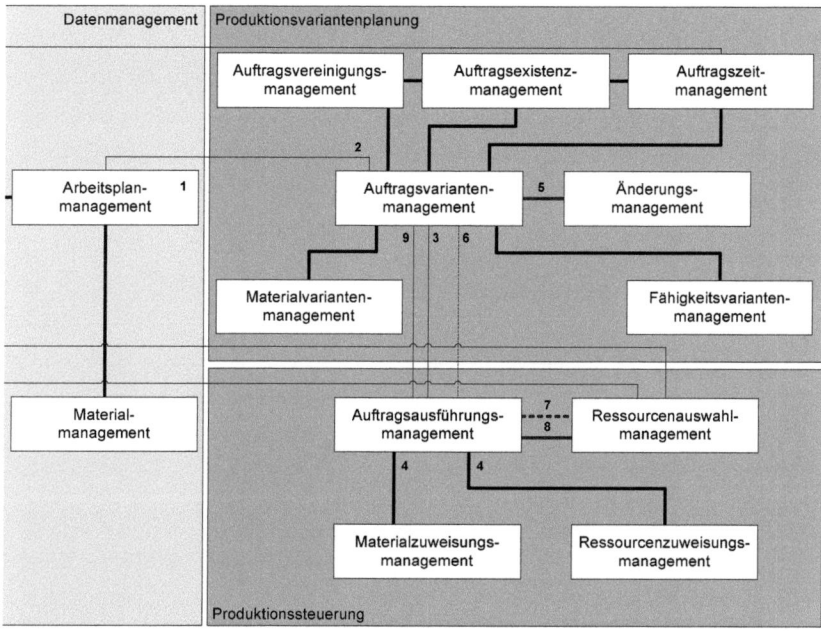

Abbildung 5-8: Zusammenwirkende Services bei der Definition und Ausführung paralleler Arbeitsschritte (Nummern 1-4) und der darauf basierenden Unterstützung von Änderungen (Nummern 5-8)

Eine besondere Art inhaltlich begründeter paralleler Folgen sind Optionen, die einer parallelen Folge entsprechen, die in Abhängigkeit von der gewählten Produktvariante bei der Produktionsausführung wegfallen kann. Ob die Option ausgeführt wird, wird durch ausgewählte Produktvariantenparameter bestimmt *(z. B. Schriftzug bei dem Beispiel der Pumpe)*, deren Setzen bei der Erstellung der Arbeitsplanvariante (Service Auftragsvariantenmanagement) [5], der Ausführungsschritte (Service Auftragsausführungsmanagement) [6] und bei der Ressourcenauswahl (Service Ressourcenauswahlmanagement) [7] berücksichtigt werden. Mengenmäßig begründete parallele Folgen verteilen die in einer Arbeitsplanvariante definierte Menge auf einzelne Arbeitsschritte, die nebeneinander ablaufen, um Teilmengen auf verschiedenen Ressourcen produzieren zu können. Da solch eine Splittung der Arbeitsschritte von der Ressource abhängig ist, geschieht die Parallelisierung erst bei Ausführung des Services Ressourcenauswahlmanagement [8]. Wenn dieser aufgrund der Optimierungsberechnungen bei der Suche einer geeigneten Ressource feststellt, dass eine Parellelisierung sinnvoll ist, ruft er den Service Auftragsausführungsmanagement auf, um die entsprechenden Ausführungsschritte zu aktualisieren bzw. neu zu erstellen. Damit auch die Reihenfolgeregeln zwischen den Ausführungsschritten entsprechend angepasst werden, ruft der Service Auftragsausführungsmanagement wiederum den Service Auftragsvariantenmanagement auf [9]. Auf den in der Arbeitsplanvariante definierten Reihenfolgebeziehungen basiert die gesamte Produktionsausführung.

*Resümee*

Das PPS II-System kann parallele Abläufe vom Arbeitsplanentwurf bis zur Beendigung der Produktion darstellen und deren Ausführung veranlassen. Dabei können sowohl inhaltlich als auch mengenmäßig begründete parallele Abläufe abgebildet werden.

*10. Anforderung:* Kenntnis des Echtzeitstatus jedes Arbeitsschrittes von jedem Auftrag bis zum Abschluss der Produktion

Wie bei den durch den Service Änderungsmanagement gesteuerten Änderungen erläutert wurde, konnte der Status der Planung im Vorfeld der Produktion immer ermittelt werden. Abbildung 5-9 markiert die Service, die dabei eine Rolle spielen.

Als erstes ist der Service Auftragsvariantenmanagement zu befragen, um den Status der Arbeitsplanvariante zu ermitteln [1]. Aus diesem Status wird ersichtlich, ob die Arbeitsplanvariante bereits ein- oder mehrmalig Gegenstand der Services Auftragsvereinigungs-, Auftragsexistenz- oder Auftragszeitmanagement war. Weiterhin verrät der Status der Arbeitsplanvariante, ob bereits Materialklassenzuordnungen und Zuordnungen der Fähigkeitsparameterwerte vorgenommen worden. Um die tatsächlich zugeordneten Materialklassen bzw. Fähigkeiten mit Parameterwerten zu ermitteln, müssten zusätzlich die Services Materialvariantenmanagement und Fähigkeitsvariantenmanagement aufgerufen werden.

Aus dem Status der Arbeitsplanvariante ist auch ersichtlich, ob die zugehörigen Ausführungsschritte bereits erstellt wurden. Um weitere Informationen zu den Ausführungsschritten zu bekommen, muss dann jedoch der für die Ausführungsschritte verantwortliche Service Auftragsausführungsmanagement aufgerufen werden [2].

5 Evaluierung des PPS II-Systems

Dieser Service kann anhand des Status der Ausführungsschritte ermitteln, ob schon Ressourcen für die Ausführung geplant sind und ob die Ausführungsschritte schon freigegeben worden sind. Die weitere Verfolgung der Ausführung nach Freigabe der Ausführungsschritte kann ebenfalls durch den Service Auftragsausführungsmanagement gewährleistet werden. Zu jedem Ausführungsschritt werden dabei sowohl die geplanten als auch die tatsächlichen Ausführungszeiten, Ressourcen und Materialien gespeichert und können über die Operation leseAusführungsschritt() erfragt werden. Die Fähigkeiten spielen bei der Steuerung während der Produktionsausführung keine Rolle mehr.

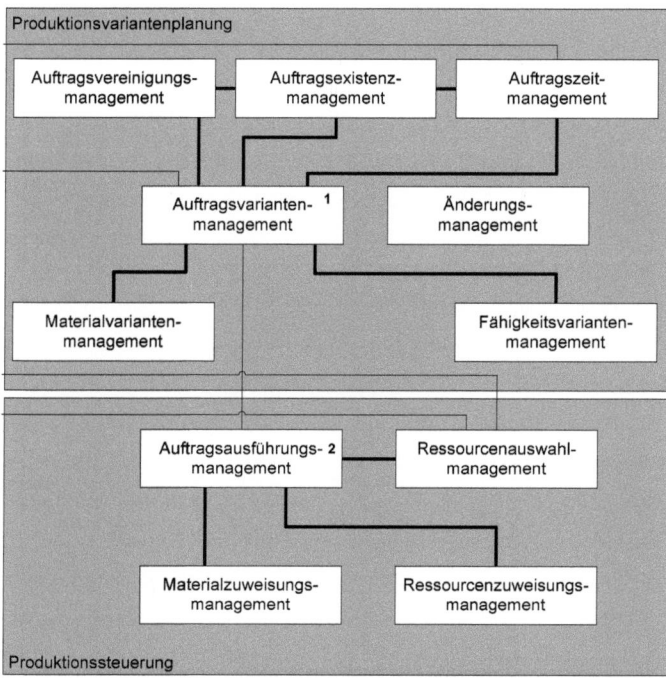

Abbildung 5-9: Zusammenwirkende Services bei Verfolgung des Echtzeitstatus

**Resümee**

Der gemäß der zehnten Anforderung zu verfolgende Fertigungsauftrag entspricht somit der Arbeitsplanvariante inklusive all ihrer Zuordnungen und den Ausführungsschritten, deren Status durch das Zusammenwirken der Services Auftragsvariantenmanagement und Auftragsausführungsmanagement verfolgt werden kann. Aus diesem Grund werden bei notwendigen Änderungen immer diese beiden Service aufgerufen.

Mit den vorangegangenen Ausführungen konnte nachgewiesen werden, dass das PPS II-System alle funktionalen Anforderung erfüllen kann, um Änderungsflexibilität in der kundenindividuellen Fertigung zu gewährleisten.

### 5.1.2 Evaluierung durch Prototyping

Der Prototyp dient dazu, bestimmte Facetten des PPS II-Systemkonzepts zu demonstrieren. Er wurde in mehreren Iterationen begleitend zu der Konzepterstellung entwickelt, um anhand dessen Verbesserungspotentiale für das Konzept zu erkennen. Da Teile des Prototyps im Rahmen des europäisch geförderten Projektes PABADIS'PROMISE[29] entstanden sind, betrachtet er nicht nur die konzeptionellen Aspekte des PPS II-Systems, sondern deckt gleichzeitig weitere in dem Projekt verfolgte Ziele ab. Andererseits stellt er keine komplette Implementierung des PPS II-Systems dar, sondern demonstriert nur Teile der Architektur und der Funktionsweise des PPS II-Systems auf Basis des Grundkonzeptes der prozessnahen Gestaltungsentscheidung.

Die Architektur des PPS II-Systems ist im Prototyp folgendermaßen implementiert. Alle Services des Moduls Datenmanagement und ausgewählte Services des Moduls Produktionsvariantenplanung wurden als Java-Klassen realisiert, während das Modul Produktionssteuerung als JADE-basiertes Agentensystem implementiert wurde. Eine Service Registry, wie sie im Konzept vorgesehen ist, ist im Prototyp nicht enthalten. Da die Implementierung des Moduls Produktionssteuerung damit von dem in Kapitel 4 vorgestellten Konzept abweicht, kann architekturseitig nur das Zusammenspiel der Services der Module Datenmanagement und Produktionsvariantenplanung evaluiert werden. Das Grundkonzept der prozessnahen Gestaltungsentscheidung wurde durch den Prototyp vollständig verwirklicht. Die Arbeitsplanstruktur, die Materialzuordnung und die Ressourcenzuordnung wurden getrennt betrachtet und die Konkretisierung der einzelnen Faktoren geschah stufenweise von der Entwurfsphase bis zur Produktionsausführungsphase.

Für die Entwicklung des Prototyps wurden folgende Systeme genutzt.

- Applikationsserver: Apache Tomcat Server,
- Datenbankserver: SAP MaxDB,

---

[29] Nähere Informationen zu den Zielen und Ergebnissen des Projektes PABADIS'PROMISE hat Kühnle veröffentlicht (vgl. [Küh10]).

- Entwicklungsumgebung der Services des PPS II-Systems: Eclipse und
- Entwicklungsframework der Testbenutzerschnittstelle: Adobe Flex.

Die resultierenden Java-Klassen wurden als Services publiziert und für die Ausführung zur Laufzeit als war-Dateien gepackt. Das Adobe Flex-Projekt wurde ebenfalls als war-Datei gesichert. Um das System auszuführen, ist zur Laufzeit folgende Konfiguration erforderlich:

- laufender Apache Tomcat Server, auf dem alle Web-Archive (war-Dateien) implementiert sind,
- Web Server zur Publikation der Services und der Benutzerschnittstelle: HTTP-Server und
- laufender MaxDB-Server mit der existierenden PPS II-Datenbank.

Das durch den Prototyp implementierte Szenario ist ein reales Szenario des italienischen Maschinenbauers MCM [MCM10], einem Anwendungspartner des Projektes PABADIS'PROMISE. Ziel ist die Herstellung eines Kolbens (Carter), welche aus einem Schwungrad (Flywheel) und einem Kuppelblech (Clutch Plate) hergestellt werden. Die Produktvarianten und die Produktionsumgebung sollen im Folgenden durch die in der Entwurfsphase festzulegenden Stammdaten beschrieben werden. Der Arbeitsplan des Kolbens ist in Abbildung 5-10 dargestellt, während die in der Produktionsumgebung vorhandenen Ressourcen in Abbildung 5-11 beschrieben werden.

| *Parameter P:={* | | |
|---|---|---|
| • P001 Motorgröße, | • P002 Kolbentyp | |
| *Arbeitsschritte V[M; F]:= {* | | |
| • V001 Kuppelblech bohren[ | • M001 Kuppelblech; | • F322 Bohren[P001]], |
| • V002 Kuppelblech feilen[ | | • F327 Feilen[P001]], |
| • V003 Kuppelblech fräsen[ | | • F323 Fräsen[P001,P002]], |
| • V009 Kuppelblech bearbeiten[ | • M001 Kuppelblech; | • F322 Bohren[P001], |
| | | • F327 Feilen[P001], |
| | | • F323 Fräsen[P001,P002]], |
| • V004 Kuppelblech prüfen[ | | • F703 Testen[P001,P002]], |
| • V101 Schwungrad bohren[ | • M201 Schwungrad; | • F322 Bohren[P001]], |
| • V102 Schwungrad feilen[ | | • F327 Feilen[P001]], |

Änderungsflexibilität in der kundenindividuellen Fertigung

| | | |
|---|---|---|
| • V103 Schwungrad fräsen[ | | • F323 Fräsen[P001,P002]], |
| • V109 Schwungrad bearbeiten[ | • M201 Schwungrad; | • F322 Bohren[P001], |
| | | • F327 Feilen[P001], |
| | | • F323 Fräsen[P001,P002]], |
| • V104 Schwungrad prüfen[ | | • F703 Testen[P001,P002]], |
| • V201 Kolben montieren[ | | • F431 Schrauben ], |
| • V301 Endkontrolle durchführen[ | | • F702 Prüfen ] } |

*Reihenfolgeregeln VR:={*

- VR01 Sequenz[V001;V002],
- VR02 Sequenz[V002;V003],
- VR03 Vereinigung
  [ODER;V003, V009;V004],
- VR04 Sequenz[V101;V102],
- VR05 Sequenz[V102;V103],
- VR06 Vereinigung
  [ODER;V103,V109;V104],
- VR07 Vereinigung
  [UND;V004,V104;V201],
- VR08 Sequenz[201;301] }

*Materialregeln MR:={*

- MR01 WENN Motogröße==50cc      DANN Kolbentyp:=D25 ODER Kolbentyp:=D32
                                                                SONST Kolbentyp:=D40 ODER Kolbentyp:=D45
- MR02 WENN Menge(Kolben)==x     DANN Menge(Kuppelblech,Schwungrad):=x
- MR03 WENN Motorgröße==50cc     DANN Bearbeitungsmaterial(Kuppelblech):=
                                                                SC50ccCP
                                                                UND Bearbeitungsmaterial(Schwungrad):=SC50ccFW
                                                                SONST Bearbeitungsmaterial(Kuppelblech):=
                                                                SC125ccCP
                                                                UND Bearbeitungsmaterial(Schwungrad):=
                                                                SC125ccFW

Abbildung 5-10: Beschreibung des variantenunabhängigen Arbeitsplans des Kolbens (Produkt-ID 3855)

Um die Stammdaten anzulegen, wurden die Services Arbeitsplanmanagement, Materialmanagement, Fähigkeitsmanagement und Ressourcenmanagement aufgerufen. Neben den tatsächlich im Produktionsfeld vorhandenen Ressourcen wurden die vorhanden Arbeitsstationen, Maschinen und manuellen Arbeitsplätze inklusive der spezifischen Schnittstellen in einer Simulationsumgebung (entwickelt mit 3DCreate von Visual Components) abgebildet, um das Systemverhalten vor Ausführung zu testen bzw. den Prototyp ortsunabhängig demonstrieren zu können. Weiterhin wurde eine Benutzerschnittstelle entwickelt, mit Hilfe derer ein Kunde die verschiedenen Kolbentypen bestellen und ebenfalls seine Aufträge verfolgen und ändern kann. Die Benutzerschnittstelle wurde mit Adobe Flex entwickelt, als Webarchiv (war-Datei) gepackt und über den HTTP-Server veröffentlicht, so dass der Nutzer mit Hilfe eines Browsers darauf zugreifen kann. Die Anwendung ruft dabei über die Webservice-Schnittstelle direkt die im System vorhandenen Services auf. Welche Abläufe durch den Prototyp unterstützt wurden, wird im Folgenden dargestellt.

*Ressourcen R[FR]:={*
- R101: Arbeitsstation[
  - F322 Bohren[Motorgröße:={50cc, 125cc}],
  - F327 Feilen[Motorgröße:={50cc, 125cc}],
  - F323 Fräsen[
    - Motorgröße:={50cc, 125cc};
    - Kolbentyp:={D25, D32, D40, D45}]],
- R102: Arbeitsstation[
  - F322 Bohren[Motorgröße:={50cc}],
  - F327 Feilen[Motorgröße:={50cc}],
  - F323 Fräsen[
    - Motorgröße:={50cc};
    - Kolbentyp:={D25, D32}]],
- R002: Bohrmaschine[
  - F322 Bohren[Motorgröße:={50cc, 125cc}]
- R004: Fräsmaschine[
  - F327 Feilen[Motorgröße:={50cc, 125cc}],
  - F323 Fräsen[
    - Motorgröße:={50cc, 125cc};
    - Kolbentyp:={D25, D32, D40, D45}]],
- R202: Montagearbeitsplatz[
  - F431 Schrauben],
- R203: Montagearbeitsplatz[
  - F431 Schrauben],
- R501: Messarbeitsplatz[
  - F703 Testen[
    - Motorgröße:={50cc, 125cc};
    - Kolbentyp:={D25, D32, D40, D45}]],
- R503: Qualitätsarbeitsplatz[
  - F702 Prüfen,
  - F703 Testen[
    - Motorgröße:={50cc, 125cc};
    - Kolbentyp:={D25, D32, D40, D45}]],

Abbildung 5-11: Beschreibung der Ressourcen zur Herstellung des Kolbens

Ein Kunde platziert einen Auftrag für verschiedene Kolbentypen (vgl. Abbildung 5-12)[30]. Dabei existiert innerhalb der Benutzerschnittstelle ein Konfigurator, der die Materialregeln, welche für die Konfiguration der Produktvariante entscheidend sind (hier: MR01), enthält, um den Kunden bei der Wahl möglicher Produktkonfigurationen zu unterstützen. Für jede Position des Kundenauftrags wird bei Freigabe des Kundenauftrages (siehe Abbildung 5-12 - Submit Order-Button) der Service Auftragsvariantenmanagement aufgerufen, um eine entsprechende Arbeitsplanvariante anzulegen.

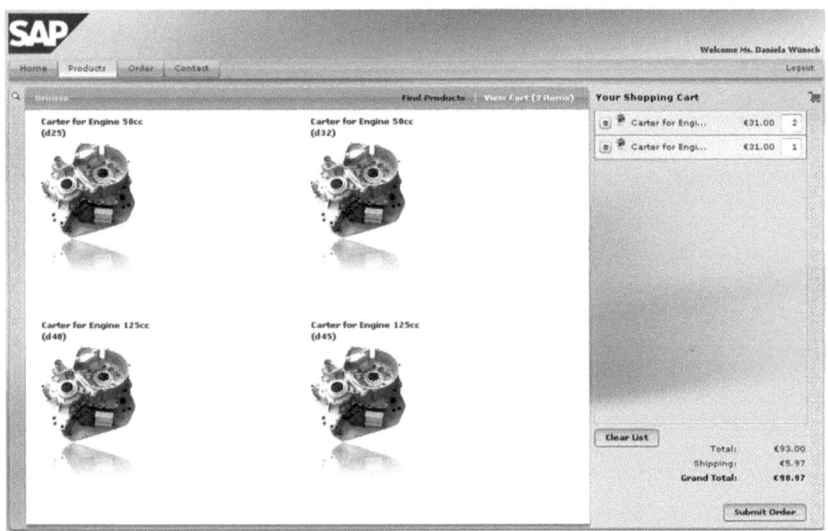

Abbildung 5-12: Benutzerschnittstelle für Bestellungen im Prototyp

Angenommen der Kunde bestellt mit dem Kundenauftrag 4711 2 Stück des Kolbentyps D25 und 1 Stück des Kolbentyps D40. Dann werden mit Absenden des Auftrags folgende Operationen des Services Auftragsvariantenmanagement aufgerufen:

- erstelleArbeitsplanvariante(11772, 3855, 50cc, D25, 2),[31]
- erstelleArbeitsplanvariante(11773, 3855, 125cc, D40, 1),
- erstelleArbeitsplanvarianteKundenauftragZuordnung(11772, 4711-1) und

---

[30] Der Prototyp des PPS II-Systems legt für diesen Auftrag Datenbankeinträge für die Kundenauftragspositionen an, welche Angaben zu Kunde, Produkt und Bestelldatum enthalten.
[31] Wie man anhand der Parameter Arbeitsplanvarianten-ID, Produkt-ID, Kolbentyp, Menge(Kolben) erkennen kann, wurde das gewünschte Liefer- bzw. Fertigstellungsdatum nicht mitgegeben. Das liegt daran, dass die Funktionalität zur Kalkulation eines möglichen Fertigstellungstermins und die Kalkulation der Zeiten im dem Prototyp nur auf vereinfachte Weise realisiert wurden.

- erstelleArbeitsplanvarianteKundenauftragZuordnung(11773, 4711-2).

Auf Basis dessen werden automatisch die Materialzuordnungen und Fähigkeitszuordnungen angestoßen, indem erst der Service Materialvariantenmanagement mit den Operationen:

- erstelleMaterialklassenArbeitsplanvarianteZuordnung(D25, 2, 11772),
- erstelleMaterialklassenArbeitsplanvarianteZuordnung(D40, 1, 11773)

und dann der Service Fähigkeitsvariantenmanagement mit den Operationen:

- erstelleFähigkeitenArbeitsplanvarianteZuordnung(50cc, D25, 11772),
- erstelleFähigkeitenArbeitsplanvarianteZuordnung(125cc, D40, 11773)

aufgerufen wird. Der Service Materialvariantenmanagement errechnet auf Basis der Eingabeparameter die Materialklassen des Kuppelblechs und des Schwungrads und deren Menge. Der Service Fähigkeitsvariantenmanagement bestimmt anhand der beiden Parameter Motorgröße und Kolbentyp die konkreten Fähigkeiten und ordnet sie den Arbeitsplanvarianten 11772 und 11773 zu. Im Prototyp wurden die Zuordnung der Materialklassen und der Fähigkeiten automatisch nach Erzeugung der Arbeitsplanvariante angestoßen. In einem realen System könnte man diesen Schritt jedoch auch an einen manuellen Genehmigungslauf koppeln.

Als nächstes würden die regelmäßig ablaufenden Services Auftragsvereinigungsmanagement, Auftragsexistenzmanagement und Auftragszeitmanagement die neu erstellten Arbeitsplanvarianten in ihre Kalkulationen einbeziehen. Diese Services wurden in dem Prototyp jedoch nicht realisiert, so dass die finalen Arbeitsplanvarianten den Abbildungen 5-13 und 5-14 entsprechen. Wie die Abbildungen zeigen, wurde die Arbeitsplanstruktur durch die Variantenauswahl nicht beeinflusst und die alternativen Wege wurden noch nicht eingeschränkt. Die Informationen der Arbeitsplanvarianten werden bei Beginn der produktionsvorbereitenden Maßnahmen an das als Agentensystem implementierte Modul Produktionssteuerung übergeben. Da dieses Modul nicht entsprechend des PPS II-System-Konzeptes realisiert wurde, wird dabei anstatt des Services Auftragsausführungsmanagement eine Serviceschnittstelle zu dem Agentensystem angesprochen, an die die notwendigen Informationen zur Ausführung des Auftrages übergeben werden.

*Arbeitsplanvariante 11772*

- P001 Motorgröße:=50cc
- P002 Kolbentyp:=D25

*Materialklassen M-11772:={*

- Menge(Kuppelblech,Schwungrad):=2
- Bearbeitungsmaterial(Kuppelblech):=SC50ccCP
- Bearbeitungsmaterial(Schwungrad):=SC50ccFW

*Arbeitsschritte V-11772[M; F-11772]:= {*

- V001 Kuppelblech bohren[
  - M001 Kuppelblech;
  - F322 Bohren[50cc]],
- V002 Kuppelblech feilen[
  - F327 Feilen[50cc]],
- V003 Kuppelblech fräsen[
  - F323 Fräsen[50cc,D25]],
- V009 Kuppelblech bearbeiten[
  - M001 Kuppelblech;
  - F322 Bohren[50cc],
  - F327 Feilen[50cc],
  - F323 Fräsen[50cc,D25]],
- V004 Kuppelblech prüfen[
  - F703 Testen[50cc,D25]],
- V101 Schwungrad bohren[
  - M201 Schwungrad;
  - F322 Bohren[50cc]],
- V102 Schwungrad feilen[
  - F327 Feilen[50cc]],
- V103 Schwungrad fräsen[
  - F323 Fräsen[50cc,D25]],
- V109 Schwungrad bearbeiten[
  - M201 Schwungrad;
  - F322 Bohren[50cc],
  - F327 Feilen[50cc],
  - F323 Fräsen[50cc,D25]],
- V104 Schwungrad prüfen[
  - F703 Testen[50cc,D25]],
- V201 Kolben montieren[
  - F431 Schrauben ],
- V301 Endkontrolle durchführen[
  - F702 Prüfen ] }

*Reihenfolgeregeln VR:={*

- VR01 Sequenz[V001;V002],
- VR02 Sequenz[V002;V003],
- VR03 Vereinigung [ODER;V003,V009;V004],
- VR04 Sequenz[V101;V102],
- VR05 Sequenz[V102;V103],
- VR06 Vereinigung [ODER;V103,V109;V104],
- VR07 Vereinigung [UND;V004,V104;V201],
- VR08 Sequenz[201;301] }

Abbildung 5-13: Arbeitsplanvariante 11772

*Arbeitsplanvariante **11773***

- P001 Motorgröße:=125cc
- P002 Kolbentyp:=D40

*Materialklassen **M-11773**:={*

- Menge(Kuppelblech,Schwungrad):=1
- Bearbeitungsmaterial(Kuppelblech):=SC125ccCP
- Bearbeitungsmaterial(Schwungrad):=SC125ccFW

*Arbeitsschritte **V-11773[M; F-11773]**:= {*

- V001 Kuppelblech bohren[ • M001 Kuppelblech; • F322 Bohren[125cc]],
- V002 Kuppelblech feilen[ • F327 Feilen[125cc]],
- V003 Kuppelblech fräsen[ • F323 Fräsen[125cc,D40]],
- V009 Kuppelblech bearbeiten[ • M001 Kuppelblech; • F322 Bohren[125cc],
  - F327 Feilen[125cc],
  - F323 Fräsen[125cc,D40]],
- V004 Kuppelblech prüfen[ • F703 Testen[125cc,D40]],
- V101 Schwungrad bohren[ • M201 Schwungrad; • F322 Bohren[125cc]],
- V102 Schwungrad feilen[ • F327 Feilen[125cc]],
- V103 Schwungrad fräsen[ • F323 Fräsen[125cc,D40]],
- V109 Schwungrad bearbeiten[ • M201 Schwungrad; • F322 Bohren[125cc],
  - F327 Feilen[125cc],
  - F323 Fräsen[125cc,D40]],
- V104 Schwungrad prüfen[ • F703 Testen[125cc,D40]],
- V201 Kolben montieren[ • F431 Schrauben ],
- V301 Endkontrolle durchführen[ • F702 Prüfen ] }

*Reihenfolgeregeln **VR**:={*

- VR01 Sequenz[V001;V002],
- VR02 Sequenz[V002;V003],
- VR03 Vereinigung [ODER;V003,V009;V004],
- VR04 Sequenz[V101;V102],
- VR05 Sequenz[V102;V103],
- VR06 Vereinigung [ODER;V103,V109;V104],
- VR07 Vereinigung [UND;V004,V104;V201],
- VR08 Sequenz[201;301] }

Abbildung 5-14: Arbeitsplanvariante 11773

Obwohl das Modul Produktionssteuerung nicht durch Services, sondern durch Agenten implementiert ist, orientiert es sich am Grundkonzept der prozessnahen Gestaltungsentscheidung. Deshalb wird in der folgenden Beschreibung nicht im Detail auf die

Kommunikationsbeziehungen zwischen den Agenten eingegangen, sondern auf deren Auswirkungen auf die Stammdaten.

Sobald das Agentensystem die Arbeitsplanvariante übernommen hat, werden Agenten angelegt, welche für einen oder mehrere der einzelnen Ausführungsschritte verantwortlich sind. Mit dem Anlegen der Arbeitsschritte (und damit der Auftragsagenten) wird ebenfalls die Ressourcenauswahl angestoßen. Diese erfolgt in dem Prototyp nicht durch einen einheitlichen Service, sondern durch das Zusammenspiel von Auftragsagenten und Ressourcenagenten[32]. Diese haben das gleiche Ziel wie der Service Ressourcenauswahlmanagement: im ersten Schritt fähige und im zweiten Schritt geeignete Ressourcen für die Ausführungsschritte zu finden. Als Ergebnis existiert eine mögliche Zuordnung zwischen den Ausführungsschritten und geeigneten Ressourcen. Für die oben genannten Beispiele der Kolbenbestellung bedeutet das, dass allen zwölf Ausführungsschritten eine oder mehrere Ressourcen zugeordnet sind. Da die alternativen Ausführungsschrittfolgen bei der Kolbenherstellung die gleichen Fähigkeiten verlangen, können beiden Folgen die gleichen Ressourcen zugeordnet werden. Dies muss jedoch nicht so sein.

Die Freigabe der Ausführungsschritte beginnt mit denjenigen, welche keinen Vorgänger haben. Diese Menge umfasst bei beiden oben genannten Beispielen die Ausführungsschritte V001, V009, V101 und V109. Da es sich bei diesen Schritten um die ersten Schritte handelt, die in einer ODER-Vereinigung münden, muss im Moment der Freigabe entschieden werden, welcher der beiden Wege ausgeführt werden soll. Diese Entscheidung wurde im Prototyp manuell getroffen. Nach der Freigabe der ersten, werden nach und nach die folgenden Ausführungsschritte freigegeben. Jeder Ausführungsschritt wird mit Fertigstellung zurückgemeldet, sodass sein Status geändert und die Ist-Zuordnungen (Ressource, Material, Zeit) zurückgemeldet werden. Die Status aller Ausführungsschritte können über die Serviceschnittstelle des Agentensystems abgefragt werden. Ein möglicher final rückgemeldeter Arbeitsplan zu der Arbeitsplanvariante 11772 könnte, wie in Tabelle 5-2 dargestellt, aussehen.

---

[32] Jeder Ressource, egal ob Maschine oder manueller Arbeitsplatz, ist ein Agent zugeordnet, der dafür verantwortlich ist, die Fähigkeiten und Zuordnungen zu verwalten und zu verhandeln.

Tabelle 5-2: Rückgemeldete Arbeitsschritte des Arbeitsplans 11772

| Arbeitsschritt | Material | Stück | Ressource | Minuten |
|---|---|---|---|---|
| V001 | SC50ccCP | 2 | R002 | 2,6 |
| V002 | | | R004 | 2,8 |
| V003 | | | R004 | 1,0 |
| V004 | | | R501 | 1,5 |
| V109 | SC50ccFW | 2 | R102 | 5,6 |
| V104 | | | R501 | 1,0 |
| V201 | | | R203 | 0,5 |
| V301 | | | R503 | 0,5 |

Um dem Kunden zu ermöglichen, den Fortschritt seiner Aufträge zu verfolgen, ruft die Benutzerschnittstelle bei Bedarf den Service Auftragsvariantenmanagement auf und nutzt die Serviceschnittstelle, um genauere Informationen über die Ausführungsschritte zu erhalten. Dabei werden beim Service Auftragsvariantenmanagement folgende Operationen angesprochen:

- leseArbeitsplanvariante(x)
  WO x==Arbeitsplanvariante-
  ID(leseArbeitsplanvarianteKundenauftragZuord-nung(4711-*)).

Als Ergebnis werden alle Informationen der Arbeitsplanvarianten 11772 und 11773 gesendet. Wenn der Status dieser Arbeitsplanvariante zeigt, dass diese bereits an das Agentensystem weitergegeben wurde und somit bereits Ausführungsschritte existieren, erfragt die Benutzerschnittstelle weiterhin durch die Serviceschnittstelle des Agentensystems die Status der einzelnen Ausführungsschritte unter Angabe der zugehörigen Arbeitsplanvarianten mit den Operationen:

- leseAusführungsschritt(11772) und
- leseAusführungsschritt(11773).

Auf Basis der dadurch gewonnenen Informationen, ist der Kunde in der Lage seine Aufträge zu verfolgen und bestimmte Änderungen vorzunehmen. Abbildung 5-15 zeigt, wie die Benutzerschnittstelle des Prototyps für die Auftragsverfolgung realisiert wurde.

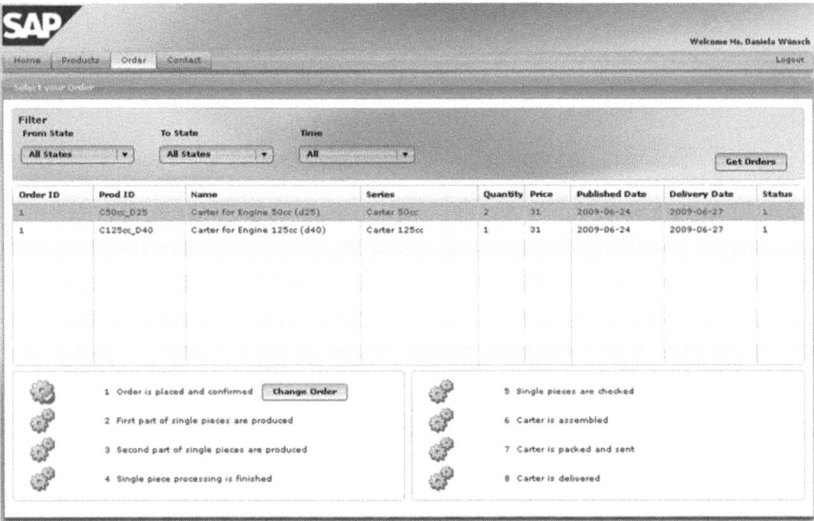

Abbildung 5-15: Benutzerschnittstelle zur Auftragsverfolgung und -änderung

Die Produkteigenschaften sind durch die Motorgröße und den Kolbentyp bestimmt. Da die Motorgröße die Bearbeitungsmaterialien des Kuppelbleches und des Schwungrades, welche bereits in den jeweils ersten Ausführungsschritten verwendet werden, festlegt, kann diese nur bis zur Freigabe des ersten Ausführungsschrittes geändert werden. Der Kolbentyp dagegen hat keinen Einfluss auf die Materialauswahl, sondern auf die Konfiguration des dritten Arbeitsschrittes der beiden parallelen Pfade (V003 bzw. V103). Bis zur Freigabe dieser Arbeitsschritte wäre somit eine Änderung des Kolbentyps möglich. Dabei ist zu beachten, dass nur ein Wechsel zwischen den Kolbentypen D25 und D32 bzw. D40 und D45 möglich ist, da der Kolbentyp von der Motorgröße abhängt (vgl. Materialregel MR01). Weiterhin ist der Prototyp in der Lage, eine Änderung der Menge und eine Stornierung bis zur Freigabe des ersten Ausführungsschrittes zu verarbeiten. Um diese Änderungen durchzuführen, wird der im Modul Produktionsvariantenplanung ebenfalls implementierte Service Änderungsmanagement durch die Benutzerschnittstelle aufgerufen. Wünscht der Kunde beispielsweise eine

Änderung seiner ersten Auftragsposition von Kolbentyp D25 zu Kolbentyp D32, so werden durch den Service Änderungsmanagement folgende Operationen ausgeführt:

- erstelleAuftragsänderung(13, 11772, P002, D25, D32),
- prüfeAuftragsstatus(11772) und
- verarbeiteAuftragsänderung(13)[33].

Die Operation verarbeiteAuftragsänderung() wird nur ausgeführt, wenn der zuvor ermittelte Status die Änderung erlaubt. Sie ist dafür verantwortlich weitere Schritte anzustoßen und dabei andere Services aufzurufen. Als erstes muss die durch den Service Fähigkeitsvariantenmanagement erfolgte Fähigkeitszuordnung geändert werden:

- aktualisiereFähigkeitenArbeitsplanvarianteZuordnung(4711-1, P002, D25, D32).

Weiterhin müssen die betroffenen Ausführungsschritte aktualisiert werden, um für diese ebenfalls die Ressourcenauswahl neu anzustoßen. Dazu ruft der Service Änderungsmanagement folgende Operationen der Serviceschnittstelle des Agentensystems auf:

- aktualisiereAusführungsschritt(11772,V003, P002, D25, D32),
- aktualisiereAusführungsschritt(11772,V004, P002, D25, D32),
- aktualisiereAusführungsschritt(11772,V009, P002, D25, D32),
- aktualisiereAusführungsschritt(11772,V103, P002, D25, D32),
- aktualisiereAusführungsschritt(11772,V104, P002, D25, D32) und
- aktualisiereAusführungsschritt(11772,V109, P002, D25, D32).

Jedes dieser Ausführungsschritte stößt bei Aktualisierung den Prozess der Ressourcenauswahl erneut an. Wäre diese durch den Service Ressourcenauswahlmanagement implementiert, würde dieser bei einer bereits existierenden Zuordnung lediglich prüfen, ob die zugeordnete Ressource beibehalten werden kann. Nur wenn dem nicht so ist, wird der Prozess von vorn angestoßen. Das Agentensystem verfährt diesbezüglich ähnlich und ermittelt zuerst in einer direkten Verhandlung zwischen dem Auftragsagen-

---

[33] Die Operation gestalteArbeitsplanvarianteKundenauftragZuordnung() muss nicht aufgerufen werden, da die Services Auftragsvereinigungs-, -existenz- und -zeitmanagement, welche die Zuordnung unter Umständen ändern, nicht implementiert wurden.

ten und dem Ressourcenagenten, ob die Ressource die neue Fähigkeit ebenfalls anbietet. Falls dem nicht so ist, muss die neue Ressourcenzuweisung unter Einbeziehung weiterer Ressourcenagenten neu verhandelt werden.

Wie die dadurch beschriebene Änderung einer Produkteigenschaft und Operationsanweisung erfolgen die anderen Änderungen ebenfalls in Anlehnung an die im Abschnitt 5.1.1 beschriebenen Schritte und sollen hier nicht wiederholend diskutiert werden. Insgesamt konnten mit dem Prototyp vier der sechs Änderungsmöglichkeiten validiert werden:

- die Änderung einer Produkteigenschaft,
- die Änderung einer Operationsanweisung,
- die Erhöhung bzw. Senkung der Menge und
- die Stornierung eines Auftrags.

Lediglich die Verschiebung des Liefertermins und die Platzierung eines zusätzlichen Auftrags konnten aus folgenden Gründen nicht prototypisch validiert werden. Da die Berechnung des möglichen Liefertermins nur auf vereinfachte Weise durchgeführt wurde, hätte auch eine Verschiebung desselbigen nicht durch die entsprechenden Auswirkungen beschrieben werden können. Auch für die Einplanung eines zusätzlichen Auftrags spielen die Liefertermine eine Rolle. Außerdem sind dabei die Auswirkungen der Services Auftragsvereinigungs-, -existenz- und -zeitmanagement von Interesse. Da diese jedoch in dem Prototyp nicht realisiert wurden, hätten die diesbezüglichen Auswirkungen eines Eilauftrags nicht untersucht werden können. Wie im Konzept beschrieben, unterscheidet sich jedoch die Behandlung eines Eilauftrags konzeptionell nicht von der Behandlung normaler Aufträge, sodass das die reinen Abläufe bereits durch die Behandlung normaler Aufträge demonstriert werden konnten. Die Ressourcenflexibilität, Arbeitsplanflexibilität und Rückverfolgbarkeit, welche in der siebenten bis zehnten funktionalen Anforderung gefordert werden, wurden im Prototyp durch die Abbildung des Konzepts der prozessnahen Gestaltungsentscheidung integriert und konnten erfolgreich evaluiert werden.

Zusammenfassend konnten die grundlegenden Bestandteile des PPS II-Systems erfolgreich durch die prototypische Implementierung demonstriert und evaluiert werden. Durch die Nutzung eines realen Szenarios des Unternehmens MCM wurden weiterhin Aspekte des Konzeptes demonstriert, die durch das Pumpenbeispiel noch nicht aufgezeigt werden konnten. Die Stückliste des Kolbens enthielt voneinander abhängige Parameter, welche bereits bei der Konfiguration beachtet werden mussten. Diese Abhängigkeiten konnten erfolgreich durch die Materialregeln abgebildet werden. Dadurch konnte gezeigt werden, dass auch die Abbildung mehrstufiger Stücklisten durch das PPS II-System ohne Probleme möglich ist. Außerdem enthielt der Arbeitsplan des Kolbens alternative Arbeitsabläufe, welche entsprechend des Konzeptes bis zur Freigabe der Ausführungsschritte offengehalten werden konnten.

Der in diesem Abschnitt vorgestellte finale Prototyp wurde in mehreren Schritten entwickelt und hat dadurch die iterative Entwicklung des PPS II-Konzeptes unterstützt. Dabei hat er nicht nur geholfen die Machbarkeit zu demonstrieren, sondern ebenfalls Lücken aufzuzeigen.

Die Architektur und damit das Zusammenwirken der Services wurden durch die prototypischen Tests in zweierlei Hinsicht beeinflusst. Einerseits haben die Tests geholfen, die Verantwortlichkeiten der einzelnen Services zu definieren. Insbesondere die Trennung der Services Auftragsvariantenmanagement und Änderungsmanagement wurde auf Basis prototypischer Tests entschieden. Andererseits zeigte der finale Prototyp, dass durch die Implementierung der Produktionssteuerung als Agentensystem die Flexibilität des Systems zur Laufzeit zwar sehr gut unterstützt werden konnte, die Implementierung jedoch sehr stark gekapselt und verteilt ist und somit Änderungen der Architektur sehr schwer umzusetzen sind. Aus diesem Grund wurde für das finale Systemkonzept das Modul Produktionssteuerung ebenfalls durch Services beschrieben.

Den größten Einfluss hatten die prototypischen Implementierungen auf die Entwicklung des Grundkonzeptes der prozessnahen Gestaltungsentscheidung. So wurden in den ersten Tests nur die Ressourcen mit Hilfe der Fähigkeiten abstrahiert, ohne dabei eine einheitliche Taxonomie der Fähigkeiten zu besitzen. Dabei hat sich gezeigt, dass es ohne die Unterstützung eines Standards nicht möglich ist, allgemeingültige Fähigkeiten zu definieren, die nahezu alle Produktionsbereiche abdecken. Aus diesem Grund wurde die Fähigkeitsbeschreibung auf Basis der Standards DIN 8580 [DIN03a] und DIN EN ISO 9000 [DIN05] entwickelt. Weiterhin zeigten die Tests, dass die alleinige Abstraktion der Ressourcen nicht ausreicht, um die prozessnahe Gestaltungsentscheidung zu unterstützen, sondern dass dazu ebenfalls eine Abstraktion der Materialien und der zugewiesenen Ausführungszeiten notwendig ist. Dies wurde in späteren Iterationen realisiert.

Neben der Prototypentwicklung wurden die Entwicklungsiterationen auch durch Fokusgruppendiskussionen unterstützt. Eine Fokusgruppendiskussion ist eine qualitative Forschungsmethode, um ein bestimmtes Thema (das fokussierte Thema) in strukturierter oder moderierter Weise in einer Gruppe zu diskutieren (vgl. [SSR07, 8ff]). Diese Forschungsform setzt eine aktive Gesprächsbereitschaft aller Gruppenmitglieder voraus. Der Moderator hat dabei lediglich die Aufgabe, die Diskussion durch gelegentliche Eingriffe, insbesondere bei stockendem Gesprächsverlauf, zu steuern (vgl. [BoD06, 243]). Die Ergebnisse von Fokusgruppendiskussionen können in der frühen Forschungsphase zur Theoriebildung oder auch in späteren Phasen zur Hypothesenprüfung eingesetzt werden (vgl. [BoD06, 320]; [SSR07, 41]).

Die Fokusgruppe, welche ausgewählte Konzepte des PPS II-Systems diskutiert hat, bestand aus Vertretern der Unternehmen und Institute, welche den Partnerkreis von PABADIS'PROMISE bildeten (vgl. [PAB10]). Somit waren sowohl Repräsentanten der Produktionsforschung (z. B. Center für verteilte Systeme der Universität Magdeburg, Institut für Elektronik und Information der Politecnico di Milano) als auch Experten der Anwendung von Produktionssystemen (z. B. Forschungsinstitut von FIAT, MCM) vertreten. Dabei wurden in drei Beratungen, welche im halbjährlichen Abstand stattfanden, Teile der grundlegenden Konzepte des PPS II-Systems diskutiert. Relevantes Feedback gab es dabei beispielsweise in Bezug auf die Systemarchitektur. Insbesondere im Modul Produktionsvariantenplanung haben sich durch die Diskussionen weitere Splittungen der Services herauskristallisiert. So waren die Funktionalitäten des Auftragsvereinigungs-, -existenz- und -zeitmanagements zunächst im Service Auftragsvariantenplanung enthalten. Diese Einbettung hat jedoch die Flexibilität der Ausführung erheblich reduziert. Aus diesem Grund wurden die einzelnen Funktionalitäten im finalen Konzept in separate Services ausgelagert. Die Diskussionen mit den Vertretern aus Wissenschaft und Praxis und die prototypische Implementierung halfen ebenfalls dabei, die Relevanz des Problems und die Eignung der Lösung zu evaluieren.

## 5.2 Evaluierung der Qualität

Die Qualität der Architektur und des funktionalen Konzepts des PPS II-Systems soll von zwei Seiten untersucht werden. Einerseits soll der Prozess der Erstellung des Konzeptes (Abschnitt 5.2.1) bewertet werden und andererseits soll die Qualität des Konzeptes anhand der technischen Anforderungen evaluiert werden (Abschnitt 5.2.2).

### 5.2.1 Evaluierung des Design-Prozesses

Um den Prozess der Konzepterstellung und -evaluierung transparent zu machen, wurden die im Abschnitt 4.1 vorgestellten sieben Richtlinien von Hevner et al. (vgl. [HMPR04, 82ff]) bei der Gestaltung des PPS II-Systems zugrundegelegt. Anhand dieser Richtlinien soll deshalb die nachfolgende prozessorientierte Evaluierung vollzogen werden.

*Richtlinie 1:* Design als ein zielgerichtetes Artefakt

Die Forschung der Designwissenschaften ist darauf ausgerichtet, ein zielgerichtetes Artefakt zu entwickeln, welches ein bestimmtes Problem besser lösen kann als bisherige Artefakte. Dabei sind Artefakte keine allumfassenden Informationssysteme, die in der Praxis verwendet werden können, sondern vielmehr Innovationen, Ideen, Praktiken, technische Fähigkeiten oder generell Produkte, durch die die Analyse, der Entwurf, die Implementierung oder die Nutzung von Informationssystemen effektiver oder effizienter gestaltet wird (vgl. [HMPR04, 82ff]).

Die Gemeinschaft aus Fachkonzept und IT-Konzept des PPS II-Systems entspricht einem Artefakt im Sinne der Designwissenschaften. Ziel war es dabei nicht, ein vollständiges, lauffähiges System zu entwerfen und zu implementieren, sondern die grundlegenden Ideen zu erklären und prototypisch zu demonstrieren, mit denen ein solches System die geforderte Änderungsflexibilität besser adressieren kann als existierende Systeme. Das Ziel ist die Gewährleistung von Änderungsflexibilität in der kundenindividuellen Fertigung, welches durch die zehn in Abschnitt 2.2.1 definierten funktionalen Anforderungen detaillierter beschrieben wird.

Das Fachkonzept beschreibt das PPS II-System als ein System, welches sowohl die originären ERP-Funktionalitäten als auch die MES-Funktionalitäten abdeckt, während alle Module auf einer einheitlichen Datenbasis aufbauen. Die Funktionalität des PPS II-Systems wird durch das Paradigma der prozessnahen Gestaltungsentscheidung beschrieben, welches die Ausführungszeit, die zu verwendenden Materialien und einzusetzenden Ressourcen auf Basis von verschiedenartigen Abstraktionen erst unmittelbar vor bzw. bei Produktionsbeginn bestimmt.

Die technische Architektur des IT-Konzeptes entspricht einer serviceorientierten Architektur, deren Services physisch in Modulen platziert sind und örtlich, struktur-, implementierungs- und datenseitig voneinander unabhängig sind. Das Paradigma der prozessnahen Gestaltungsentscheidung wird durch das Zusammenwirken der darin enthaltenen Services umgesetzt. Die einzelnen Services und ihre Verantwortlichkeiten werden dabei nach dem schnittstellenorientierten Stil beschrieben.

Der Nachweis, dass dieses Artefakt die funktionalen Anforderungen erfüllt und damit einem zielgerichteten Artefakt entspricht, wurde im Abschnitt 5.1 theoretisch und praktisch erbracht.

***Richtlinie 2:*** Problemrelevanz

Das Ziel der Forschung der Designwissenschaften besteht darin, technische Lösungen für wichtige und relevante Probleme von Unternehmungen zu entwickeln. Ein Problem wird dabei formal als Unterschied zwischen dem Zielzustand und dem gegenwärtigen Zustand definiert. Die Relevanz selbst wird durch den Nutzen, den die Lösung stiftet, gemessen (vgl. [HMPR04, 84f]).

Das Problem, welches das Artefakt des PPS II-Systems adressiert, besteht darin, dass gegenwärtige Systeme nicht imstande sind, auf externe Kundenauftragsänderungen bzw. interne Ereignisse durch entsprechende Änderungen in der Planung und Steuerung von Fertigungsaufträgen zu reagieren, obwohl derartige Änderungen aufgrund der physischen Gegebenheiten (Materialverfügbarkeit, Ressourcenkapazität) noch machbar wären. Deshalb kommt es in der Praxis häufig dazu, dass solche Anpassungen spontan vorgenommen werden, sich dann jedoch nicht oder erst bei Rückmeldung des Fertigungsauftrages in dem für die Produktionsplanung und -steuerung verantwortlichen System widerspiegeln.

Verschiedene Studien oder Veröffentlichungen haben gezeigt, dass einerseits häufig Änderungen an einem ursprünglich platzierten Kundenauftrag oder an einem bestehenden Produktionsplan erforderlich sind und dass diese Änderungen andererseits oft nicht mehr durch die Produktionsplanungs- und -steuerungssysteme abgebildet werden können, da sie zu spät kommen (vgl. [DSA10]; [Fet04]; [GIZ08]). Diese Arbeit hat weiterhin durch eine grundständige Analyse führender ERP-Systeme und MES nachgewiesen, dass dies auf Unzulänglichkeiten der sich im Einsatz befindenden Systeme zurückzuführen ist (vgl. Kapitel 3). Somit konnte gezeigt werden, dass das in dieser Arbeit adressierte Problem für Unternehmen relevant ist und durch eine technische Lösung, die das PPS II-System bildet, behoben werden kann. Deren Nutzen in Bezug auf das zu lösende Problem wird durch die Evaluierung der Wirksamkeit deutlich (vgl. Abschnitt 5.1). Eine allgemeingültige Betrachtung des Nutzens wird im Abschnitt 5.3 durchgeführt.

***Richtlinie 3:***   Design-Evaluierung

Der Nutzen, die Qualität und die Wirksamkeit des Artefakts müssen durch adäquate wissenschaftliche Methoden evaluiert werden. Die Erstellung ist eine iterative und inkrementelle Aktivität, bei der die Evaluierungsphase essentielles Feedback für die Konstruktionsphase liefert. Ein Artefakt ist genau dann vollständig und effektiv, wenn es die Anforderungen und die Beschränkungen des zu lösenden Problems befriedigt (vgl. [HMPR04, 85ff]).

Das PPS II-Systems wird von drei Seiten evaluiert. Der Nutzen wird anhand der ökonomischen Anforderungen und einer Kosten- und Nutzenanalyse im Abschnitt 5.3 bewertet. Abschnitt 5.2.2 untersucht die Qualität der statischen und dynamischen Aspekte des PPS II-Systems durch die Bewertung ihrer Eignung die technischen Anforderungen zu erfüllen. Die Qualität des Prozesses der Artefakterstellung wird durch die Richtlinien der Designwissenschaften in diesem Abschnitt 5.2.1 evaluiert. Die Wirksamkeit als wichtigstes Kriterium der Bewertung wird durch eine theoretische Evaluierung anhand der funktionalen Anforderungen (vgl. Abschnitt 5.1.1) und durch eine praktische Evaluierung anhand eines implementierten Prototyps (vgl. Abschnitt 5.1.2) nachgewiesen.

Insbesondere die praktische Evaluierung der Wirksamkeit hat den konzeptionellen Prozess begleitet, so dass die dabei gewonnenen Erkenntnisse für den weiteren Erstellprozess genutzt werden konnten. Beispielsweise haben die anfänglichen Iterationen gezeigt, dass es sehr schwierig ist eine Taxonomie von Fähigkeiten aufzustellen, welche für viele verschiedene Produktionsumgebungen Gültigkeit hat. Erst durch das Hinzuziehen einer standardisierten Beschreibung von Fertigungsfahren, welche mit dem Standard DIN 8580 [DIN03a] gegeben ist, konnte dieses Problem gelöst werden. Durch die umfassende und den Erstellprozess begleitende Evaluierung, der sich das gesamte Kapitel 5 widmet, kann die Vollständigkeit und Effektivität des PPS II-Systems nachgewiesen werden.

***Richtlinie 4:*** Beitrag der Forschung

Die Designwissenschaften müssen einen klar definierbaren und nachweisbaren Beitrag zur Problemlösung und/oder den Forschungsmethoden der Disziplin liefern. Ersteres bedeutet, dass das aus der Forschung resultierende Artefakt die Lösung von bis dahin ungelösten Problemen ermöglicht und damit die Wissensbasis der Forschung erweitert bzw. vorhandenes Wissen auf neue und innovative Art und Weise anwendet. Der zweitgenannte Beitrag zu den Methoden der Forschung bezieht sich sowohl auf die Methoden zur Erstellung eines Artefakts als auch auf die Methoden zur Evaluierung eines Artefaktes. Der Beitrag der Forschung wird durch die beiden Kriterien Glaubwürdigkeit und Umsetzbarkeit gemessen (vgl. [HMPR04, 87]).

Dass das PPS II-System ein relevantes Problem adressiert, wurde bereits in Zusammenhang mit Richtlinie 2 nachgewiesen. Insbesondere die Analyse existierender Systeme hat gezeigt, dass das Problem durch bisherige Ansätze nicht gelöst werden konnte (vgl. Kapitel 3). In Bezug auf den Beitrag zur Forschung wurde bei der Erstellung der technischen Architektur des PPS II-Systems vorhandenes Wissen zu Vor- und Nachteilen führender Architekturparadigmen genutzt (vgl. Abschnitt 4.3.1), um eine Architektur aufzubauen, welche gut geeignet ist die geforderte Änderungsflexibilität zu adressieren. Das Paradigma der prozessnahen Gestaltungsentscheidung sowie deren Umsetzung in der technischen Architektur, die durch das Zusammenwirken der Services beschrieben wird, erweitern die Wissensbasis der Forschung, indem sie ein neuartiges Systemverhalten von Produktionsplanungs- und -steuerungssystemen beschreiben.

Um den Beitrag der Forschung des PPS II-Systems zu messen, ist ein Mittel notwendig, welches sowohl die Glaubwürdigkeit als auch die Umsetzbarkeit analysieren kann. Ein möglicher Ansatz solch einer Bewertung wurde von Gräning et al. mit TAVIAS (Tool for assessing and visualizing input artifacts' suitability) vorgeschlagen (vgl.

[GWLS10]). TAVIAS hat das Ziel die Wissensbasis zu bewerten, welche nach Hevner der Entwicklung von Artefakten zugrundeliegt (vgl. [Hev07, 89]). Dabei misst es einerseits die wissenschaftliche Fundierung der in der Wissensbasis enthaltenen Input-Artefakte (Scientific Grounding) und andererseits die Verbreitung dieser Input-Artefakte in der wissenschaftlichen Literatur und der praktischen Anwendung (Dissemination). Weiterhin bewertet es die Relevanz der Input-Artefakte für das resultierende Forschungsartefakt (Impact).

Für die Bewertung des Fachkonzepts und des IT-Konzepts des PPS II-Systems können diese Kriterien und zugehörige Faktoren nur zur Orientierung dienen, da einerseits die Relevanz keine Rolle spielt und andererseits anstatt der Verbreitung die potentielle Verbreitung analysiert werden muss. Trotzdem sind die einzelnen Faktoren, die die wissenschaftliche Fundierung begründen, gut geeignet, um die Glaubwürdigkeit des PPS II-Systems zu analysieren, während die Faktoren, die die Verbreitung beeinflussen, genutzt werden können, um dessen Umsetzbarkeit zu bewerten. Die durch TAVIAS vorgeschlagenen Kriterien sollen jedoch vor allem auch dazu dienen, die Input-Artefakte, welche Einfluss auf das resultierende Artefakt des PPS II-Systems haben, zu bewerten und damit die methodische Stringenz der Forschung zu messen. In diesem Zusammenhang werden die einzelnen Faktoren bei der Erläuterung der Richtlinie 5 vollständig aufgelistet.

Als erstes soll die Glaubwürdigkeit des PPS II-Systems anhand der folgenden drei Faktoren gemessen werden (vgl. [GWLS10]):

- Transparenz des Entwicklungsprozesses,
- wissenschaftliche Evaluierung des Artefakts und
- Methoden, die im Entwicklungsprozess eingesetzt wurden.

Die Gestaltung der Module der fachkonzeptionellen Architektur des PPS II-Systems wurde hauptsächlich durch die architekturseitigen Anforderungen, die an Produktionsplanungs- und -steuerungssysteme gestellt werden, beeinflusst (z. B. lokale Verfügbarkeit; Replizierbarkeit; netzübergreifende Kommunikation). Die Idee der Abstraktion und der parametrisierbaren Stammdaten bilden den Kern des Paradigmas der prozessnahen Gestaltungsentscheidung, welches der Beschreibung der Funktionalität zugrunde liegt. Die Basis für dessen Entwicklung wird durch die drei den Produktionsprozess bestimmenden Faktoren Ausführungszeit, Materialzuordnung und Ressourcenzuordnung einerseits und die drei Phasen des Produktionsprozesses Entwurf, Produktionsplanung und Produktionsausführung andererseits bestimmt. Resultat ist ein Konzept, welches die Faktoren und ihre Zuordnung zum Produktionsprozess von der Entwurfsphase bis zur Produktionsausführungsphase erst abstrakt und dann immer konkreter beschreibt. Dabei wurden verschiedene Mittel der Abstraktion gewählt. Weiterhin basiert die fachkonzeptionelle Beschreibung auf den funktionalen Anforderungen, die an das PPS II-System gestellt werden (vgl. Abschnitt 2.2.1), und auf den grundsätzlichen Aufgaben der Produktionsplanung und -steuerung.

Die technische Architektur des PPS II-Systems wird hauptsächlich durch das Paradigma der serviceorientierten Architekturen beeinflusst. Bei der Entwicklung der Architektur wurde erläutert, warum eine serviceorientierte Architektur als eines der relevanten Architekturparadigmen am besten geeignet ist, die notwendige Flexibilität, welche das PPS II-System unterstützen soll, anzubieten (vgl. Abschnitt 4.3.1). Außerdem wurden die verschiedenen Gestaltungsmöglichkeiten aufgezeigt, auf deren Basis die Entscheidung für die PPS II-spezifische Architektur (z. B. schnittstellenorientierter Typ; lose Kopplung hinsichtlich Ort, Daten, Struktur und Implementierung; Nutzung einer Service-Registry) getroffen wurde. Das Zusammenwirken der Services leitet sich aus der fachkonzeptionellen Beschreibung der prozessnahen Gestaltungsentscheidung ab.

Der Entwicklungsprozess des PPS II-Systems ist somit nachvollziehbar gestaltet. Die wissenschaftliche Evaluierung des PPS II-Systems in Bezug auf Wirksamkeit, Qualität und Nutzen wird ausführlich in diesem Kapitel 5 vorgenommen und kann somit ebenfalls als vollständig bewertet werden. Die Methode, die bei der Entwicklung des PPS II-Systems zum Einsatz kam, ist der iterative Entwicklungsprozess der Designwissenschaften, der in Zusammenhang mit Richtlinie 3 erläutert wurde.

Die Umsetzbarkeit des PPS II-Systems soll anhand der beiden Faktoren:

- potentielle Verwendung in der Forschung und
- potentieller Einsatz in der Praxis

bewertet werden (in Anlehnung an [GWLS10, 3]). Die forschungsseitige Verbreitung des PPS II-Systems ist grundsätzlich auf das Wissenschaftsgebiet, welches sich auf Informationssysteme in der Industrie bzw. im speziellen in Produktionsunternehmen konzentriert, begrenzt. Inwieweit es dort weitergehend diskutiert wird, hängt von der wissenschaftlichen Fundierung, welche in Zusammenhang mit der Glaubwürdigkeit diskutiert wurde, aber auch von der praktischen Umsetzbarkeit ab. Die praktische Umsetzbarkeit bzw. die Möglichkeit des Einsatzes in der Praxis wurde durch die im Abschnitt 5.1.2 vorgestellte prototypische Evaluierung gezeigt. Außerdem sind durch die positive Evaluierung der technischen Anforderungen im Abschnitt 5.2.2 die notwendigen Voraussetzungen für einen erfolgreichen Einsatz des PPS II-Systems in der Praxis erfüllt.

***Richtlinie 5:***   Stringenz der Forschung

Die Anwendung der Methode der Designwissenschaften erfordert die konsequente und stringente Anwendung relevanter wissenschaftlicher Methoden und Artefakte bei der Erstellung und der Evaluierung von Artefakten. Stringenz bedeutet, dass die vorhandene Wissensbasis der Forschungstheorien und der Forschungsmethoden effektiv genutzt werden soll. Die Betonung der Relevanz soll zum Ausdruck bringen, dass die Methoden nur begleitenden Charakter einnehmen und nicht derartig im Vordergrund stehen dürfen, dass das Hauptziel aus dem Blickpunkt rückt (vgl. [HMPR04, 87f]).

Die Wissensbasis, die bei der Erstellung und Evaluierung des PPS II-Systems verwendet wurde, besteht einerseits aus Forschungsmethoden und andererseits aus Forschungsartefakten. Forschungsartefakte können beispielsweise wissenschaftliche Theorien, Erfahrungen oder Fachkenntnisse, die den Stand der Technik in dem Anwendungsfeld definieren, sein (vgl. [Hev07, 89]). Die grundlegende Forschungsmethode, die bei der Abgrenzung der Umwelt, der Definition der Anforderungen und der Entwicklung und Evaluierung des Systemkonzeptes verwendet wurde, ist die Methode der Designwissenschaften. Bei der Definition der Anforderungen, kam im Rahmen dessen weiterhin die argumentativ-deduktive Analyse zum Einsatz, um aus den Theorien der Produktionsplanung und -steuerung und aus dem Ziel der Arbeit, die einzelnen Systemanforderungen logisch herzuleiten. Diese Anforderungen bildeten die Grundlage für die Analyse der relevanten Systeme zur Produktionsplanung und -steuerung, wobei die Methode der qualitativen Querschnittsanalyse verwendet wurde. Das Konzept des PPS II-Systems wurde anhand der Methode der Designwissenschaften auf Basis der Anforderungen, der Ergebnisse der Systemanalyse und weiterer Artefakten in Iterationen erstellt und evaluiert. Diese Prozesse wurden von Anfang an durch die Methode des Prototyping unterstützt.

Während die genannten Forschungsmethoden nachweisbar in einem wissenschaftlichen Prozess entstanden sind und sowohl qualitativ als auch quantitativ evaluiert wurden, ist eine derartige Aussage für die verwendeten Forschungsartefakte oft nicht möglich. Aus diesem Grund sollen die dem PPS II-System zugrundeliegenden Input-Artefakte[34] mit Hilfe der durch TAVIAS vorgegebenen Bewertungskriterien (vgl. [GWLS10]) untersucht werden. Dabei wird eine repräsentative Auswahl der Input-Artefakte geprüft, die sich folgendermaßen zusammensetzt. Neben den im Rahmen der Arbeit selbst erzeugten Zwischenartefakten (z. B. Systemanalyse, funktionale, technische und ökonomische Anforderungen) sind dabei folgende Input-Artefakte relevant. Bei der Entwicklung der statischen und dynamischen Struktur des Fachkonzepts spielen

- die architekturseitigen Anforderungen an PPS-Systeme (Input-Artefakt 1),
- die grundsätzlichen Aufgaben eines PPS-Systems (Input-Artefakt 2),
- die Einflussfaktoren auf den Produktionsprozess (Input-Artefakt 3),
- die Phasen der Produktionsplanung und -steuerung (Input-Artefakt 4),
- der Standard DIN 8580 Fertigungsverfahren (Input-Artefakt 5) und
- der Standard DIN EN ISO 9000 Qualitätsmanagementsysteme (Input-Artefakt 6)

eine Rolle. Die Entwicklung des IT-Konzepts des PPS II-Systems basiert auf dem Fachkonzept und folgenden Input-Artefakten:

- dem Paradigma der serviceorientierten Architektur (SOA) (Input-Artefakt 7),
- dem Paradigma der objektorientierten Architektur (OOA) (Input-Artefakt 8),
- dem Paradigma der agentenorientierten Architektur (AOA) (Input-Artefakt 9) und
- der Technologie der Webservices (Input-Artefakt 10).

Die Bewertung dieser zehn Input-Artefakte ist in Anlage 3 detailliert aufgelistet und erläutert. Dabei wurde festgestellt, dass die Input-Artefakte generell eine gute bis sehr gute wissenschaftliche Fundierung haben. Auch die Verbreitung der Input-Artefakte ist

---

[34] Um die Unterscheidung zwischen dem resultierenden Artefakt des PPS II-Systems und den verwendeten Artefakten zu gewährleisten, werden die resultierenden Artefakte im Folgenden als Output-Artefakte und die verwendeten Artefakte als Input-Artefakte bezeichnet.

grundsätzlich sehr hoch, was darauf schließen lässt, dass die Artefakte dem Stand der Wissenschaft und Technik entsprechen. Mit dieser Untersuchung der Forschungsmethoden und Forschungsartefakte konnte die Stringenz der Forschung hinsichtlich der verwendeten Wissensbasis nachgewiesen werden.

*Richtlinie 6:*   Design als Suchprozess

Design ist ein iterativer Prozess, bei dem effektive Lösungen für ein Problem gefunden werden sollen. Die in dem Prozess entstehenden Lösungen werden in jeder Iteration getestet, evaluiert und verfeinert, um schrittweise eine Wissensbasis aufzubauen. Ausgangspunkt der Lösungsfindung ist dabei ein stark vereinfachtes Problem bzw. ein Teilproblem, welches zunächst nicht realistisch genug sein kann, um eine signifikante Wirkung in der Praxis zu erzielen. Mit jeder Iteration soll die entstehende Lösung jedoch ein komplexeres Problem adressieren, sodass die praktische Relevanz steigt. Ziel der Suche ist es ein Artefakt zu generieren, welches für die spezifizierte Klasse der Probleme eine zufriedenstellende und bessere Lösung findet als bisherige Artefakte (vgl. [HMPR04, 88ff]).

Das PPS II-System wurden in mehreren Iterationen entwickelt. Jede Iteration beinhaltete dabei eine Konkretisierung des Fachkonzeptes und des IT-Konzeptes. Hinsichtlich der Architektur wurden in der ersten Iteration die groben Module definiert. Erst in späteren Iterationen wurden die Funktionalitäten und damit die Services nach und nach konkretisiert. Dabei hat sich bei einigen Iterationen auch ergeben, dass einzelne architekturbezogene Entscheidungen nicht sinnvoll waren, sodass sie geändert wurden. Beispielsweise sollte das Modul Produktionssteuerung zwischenzeitlich als unabhängiges Agentensystem implementiert werden, während die anderen beiden Module durch Services implementiert wurden. Prototypische Tests im Rahmen des Projektes PABADIS'PROMISE (vgl. [PAB08]) haben jedoch ergeben, dass dies hinsichtlich der Flexibilität nicht die erwünschten Vorteile gebracht hat (vgl. Abschnitt 5.1.2). Diese Iteration war auch insofern nützlich, da sie gezeigt hat, dass die Module des PPS II-Systems unabhängig voneinander implementiert werden können und dass die verschiedenartig implementierten Module trotzdem eine einheitliche Datenbasis nutzen können, auf die beide über das Modul Datenmanagement zugreifen können.

Auch die auf dem Paradigma der prozessnahen Gestaltungsentscheidung basierende Funktionalität wurde in mehreren Iterationen entwickelt. Zunächst wurde lediglich die Abstraktion der Ressourcen in Form von Fähigkeiten angestrebt. Die Ressourcenabstraktion wurde nach und nach verbessert. Als finales Ergebnis basiert sie jetzt auf der in Anlage 2 definierten Taxonomie der Fähigkeiten, deren zugrundeliegenden Standards die Skalierbarkeit des Konzeptes entscheidend verbessert haben. Die Notwendigkeit Standards hinzuzuziehen wurde in den einzelnen Iterationen deutlich, bei denen es vor der Berücksichtigung der Standards nicht gelang eine allgemeingültige Taxonomie für die Fähigkeiten zu entwickeln. In späteren Iterationen wurde weiterhin die Abstraktion der Ausführungszeit und der Materialien in das Konzept aufgenommen, da diese Faktoren den Ausführungsprozess ebenso wie die eingesetzten Ressourcen beeinflussen. Die technische Interaktion der Services wurde in der ersten Iteration nur auf Basis des normalen Ablaufes bei der Produktionsplanung und -steuerung beschrieben. Erst in späteren Iterationen wurden die verschiedenen Änderungsmöglichkeiten, die durch die funktionalen Anforderungen definiert sind, ebenfalls im IT-Konzept umgesetzt. Als erstes wurde dabei die Änderung einer Produkteigenschaft und einer Operationsanweisung im IT-Konzept integriert und prototypisch getestet. Später wurden nach und nach auch die anderen Änderungen durch das Konzept adressiert. Als Ergebnis der einzelnen Iterationen wurden dabei Services gesplittet, verschiedene Services zu einem zusammengefasst, neue Services definiert oder Aufgaben von Services angepasst.

Die Iterationen wurden generell durch Fokusgruppendiskussionen unterstützt. Diese Gruppe entsprach einem Kreis aus Wissenschaft und Praxis, bei denen es sich hauptsächlich um Partner des Projekts PABADIS'PROMISE handelte, welche die einzelnen Konzepte in jeder Iteration diskutiert und theoretisch evaluiert haben (vgl. auch Abschnitt 5.1.2). Die späteren Iterationen wurden ebenfalls durch prototypische Implementierungen unterstützt, welche insbesondere im Hinblick auf die praktische Umsetzbarkeit und Skalierbarkeit nützliche Hinweise für den Entwurfsprozess lieferten. Der Entwurfsprozess des PPS II-Systems entsprach somit nachweisbar einem Suchprozess in mehreren Iterationen. Dass die finale Lösung des PPS II-Systems eine bessere Lösung bietet als bisherige Systeme wurde bereits in Zusammenhang mit Richtlinie 1 evaluiert.

*Richtlinie 7:* Kommunikation von Forschungsergebnissen

Ergebnisse der Forschung der Designwissenschaften müssen dem technologieorientierten als auch dem managementorientierten Publikum vorgestellt werden. Dem technologieorientierten Publikum müssen ausreichend Details vermittelt werden, um ihm die Konstruktion des Artefakts zu ermöglichen. Außerdem soll die Wissensbasis der Forschungsdisziplin derartig erweitert werden, dass sie Ausgangspunkt für weitere Forschungen und Evaluierungen sein kann. Das managementorientierte Publikum benötigt ausreichend Details, um einschätzen zu können, dass sich eine Investition in die Lösung lohnt. Deshalb müssen bei der die Manager adressierenden Kommunikation die Wichtigkeit des Problems sowie der Neuheitsgrad und die Effektivität der Lösung im Vordergrund stehen (vgl. [HMPR04, 90]).

Die Kommunikation der Forschungsergebnisse des PPS II-Systems befindet sich noch am Anfang. Einzelne Aspekte des Systems wie beispielsweise die Abstraktion der Ressourcen durch Fähigkeiten und die Gestaltung eines einheitlichen Produktionsplanungs- und -steuerungssystems, welches auf einer Datenbasis basiert, wurden bereits publiziert (vgl. [WLH10]; [WüB07]). Diese Publikationen richteten sich hauptsächlich an das technologieorientierte Publikum. Potentiellen Anwendern des PPS II-Systems, die über die Teilnehmer der Fokusgruppendiskussionen hinausgehen, wurde das PPS II-Systems bislang noch nicht vorgestellt. Die Gegenüberstellung der Kosten und des Nutzens im Abschnitt 5.3 soll jedoch dazu dienen, entsprechende Gespräche zu führen. Einige grundsätzliche Ideen des PPS II-Systems wurden allerdings auch mit potentiellen Anwendern bei Tagungen und Messen diskutiert.

Die Kommunikation, die bislang getätigt wurde, reicht nicht aus, um dem technologieorientierten oder managementorientierten Publikum einen vollständigen Überblick über das PPS II-System zu vermitteln. Mit dieser Arbeit und darauf basierenden weiteren Veröffentlichungen, Vorträgen und Diskussionen wird das interessierte Publikum jedoch mit allen Details versorgt werden.

### 5.2.2 Evaluierung auf Basis der technischen Anforderungen

Anhand der im Abschnitt 2.2.2 definierten technischen Anforderungen werden im Folgenden die technischen Aspekte des PPS II-Systems evaluiert. Die Bewertung basiert dabei auf den einzelnen Kriterien der drei Anforderungen Funktionalität, Anpassungsfähigkeit und Portierbarkeit (vgl. auch Tabelle 2-3 im Abschnitt 2.2.2).

*1. Anforderung:* Erfüllung der geforderten Funktionalität

Dass das PPS II-System die gestellten Aufgaben grundsätzlich erfüllen kann, wurde durch die im Abschnitt 5.1.1 anhand der funktionalen Anforderungen durchgeführte Evaluierung gezeigt. Neben der damit bestätigten Angemessenheit kann auch die Genauigkeit der Funktionalität nachgewiesen werden, da sowohl der Sachverhalt (z. B. Änderung einer Produkteigenschaft) als auch das Zeitfenster (z. B. bis zu Beginn des Arbeitsschrittes, der von der Änderung betroffen ist) aller Anforderungen exakt adressiert wurde.

Die Interoperabilität der Funktionalität kann durch die technische Kommunikationsarchitektur des PPS II-Systems gewährleistet werden. Das PPS II-System nutzt die standardisierten Protokolle WSDL und SOAP zur Kommunikation der Services untereinander als auch zur systemexternen Kommunikation. Somit ist die Interaktion mit anderen Systemen sehr gut möglich. Das letzte Bewertungskriterium der Funktionalität ist die Konformität der Funktionalität zu Standards, Gesetzen und anderen allgemein gültigen Regeln. Neben der Kommunikationsarchitektur basiert ebenfalls der Kern der Ressourcenabstraktion als wesentlicher Faktor der prozessnahen Gestaltungsentscheidung auf Standards. Die Fähigkeiten, welche die einzusetzenden Ressourcen im PPS II-System auf abstrakte Weise beschreiben, entsprechen den allgemeingültig definierten Fertigungsverfahren des DIN 8580-Standards [DIN03a] bzw. den Qualitätsuntersuchungsverfahren nach DIN EN ISO 9000 [DIN05]. Die erste Anforderung kann somit ohne Einschränkung durch das PPS II-System erfüllt werden.

*2. Anforderung:* Gute Anpassungsfähigkeit des Systems

Damit ein System anpassungsfähig ist, sollte es als erstes möglich sein, Fehler im Systemverhalten zu erkennen, um entsprechend reagieren zu können. Die Fehleranalyse ist jedoch nicht allein vom Systemkonzept, sondern insbesondere von der tatsächlichen Implementierung abhängig. In der im Abschnitt 5.1.2 beschriebenen prototypischen Implementierung wurden beispielsweise immer dann Meldungen ausgegeben, wenn ein bestimmter Service nicht gefunden werden konnte oder ein Service die erhaltenen Eingabeparameter nicht verarbeiten konnte. Auf Basis dessen war eine entsprechende

Fehlerbehandlung möglich. Die Analysierbarkeit von Fehlern kann somit durch das PPS II-System unterstützt werden. Die entsprechenden Voraussetzungen muss jedoch die Implementierung legen.

Der Beweis der Änderbarkeit kann bereits auf konzeptioneller Ebene erbracht werden. Da die Services des PPS II-Systems hinsichtlich ihrer Struktur und der Daten unabhängig voneinander sind, ihre jeweilige Funktionalität kapseln und nur über eine webbasierte Schnittstelle anbieten, ist der Aufwand für Änderungen gering. Ändert man die Funktionalität, die Struktur oder die Datenbeschreibung eines Services, hat dies keine Auswirkungen auf das restliche System. Wenn auch die Schnittstellenbeschreibung erhalten bleibt, müssen gar keine Anpassungen vorgenommen werden. Ändert sich die Schnittstellenbeschreibung, muss der in der Service-Registry beschriebene Servicevertrag entsprechend angepasst werden, damit die neue Version des Services ab sofort bei der Suche nach passenden Services berücksichtigt wird.

Die Änderbarkeit der funktionalen Abläufe kann teilweise sogar ohne implementierungsseitige Änderungen durch das Wesen des serviceorientierten PPS II-Systems gewährleistet werden. Die fünf Planungsservices des Moduls Produktionsvariantenplanung (Auftragsvereinigungsmanagement, Auftragsexistenzmanagement, Auftragszeitmanagement, Materialvariantenmanagement, Fähigkeitsvariantenmanagement) sind beispielsweise so konzipiert, dass sie in beliebiger Reihenfolge stattfinden können und immer einen konsistenten Zustand der Fertigungsaufträge bzw. Arbeitsplanvariante hinterlassen. Somit kann allein durch den Aufruf der Services die Funktionalität des PPS II-Systems bei Bedarf geändert werden.

Auf Basis der ersten beiden Bewertungskriterien kann auch die Stabilität des PPS II-Systems gewährleistet werden. Das Risiko für das Auftreten unerwarteter Ereignisse bei Modifikationen des Systems ist sehr gering, da die Services einerseits unabhängig voneinander implementiert sind (Änderbarkeit) und andererseits Fehler bei entsprechender Implementierung gut erkannt werden (Analysierbarkeit).

Die Testbarkeit der Funktionsweise des PPS II-Systems ist wiederum von der Implementierung abhängig. Der Prototyp, welcher im Rahmen des PABADIS'PROMISE-Projektes entwickelt wurde (vgl. Abschnitt 5.1.2), hat einerseits Schnittstellen zu realen Maschinen und andererseits zu einer Simulationsumgebung. Dadurch waren Tests von geändertem Systemverhalten sehr gut möglich. Weiterhin helfen natürlich ebenso die unter dem Kriterium Analysierbarkeit diskutierten Fehlermeldungen dabei die Funktionalität des Systems zu testen.

Auch hinsichtlich der Anpassungsfähigkeit soll die Konformität des PPS II-Systems zu Standards, Gesetzen und allgemeinen Regeln gewährleistet sein. Da das PPS II-System die oben genannten Kriterien durch eine entsprechende Implementierung erfüllen kann, erfüllt es die Anforderungen der Standardreihe SQuaRE [ISO05]. Die zweite Anforderung nach Anpassungsfähigkeit kann somit grundsätzlich durch das PPS II-System erfüllt werden, wobei einzelne Aspekte auch von der Implementierung abhängig sind.

*3. Anforderung:*   Gute Portierbarkeit des Systems

Die Portierbarkeit ist ebenso wie die Anpassungsfähigkeit nicht nur vom Systemkonzept, sondern teilweise auch von der tatsächlichen Implementierung abhängig. Die Anpassbarkeit des PPS II-Systems, also die Möglichkeit es an verschiedene Umgebungen anzupassen, kann von zwei Seiten betrachtet werden. Das Systemkonzept selbst ist ohne Probleme in den verschiedensten Umgebungen implementierbar, da die Services in grundverschiedenen Programmiersprachen implementiert sein können. Bei der Implementierung des Systems muss darauf geachtet werden, dass es fähig ist, auf unterschiedlichen Betriebssystemen zu laufen und mit verschiedenen Datenbanksystemen zusammenarbeiten kann. Die Services des im Abschnitt 5.1.2 beschriebenen Prototyps sind beispielsweise als Java-Klassen implementiert, die auf einem Apache Tomcat-Server laufen, wobei die Services über einen HTTP-Server publiziert werden. Dieser Anwendungsserver kann auf verschiedenen Betriebssystemen laufen. Als Datenbanksystem wurde die SAP MaxDB verwendet. Grundsätzlich wäre aber auch die Verwendung anderer Datenbanken möglich. Wie anpassbar eine spezifische Implementierung des PPS II-Systems ist, ist von ihr selbst abhängig, wobei die resultierenden Services selbst auf allen Webservern laufen können.

Da das PPS II-System zur Laufzeit einen beliebigen Webserver benötigt, ist auch die Installierbarkeit des Systems in einer spezifischen Umgebung ohne großen Aufwand möglich. Die Module bzw. unter Umständen auch die Services können auch in unterschiedlichen Umgebungen laufen, da die Kommunikation zwischen ihnen auf webbasierten Protokollen beruht. Die Möglichkeit des PPS II-Systems mit einem anderen

System in derselben Umgebung zu laufen, wurde prototypisch getestet. Eine Adobe Flex basierte Anwendung lief auf dem gleichen Webserver wie der Prototyp, wodurch keine negativen Auswirkungen sichtbar wurden. Bei ausreichend Systemressourcen sollte die Koexistenz mehrerer Anwendungen neben dem PPS II-System grundsätzlich kein Problem darstellen.

Der Aufwand, das PPS II-System als Ersatz für ein anderes Softwaresystem zu nutzen, ist aus Sicht des PPS II-Systems gering. Dieses System implementiert mit den zugrundeliegenden Webservice-Protokollen standardisierte Schnittstellen und kann so in eine existierende Welt gut eingebettet werden. Allerdings hängt die Austauschbarkeit nicht nur von dem neuen System, sondern ebenfalls von den alten Systemen ab. Wenn diese Systeme die proprietären Schnittstellen der Umgebungssysteme implementiert haben, müsste auch für das neue PPS II-System ein entsprechender Adapter eingesetzt werden. Da jedoch mindestens eine Seite des Adapters einem weit verbreiteten Standard entspricht, gibt es dafür in der Regel schon Anbieter. Das Potential des PPS II-Systems bestehende Systeme zu ersetzen, wird ebenfalls bei der Evaluierung des Nutzens diskutiert (vgl. Abschnitt 5.3).

Bei für die Portierbarkeit relevanten Standards und Konventionen ist ebenfalls die SQuaRE-Standardserie [ISO05] als führende Grundlage zu bewerten. Die Konformität zu diesem Standard kann somit durch die Erfüllung der zuvor genannten Bewertungskriterien gewährleistet werden. Da die die Portierbarkeit beeinflussenden Bewertungskriterien durch das PPS II-System und eine entsprechende Implementierung adressiert werden können, kann auch die dritte Anforderung als erfüllt bewertet werden.

## 5.3 Evaluierung des Nutzens

Der Nutzen des PPS II-Systems wird einerseits auf Basis der ökonomischen Anforderungen evaluiert (Abschnitt 5.3.1) und andererseits durch eine Kosten- und Nutzenanalyse bewertet (Abschnitt 5.3.2).

### 5.3.1 Evaluierung auf Basis der ökonomischen Anforderungen

Dieser Abschnitt erläutert, welche Auswirkungen die im PPS II-System gewährte Änderungsflexibilität auf die Leistungs- und Kostenkenngrößen, die als ökonomische Anforderungen definiert wurden (vgl. Abschnitt 2.2.3), hat.

*Leistungskenngrößen*

Fast alle durch das PPS II-System gewährten Änderungen (funktionale Anforderungen 1-3, 5, 6) bzw. Freiheitsgrade oder Nachverfolgbarkeiten (funktionale Anforderungen 7-10) haben keine Auswirkungen auf die Leistungskenngrößen Lieferzeit, Liefertreue, Durchlaufzeit oder Termintreue. Einzig die Änderung des Liefertermins (4. funktionale Anforderung) kann die Kenngröße Lieferzeit beeinflussen. Wenn der gewünschte Liefertermin sich nach hinten verschiebt, verlängert sich die Lieferzeit. Verschiebt sich der Liefertermin nach von, führt dies zu einer Verkürzung der Lieferzeit. Dies ist hier jedoch nicht als negativer oder positiver Effekt zu interpretieren, sondern als vom Kunden gewünschte Änderung. Dies erkennt man auch daran, dass sich hinsichtlich der Kenngrößen Durchlaufzeit, Termintreue oder Liefertreue keine Änderungen ergeben. Das bedeutet, dass die Produktionsdurchführung selbst nicht mehr Zeit in Anspruch nimmt.

Im Falle des Ausfalls einer Maschine, welcher ohne das PPS II-System möglicherweise zu wartenden Aufträgen führen würde, kann das PPS II-System die Kenngrößen Termintreue und Liefertreue sogar verbessern. Da die Aufträge erst unmittelbar vor Ausführung auf der entsprechenden Maschine geplant werden, wird ein eventueller Ausfall sofort in der Planung und Ausführung berücksichtigt, sodass die Aufträge sich nicht verzögern.

*Kostenkenngrößen*

Die Kostengrößen müssen differenzierter betrachtet werden. Wenn sich aufgrund der durch das PPS II-System gewährten Änderungen Materialzuordnungen ändern, wegfallen oder hinzukommen, bedeutet dies, dass die entsprechenden Materialien möglicherweise sehr kurzfristig physisch verfügbar sein müssen. So könnten als Reaktion auf die ersten beiden funktionalen Anforderungen alle Auswirkungen möglich sein. Materialzuordnungen könnten sich ändern, wegfallen oder hinzukommen. Bei der Erhöhung der Menge (3. funktionale Anforderung) sind in der Regel zusätzliche Materialzuordnungen erforderlich, während bei der Senkung der Menge Materialzuordnungen wegfallen. Die Änderung des Liefertermins (4. funktionale Anforderung) hat keine existenziellen Auswirkungen auf die Materialzuordnungen. Es könnte jedoch sein, dass sie aufgrund dieser Änderung eher oder später zur Verfügung stehen müssen. Ein zusätzlicher Auftrag (5. funktionale Anforderung) führt ebenso wie die Erhöhung der Menge zu zusätzlichen Materialzuordnungen. Bei einer Stornierung eines Auftrages (6. funktionale Anforderung) fallen dagegen Materialzuordnungen weg. Die Gewährung der 7. bis 10. Anforderung hat keine Auswirkungen auf die Materialzuordnungen. Wenn in alternativen Arbeitsfolgen gleiche Materialien referenziert werden, werden diese dem Fertigungsauftrag nur einmal zugeordnet und müssen nicht doppelt vorgehalten werden. Dies geschieht dadurch, dass die Materialklassen der Arbeitsplanvariante zugeordnet werden, nicht jedoch dem einzelnen Arbeitsschritt.

Die kurzfristige physische Verfügbarkeit der Materialien kann entweder durch flexible Verträge mit den Lieferanten gewährleistet werden oder durch das Vorhalten von Beständen. Wird der zweite Weg gewählt, hätte dies eine Erhöhung der Bestandskosten zur Folge. Welcher Weg tatsächlich gewählt wird, wird hier nicht näher betrachtet, da die Größe der Lagerbestände als auch die Gestaltung der Lieferantenbeziehungen Teil der strategischen Logistikkomponente sind und deshalb zu den notwendigen Voraussetzungen dieser Arbeit gehören (vgl. Abschnitt 2.1.2). Hinsichtlich der Bestandskosten, wirkt sich die durch das PPS II-System gewährte Änderungsflexibilität somit entweder negativ oder neutral aus, wenn man es im Vergleich zum Nichtgewähren der Flexibilität betrachtet. Stellt man es jedoch der diese Arbeit motivierenden Situation gegenüber, dass das für PPS verantwortliche System nicht im Stande ist, die geforderte Änderungsflexibilität zu gewährleisten und die Änderungen dann ohne Systemunterstützung durchgeführt werden, ist auch ein positiver Einfluss erkennbar. Durch die späten Zuordnungen können mögliche Verschiebungen von Materialien zwischen verschieden Aufträgen ohne Probleme erkannt und genutzt werden. Gibt ein Auftrag Materialien frei, so können diese für bereits angelegte Aufträge oder bei einer weiteren Änderung eines anderen Auftrags sofort genutzt werden.

Die Prozesse des PPS II-Systems helfen ebenfalls dabei, die Auslastung der Ressourcen positiv zu beeinflussen. Durch die späte Zuweisung der Aufträge zu den endgültigen Ressourcen sind Änderungen der Auftragszuteilung zu Ressourcen im Falle von Auftragsänderungen größtenteils gar nicht erst nötig. Wirkt sich eine Änderung einer Arbeitsplanvariante auf die sie referenzierenden Fähigkeiten aus, so werden diese angepasst und gehen ab diesem Zeitpunkt mit der neuen Fähigkeitsbeschreibung in die Auftragszeitplanung (Service Auftragszeitmanagement) ein. Dadurch, dass der Service

Auftragszeitmanagement regelmäßig ausgeführt wird, wird die Gesamtsicht auf die nachgefragten Fähigkeiten schnell aktualisiert und den durch die Ressourcen angebotenen Fähigkeiten gegenübergestellt. Auf Basis der resultierenden Anfangs- und Endzeiten werden kurz vor der Ausführung produktionsvorbereitende Tätigkeiten angestoßen, indem die Ausführungsschritte angelegt werden. Erst mit dem Anlegen der Ausführungsschritte werden bestimmte Ressourcen für die Ausführungsschritte vorgesehen, sodass die Ressourcen optimal ausgelastet werden. Selbst wenn nach dieser Zuweisung noch Änderungen auftreten, wird dies bei der Ressourcenbelastung berücksichtigt, da alle Zuordnungen mit Freigabe der Ausführungsschritte noch einmal geprüft werden. Das PPS II-System kann somit eine bessere Auslastung der Ressourcen erreichen als bisherige Systeme, da diese bei einer Stornierung eines Auftrags, die entsprechend freigewordenen Ressourcen nicht neu kalkulieren (vgl. Abschnitt 3.1.3).

Da die durch das PPS II-System gewährte Änderungsflexibilität keine Auswirkungen auf die Termintreue oder Liefertreue hat, beeinflusst es auch die Verzugskosten nicht, da diese nur anfallen würden, wenn Termine nicht eingehalten werden können. Im Fall von unvorhergesehenen Ereignissen kann es die Verzugskosten sogar senken. Außer in Bezug auf die Bestandskosten, welche differenziert betrachtet werden müssen, wäre das PPS II-System somit in der Lage die ökonomischen Anforderungen zu erfüllen oder sogar positiv zu beeinflussen.

### 5.3.2    Gegenüberstellung von Nutzen und Kosten des PPS II-Systems

Dieser Abschnitt stellt die Nutzenpotenziale und die Kostenfaktoren gegenüber, mit denen ein Unternehmen rechnen muss, wenn es das PPS II-System als neues Produktionsplanungs- und -steuerungssystem einführt. Da es sich bei dem PPS II-System um ein Konzept und keine vollständige Implementierung handelt, werden bei einigen Nutzen- und Kostenfaktoren, nicht nur die Auswirkungen beschrieben, sondern ebenfalls Hinweise für die Implementierung gegeben.

*Nutzen*

Herkömmliche Ansätze der Betriebswirtschaftslehre bestimmen den Nutzen einer Investition durch Wirtschaftlichkeitsrechnungen, welche die Kosten auf eine bestimmte Art und Weise in eine Beziehung zum erzielten bzw. erwarteten Nutzenertrag setzen. Bei IT-Investitionen, zu denen auch die Investition in das PPS II-System zählt, ist dieses

Verfahren nicht ohne weiteres nutzbar, da sich nur ein kleiner Teil des Nutzens durch monetär messbare Kriterien bestimmen lässt. Wie Murphy und Simon in einer umfassenden Analyse der IS-Forschung bestätigt haben, bilden den wesentlichen Teil des Nutzenpotentials schwer erfassbare qualitative Nutzenwirkungen [MuS02]. Deshalb haben sich eine Reihe anderer Modelle zur Nutzenbestimmung von IT-Investitionen herausgebildet, welche im wesentlichen auf der Annahme beruhen, dass Nutzen durch ein IT-System nur dann entsteht, wenn es die Unternehmensziele positiv beeinflusst (vgl. [MKG04]). Auch die Volkswirtschaftslehre bestimmt den Nutzen nicht durch die monetäre Bewertung bestimmter Kriterien, sondern durch die Aussage, dass ein Güterbündel einen höheren Nutzen stiftet als ein anderes (vgl. z. B. [Alt03, 18]). In Anlehnung dessen, wie Martin et al. den Nutzen eines ERP-Systems aus diesen Theorien abgeleitet haben (vgl. [MMG02, 110) soll der Nutzen des PPS II-Systems folgendermaßen bestimmt werden:

„Das PPS II-System führt dann zu Nutzensteigerungen für ein Unternehmen, wenn es im Vergleich zu der Kombination aus produktionsplanungsrelevanten Teilen eines ERP-Systems und einem MES wie sie in Kapitel 3 untersucht wurden, einen höheren Beitrag zur Erreichung von übergeordneten Unternehmenszielen leistet."

Die grundsätzliche Ausrichtung des PPS II-Systems an den Unternehmenszielen wird bereits durch dessen Architekturgestaltung bestimmt. Als SOA orientiert es sich per Definition am betrieblichen Nutzen und sollte deshalb immer an den Unternehmenszielen ausgerichtet sein. Eine Architektur, welche nur technische Services enthält, kann nicht als SOA bezeichnet werden (vgl. auch [TiS07, 19]).

Um die konkreten Nutzenpotentiale im Hinblick auf die Unternehmensziele zu beschreiben, gibt es verschieden Ansätze und Einteilungen. So benennt Hares und Royle beispielsweise folgende vier Hauptnutzeneffekte von IT-Investitionen: interne Verbesserung der Performance, Kundenorientierung, Marktorientierung und Anpassungsfähigkeit [HaR94]. Shang und Seddon haben in einer Studie speziell den Nutzen von ERP-Systemen analysiert und 233 Unternehmen befragt. Dabei verwendeten sie ein umfassendes Rahmenwerk bestehend aus fünf Nutzendimensionen mit insgesamt 21 größtenteils schwer greifbaren Unterkategorien [ShS00]. Eine weitere Möglichkeit, den Nutzen von IT-Investitionen zu bewerten, bietet das Effizienzkonzept von Frese und von Werder, die die darin enthaltenen Effizienzkriterien explizit als Subziele aus den übergeordneten Unternehmenszielen wie Gewinnmaximierung und langfristiges Überleben abgeleitet haben (vgl. [Fre05, 302]). Da diese effizienzbezogene Kategorisierung durch den direkten Bezug zu der Gesamtheit der Unternehmensziele eine nahezu ganzheitliche Nutzenbetrachtung garantiert, soll sie der Nutzenbewertung des PPS II-Systems zugrundegelegt werden. Die fünf Effizienzkriterien werden in Tabelle 5-3 erläutert.

Tabelle 5-3: Effizienzkriterien zur Bewertung des Nutzens des PPS II-Systems (in Anlehnung an [Fre05, 302])

| Effizienzkriterium | Erläuterung |
|---|---|
| Prozesseffizienz | beurteilt die Geschäftsprozesse eines Unternehmens bezüglich der Kriterien Kosten, Qualität und Zeit |
| Markteffizienz | beurteilt die Position eines Unternehmens auf externen Absatz- und Beschaffungsmärkten und bewertet insbesondere die Kundenorientierung |
| Ressourceneffizienz | beurteilt die Nutzung bzw. Auslastung von Ressourcen in Form von Personen, Anlagen, Maschinen, Gebäuden und Kapital |
| Delegationseffizienz | beurteilt die Nutzung des Problemlösungspotentials hierarchisch übergeordneter Einheiten, die stark von dem Aufwand zur Informationsaufbereitung und -weitergabe durch untergeordneten hierarchischen Einheiten abhängt |
| Motivationseffizienz | beurteilt die Fähigkeit eines Unternehmens, die Diskrepanz zwischen Unternehmenszielen und Mitarbeiterzielen zu senken |

Für die Bewertung der *Prozesseffizienz* des PPS II-Systems spielen die Liefer- und Durchlaufzeiten, aber auch die Prozessflexibilität und die Prozesstransparenz eine Rolle. Wie bereits im Abschnitt 5.3.1 erläutert wurde, ist das Anbieten einer besseren Änderungsflexibilität nicht mit einer Verschlechterung der Lieferzeit, Liefertreue, Durchlaufzeit oder Termintreue verbunden. Würde man versuchen diese Flexibilität ohne Systemunterstützung durch manuelles Umplanen zu erreichen, könnte die Stabilität dieser Leistungskenngrößen höchstwahrscheinlich nicht gehalten werden, da prozessnahe Änderungen dabei meist eine Verschiebung des Fertigstellungstermins zur Folge haben. Das größte Verbesserungspotential kann jedoch hinsichtlich der Prozessflexibilität erreicht werden. Anhand der funktionalen Anforderungen wurde im Abschnitt 5.1.1 gezeigt, dass das PPS II-System ein Konzept bietet, welches auf verschiedene Änderungsanforderungen flexibel reagieren kann. Das PPS II-System bietet außerdem eine verbesserte Transparenz des Produktionsprozesses, da sowohl in der Planungsphase als auch in der Ausführungsphase der Status des Fertigungsauftrages (Arbeitsplanvariante mit allen Zuordnungen) erkennbar ist.

Die Kunden- und Marktorientierung, welche die *Markteffizienz* bestimmen, kann durch den Einsatz des PPS II-Systems erheblich verbessert werden. Durch die bessere Adressierung der Flexibilität, können Änderungswünsche des Kunden länger berücksichtigt werden, ohne dass ihm dadurch Nachteile (z. B. in Bezug auf höhere Kosten oder eine verlängerte Lieferzeit) entstehen. Wie die einleitend genannten Studien (vgl. Kapitel 1) und die Systemanalyse gezeigt haben, adressiert das PPS II-System ein relevantes Problem. Änderungsanfragen von Kunden an der ursprünglichen Bestellung sind keine Seltenheit (z. B. 120.000 Änderungswünsche monatlich im BMW-Werk Dingolfing (vgl. [Fet04]). Kann man diese Anfragen zur Zufriedenheit des Kunden flexibel und schnell adressieren, trägt das zu einer erhöhten Kundenzufriedenheit und damit Kundenbindung bei. Das PPS II-System kann diese Anforderung erfüllen. Außerdem kann der Kunde auf Basis der verbesserten Prozesstransparenz, die durch das PPS II-System geboten wird, auch den Status seines Auftrags exakt verfolgen, so dass er weiß, bis wann er welche Aspekte noch kostenneutral ändern kann. Durch diese Vorteile für den einzelnen Kunden kann sich langfristig das Image des Unternehmens verbessern, so dass nicht nur bestehende Kunden intensiver gebunden, sondern auch neue Kunden gewonnen werden können.

Eine Möglichkeit Produktivitätssteigerungen zu erreichen und damit die *Ressourceneffizienz* zu verbessern, ist eine höhere Automation der Prozesse (vgl. [Bru09, 86]). Da das PPS II-System die automatisierte Unterstützung von Änderungen gewährleistet, können Fehler, welche durch manuelle Umplanungen auftreten könnten, vermieden werden. Außerdem kann das PPS II-System besser auf die Störung einer Maschine reagieren, indem die entsprechenden Ausführungsschritte von vornherein auf einer anderen Maschine geplant werden bzw. vor Freigabe des Ausführungsschrittes eine entsprechende Überprüfung der zugewiesenen Maschine stattfindet. Durch die automatische Berücksichtigung von frei werdenden Kapazitäten oder Materialien für andere Aufträge können außerdem Lücken oder ungenutzte Lagerbestände vermieden werden, sodass die Kapazitätsauslastung deutlich verbessert wird. Die führt ebenfalls zu einer Steigerung der Ressourceneffizienz.

Die **Delegationseffizienz** bzw. Effizienz der Informationsweitergabe wird durch die verbesserte Prozesstransparenz ebenfalls positiv beeinflusst. Durch das Zusammenwirken der Services ist nicht nur der Planungs- bzw. Fertigungsstatus aller Fertigungsaufträge bekannt, sondern ebenfalls deren geplante oder ausgeführte Zuordnungen zu Materialien, Fähigkeiten, Ressourcen und zum Kundenauftrag. Auf Basis dessen sind auch auftrags-, material- und ressourcenübergreifende Echtzeit- oder historische Auswertungen, welche für das übergeordnete Management interessant sind, möglich.

Die **Motivationseffizienz** für die Mitarbeitern kann nur teilweise eingeschätzt werden, da das vorgeschlagene PPS II-Systemkonzept keine Aussagen darüber trifft, wie die Benutzerschnittstelle gestaltet ist und welche Steuerungsmöglichkeiten dem Nutzer tatsächlich gegeben werden. Dies ist von der Implementierung abhängig. Die Mitarbeiter, welche vom Einsatz des PPS II-Systems profitieren, sind die Produktionsplaner, welche die Produktion steuern, aber auch die für die Kundenbetreuung verantwortlichen Mitarbeiter (z. B. Vertriebsmitarbeiter). Der Produktionsplaner erhält mit dem PPS II-Systems ein gutes Werkzeug für die Erstellung eines ausführbaren Produktionsplans, der bei Änderungen automatisch angepasst wird. Außerdem kann er durch die verbesserte Prozesstransparenz den Status der Fertigungsaufträge überwachen und Abhängigkeiten erkennen. Dem Vertriebsmitarbeiter kann durch die verbesserte Prozesstransparenz der Status jedes Kundenauftrags einschließlich der zu diesem Zeitpunkt noch möglichen Änderungen angezeigt werden. Dadurch kann er genau einschätzen, ob er auf Kundenwünsche kostenneutral eingehen kann, oder ob dies mit eventuellen Zusatzkosten verbunden wäre. Damit diese Potentiale der Steigerung der Motivationseffizienz zum Tragen kommen, ist es wichtig, dass man die zukünftigen Nutzer des Systems von Anfang an einbezieht. Nur wenn man die Betroffenen zu Beteiligten macht, kann die Akzeptanz des Systems gewährleistet werden. Bei der Einführung des Systems müssen dabei die allgemeingültigen Regeln des Change Managements wie sie beispielsweise in [SAJK03] beschrieben werden, eingehalten werden.

Zusammenfassend lässt sich bei allen Nutzenkategorien ein Verbesserungspotential durch die Einführung des PPS II-Systems feststellen.

***Kosten***

Um einen Überblick über die positiven und negativen Auswirkungen auf die Kosten, die die Einführung des PPS II-Systems hätte, zu bekommen, soll die Kategorisierung von Brugger dienen, welcher anhand dessen IT-Investitionen im Rahmen eines Business Cases[35] bewertet (vgl. [Bru09]). Danach sind Kostenauswirkungen in den in Abbildung 5-16 dargestellten Kategorien zu erwarten.

Wie der Nutzen sollen auch die Kosten nicht durch absolute Beträge bewertet werden, sondern im Vergleich zum Vorgängersystem. ***Investitionskosten*** können externe oder interne Kosten sein. Dabei sind externe Kosten Kosten, die an Dritte geleistet werden müssen, während interne Kosten innerhalb des Unternehmens anfallen. Wenn man davon ausgeht, dass das PPS II-System von einer externen Firma vertrieben wird, würden dem Unternehmen externe Kosten für die Installation des Systems (z. B. Lizenzkosten, Kosten für Beratung, Kosten von Schulungen für technische Mitarbeiter und Anwender, Altübernahme der Daten aus bisherigen Systemen) entstehen. Eine umfassende Aufstellung über mögliche Investitionskosten ist [Bru09, 70] zu entnehmen. Die Kosten für die Installation könnten gering gehalten werden, da das PPS II-System standardisierte Schnittstellen anbietet und somit die Anpassung anderer Systeme an proprietäre Schnittstellen entfallen würde. Der Aufwand für die Altdatenübernahme ist insbesondere von der Art und der abgedeckten Verantwortlichkeit der zu ersetzenden Systeme abhängig. Dabei könnte es sich um die produktionsplanungsrelevanten Teile eines ERP-Systems und/oder um ein MES handeln. Es kann aber auch sein, dass proprietäre Feinplanungstools ersetzt werden. Das PPS II-System sollte für die Übernahme von Daten entsprechende weit verbreitete Schnittstellen vorsehen. Nichtsdestotrotz ist das Umrüsten auf ein anderes System immer auch mit manuellem Aufwand verbunden.

---

[35] „Ein Business Case ist ein Szenario zur betriebswirtschaftlichen Beurteilung einer Investition." [Bru09, 11]

Änderungsflexibilität in der kundenindividuellen Fertigung

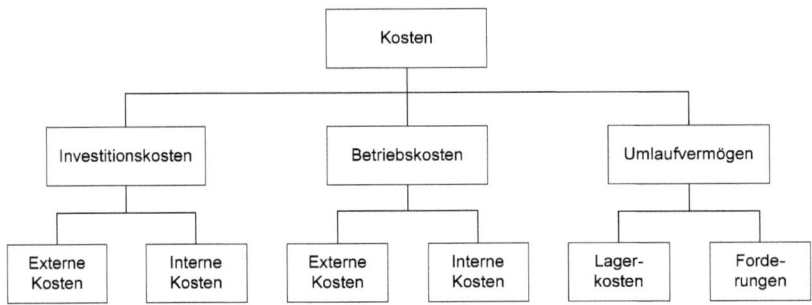

Abbildung 5-16: Kategorien zur Analyse der Kosten (in Anlehnung an [Bru09, 64])

Externe Kosten werden weiterhin für das PPS II-System selbst anfallen. Das PPS II-System benötigt einen Applikationsserver und einen Datenserver auf einem zentralen Rechner. Zur Ausführung benötigt es lediglich einen Webserver, welcher auf einem beliebigen Rechner installiert werden kann. Soll jedoch auch das System selbst verteilt installiert werden, sind weitere Applikations- und eventuell Datenserver auf anderen Rechnern notwendig. Die Kosten für Hardware sind somit vergleichbar mit denen der Vorgängersysteme. Interne Investitionskosten können anfallen, wenn Teile des Systems durch interne Mitarbeiter installiert werden oder die Daten durch interne Mitarbeiter übernommen werden. Zusätzliche Infrastrukturkosten, welche ebenfalls zu den internen Kosten gehören, sind nur dann erforderlich, wenn es bislang kein System für die Produktionsfeinsteuerung gab. Dann muss ein entsprechendes Netzwerk aufgebaut werden und die Schnittstellen zu den Maschinensteuerungen müssten implementiert werden. Wenn keine automatische Steuerung erwünscht ist, würden diese Kosten entfallen.

Interne **Betriebskosten** können für Applikationskosten (Software), Plattformkosten (Hardware) und sonstige laufende Kosten anfallen (vgl. [Bru09, 73]). Die Kosten für Administration, Wartung, Unterhalt und Pflege des PPS II-Systems sind vergleichbar mit denen für existierende Systeme zur Produktionsplanung und -steuerung. Da das System durch die SOA-Architektur sehr gut an zusätzliche oder geänderte Anforderungen angepasst werden kann, sind die Aufwendungen bei Erweiterungen sogar geringer als bei bestehenden Systemen. Die Plattformkosten für das PPS II-System könnten ebenfalls geringer sein als die des Vorgängersystems, da das PPS II-System für die Ausführung nur einen laufenden Webserver benötigt. Soll jedoch auch das PPS II-System verteilt installiert werden, sind mehrere Applikations- und Datenserver auf mehreren Rechnern notwendig. Kosten für die Datenspeicherung, die Datenarchivierung und Datenschutzmaßnahmen sind mit denen von anderen Systemen zur Produktionsplanung und -steuerung vergleichbar. Die sonstigen laufenden Kosten können durch die flexible Reaktion auf Änderungen des PPS II-Systems positiv beeinflusst werden. Durch die bessere Maschinenauslastung gibt es weniger ungenutzte Ressourcen, so dass die laufenden Kosten für die Maschinen auf mehr Aufträge verteilt werden. Externe Betriebskosten für Energie etc. werden durch das PPS II-System nur insofern beeinflusst, als dass die bessere Auslastung auch zu einer besseren Nutzung der Energie führt.

Den letzten zu untersuchenden Kostenfaktor bildet das *Umlaufvermögen*. Die Lagerkosten würden sich, wie bereits im Abschnitt 5.3.1 erläutert wurde, durch die Einführung des PPS II-Systems erhöhen. Ein höherer Lagerbestand wäre notwendig, um auf die Änderungen, welche in einer Änderung der eingesetzten Materialien resultieren, so reagieren zu können wie es das PPS II-System vorsieht. Eine Möglichkeit, die Flexibilität nicht zu Lasten der Lagerkosten zu gewährleisten, wäre die flexible Gestaltung der Lieferantenverträge. Auf die Forderungen, die ebenfalls zum Umlaufvermögen gehören, hat das PPS II-System keinen Einfluss.

Ein zusammenfassender Überblick, wie das PPS II-System den Nutzen und die Kosten eines Unternehmens im Vergleich zu einer Kombination aus produktionsplanungsrelevanten Teilen eines ERP-Systems und einem MES beeinflussen würde, wird in Abbildung 5-17 gegeben. Dabei ist zu beachten, dass die Investitionskosten deshalb höher sind, weil ohne den Wechsel zum PPS II-System gar keine Kosten anfallen würden.

Änderungsflexibilität in der kundenindividuellen Fertigung

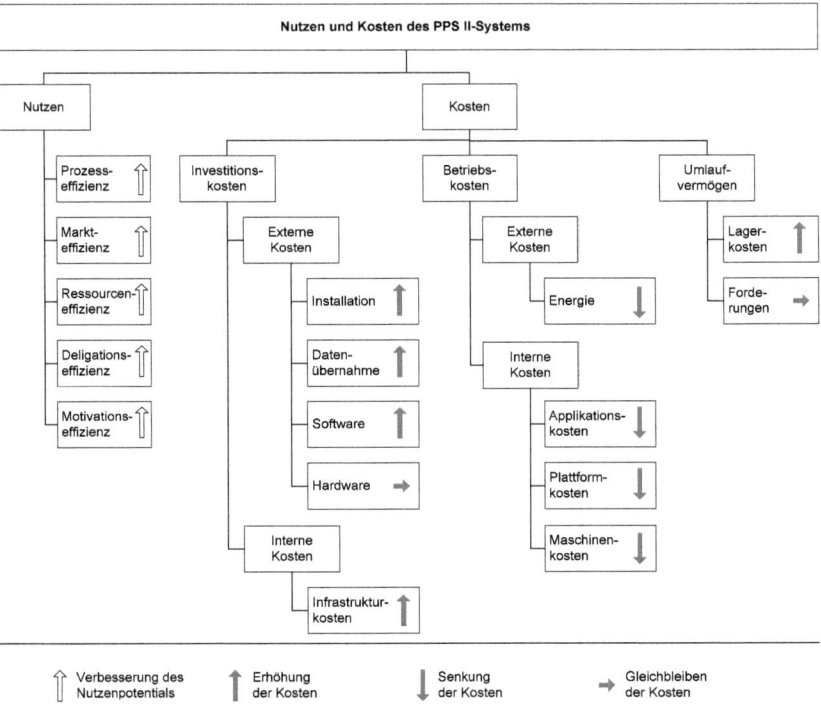

Abbildung 5-17: Gegenüberstellung der Nutzen- und Kostenpotentiale des PPS II-Systems

# 6 Zusammenfassung und Ausblick

Die vorliegende Arbeit greift das Problem auf, dass es in gegenwärtigen Systemen zur Produktionsplanung und -steuerung sehr schwer ist, auf interne oder externe Ereignisse durch eine Änderung des Produktionsplans zu reagieren. Die Motivation, dieses Problem tiefgründig zu untersuchen, bildete die Aussage vieler produzierender Unternehmen, dass sie bei notwendigen Änderungen nicht durch die verantwortlichen Systeme unterstützt werden, sondern nur auf Umwegen zum Ziel kommen (vgl. [DSA10]; [GIZ08]). Auf Basis dessen wurden in der Arbeit vier Forschungsfragen gestellt, die einerseits auf eine Untersuchung der Herausforderungen, die an Produktionsplanungs- und -steuerungssysteme gestellt werden, und andererseits auf die Entwicklung eines Konzeptes für ein PPS II-System, welches diesen Herausforderungen gerecht wird, abzielen.

Um ausführungsnahe Änderungen in der Produktion zu ermöglichen, müssen die Systeme zur Produktionsplanung und -steuerung eine Vielzahl von funktionalen, technischen und ökonomischen Anforderungen erfüllen, die in einer argumentativ-deduktiven Analyse hergeleitet wurden. Die funktionalen Anforderungen adressieren einerseits kundenauftragsbezogene Änderungen und andererseits die Flexibilität der internen Arbeitsplanung. Die technischen Anforderungen umfassen neben der Erfüllung der genannten Funktionalitäten die Anpassungsfähigkeit und Portierbarkeit des Systems. Der ökonomische Rahmen für die Gestaltung eines solchen Systems wird durch verschiedene Leistungs- und Kostengrößen definiert.

Mit Hilfe der funktionalen Anforderungen wurde zunächst untersucht, ob die genannten Probleme auf Defizite bestehender Produktionsplanungs- und -steuerungssysteme zurückzuführen sind. Die umfassende Analyse von führenden ERP-Systemen und MES hat ergeben, dass es solche Defizite gibt und die geforderte Änderungsflexibilität weder durch den alleinigen noch den kombinierten Einsatz beider Systeme erfüllt werden kann. Schon während der Produktionsplanung im ERP-System sind sowohl Variantenänderungen als auch Arbeitsplanänderungen nur noch eingeschränkt möglich, da die damit in Zusammenhang stehenden Entscheidungen teilweise bereits vor der Produktionsgrobplanung stattgefunden haben. Während der im MES durchgeführten Produktionsfeinplanung und -steuerung sind lokale Änderungen zwar möglich, aber die Änderungen werden nicht mit dem übergeordneten Planungssystem synchronisiert. Außerdem fehlt die notwendige Arbeitsplanflexibilität, um Änderungen und ihre Auswirkungen automatisch zu unterstützen. Weitere Gründe für die mangelhafte Unterstützung von Änderungsflexibilität ergeben sich durch die Trennung beider Systeme. Bei der Übergabe der Auftragshoheit vom ERP-System an das MES gibt es einen deutlichen Bruch in der Flexibilität. Im Arbeitsplan definierte Alternativen (z. B. für Ressourcen) fallen zu diesem Zeitpunkt in der Regel weg und es wird lediglich der Primärarbeitsplan weitergegeben. Auch die zeitnahe Verfolgung des Arbeitsfortschritts wird durch die getrennte Datenhaltung erheblich erschwert.

Die Ergebnisse der Systemanalyse stärkten die Motivation dafür mit dem PPS II-System ein System zu entwickeln, welches die geforderte Änderungsflexibilität bieten kann. Das PPS II-System entspricht einem modularen, serviceorientierten System, welches dafür verantwortlich ist, die Produktion zu planen und zu steuern und damit die produktionsbezogenen Aufgabenbereiche eines ERP-Systems und eines MES abdeckt. Die diese Aufgaben unterstützenden Services befinden sich in verschiedenen Modulen. Da die Services der drei Module Datenmanagement, Produktionsvariantenplanung und Produktionssteuerung direkten Einfluss auf die Produktionsplanung und -steuerung haben, wurde deren Zusammenwirken im Detail beschrieben. Das sich daraus ergebende Verhalten des PPS II-Systems setzt das in dieser Arbeit entworfene Paradigma der prozessnahen Gestaltungsentscheidung um. Die Grundidee dieses Paradigmas basiert darauf, dass die Entscheidung über die konkrete Ausführung jedes einzelnen Arbeitsschrittes prozessnah getroffen wird. Dabei werden die Arbeitsplanstruktur und deren Ausführungszeit getrennt von den eingesetzten Materialien und den ausführenden Ressourcen betrachtet.

Um die Idee der prozessnahen Gestaltungsentscheidung zu realisieren, wird jedes der drei den Produktionsprozess beeinflussenden Merkmale im Entwurfsprozess abstrahiert und bis zur Produktionsausführung in mehreren Schritten konkretisiert. Die Arbeitsplanstruktur wird durch einen regelbasierten Arbeitsplan beschrieben, welcher hinsichtlich optionaler, paralleler oder alternativer Arbeitsfolgen alle notwendigen Freiheitsgrade bietet. Auf diese Weise wird die dem Arbeitsplan zugewiesene Ausführungszeit abstrahiert. Die einem Arbeitsplan zugeordneten Materialien werden durch eine regelbasierte Stückliste abstrahiert. Dabei beschreiben die Regeln einerseits die Beziehungen zwischen den Materialien untereinander und andererseits, wie die abstrakte Stückliste in Abhängigkeit von der Produktvariante in konkrete arbeitsplanbezogene Materialzuordnungen zu überführen ist. Um die Ressourcenzuordnung zu abstrahieren, wird das Konzept der Fähigkeiten genutzt, welches einerseits die Arbeitsschritte und andererseits die Ressourcen beschreibt. Auf Basis dieser Abstraktionen wird die Entscheidung für die konkrete Ausführungszeit, die eingesetzten Materialien und Ressourcen eines Arbeitsschrittes erst bei Produktionsfreigabe dieses Arbeitsschrittes gefällt.

Die Evaluierung der Funktionalität, der Qualität und des Nutzens des PPS II-Systems hat gezeigt, dass das System die funktionalen, technischen und ökonomischen Anforderungen erfüllen kann. Mit einem nach dem PPS II-Systemkonzept implementierten System kann Produktionsunternehmen somit ein Werkzeug gegeben werden, welches die geforderte Änderungsflexibilität in der kundenindividuellen Fertigung sehr gut unterstützt.

Die Motivation der Unternehmen für eine Modernisierung ihrer Systeme ist vorhanden. Eine auf ERP-Systeme konzentrierte Studie von Gartner hat gezeigt, dass viele Unternehmen ihre ERP-Systeme im Zuge der Jahrtausendwende installiert haben und jetzt die Zeit für eine Modernisierung als gekommen sehen (vgl. [Woo08, 4]). Eine rein technische Modernisierung reicht dabei jedoch nicht aus, sondern die Modernisierung muss an den Unternehmenszielen ausgerichtet sein. Die in diesem Zusammenhang erreichbaren Verbesserungen, welche das PPS II-System für Produktionsunternehmen bringen kann, umfassen insbesondere Steigerungen der Prozesseffizienz, der Markteffizienz und der Ressourceneffizienz. Diese Effizienzsteigerungen können durch verschiedene Mehrwerte erreicht werden, die das PPS II-System im Vergleich zu existierenden Systemen auszeichnen.

Ein Mehrwert wird durch die durchgängige Abstraktion der die Produktion beeinflussenden Stammdaten beschrieben. Auf diese Weise können alle die Produktionsplanung betreffenden Entscheidungen an produktspezifischen Parametern festgemacht werden, sodass Änderungen zentral steuerbar, koordinierbar und nachvollziehbar sind. Das bekannte Konzept der regelbasierten Stückliste (vgl. z. B. [Kur05, 82]) wurde auf die Arbeitsplanstruktur und die Ressourcenbeschreibung ausgeweitet, da erst durch das ganzheitliche Konzept die Unterstützung einer flexiblen Arbeitsplanung gewährleistet ist. Obwohl das Konzept, Ressourcen durch Fähigkeiten zu beschreiben, bereits im

Kontext verschiedener Projekte diskutiert wurde (vgl. [Lüd06, 60]; [WüB07, 873]), konnte deren Realisierbarkeit nie positiv bewertet werden, da eine für alle Produktionsumgebungen nutzbare Fähigkeitsbeschreibung unmöglich schien. Um diesen Ansatz skalierbar zu machen, schlägt diese Arbeit vor, die Abstraktion der Ressourcen auf Basis allgemeingültiger Standards zu beschreiben.

Weitere Mehrwerte ergeben sich aus der Architektur des PPS II-Systems, welche einer SOA entspricht. Bisherige praktische Beispiele für SOA beschreiben bislang meist nur die technologische Seite der Umgestaltung eines existierenden Systems (vgl. z. B. [Bil07]; [Adl07]), zeigen aber die Vorteile hinsichtlich eines besseren Erreichens der Unternehmensziele nicht auf. Diese Beispiele nutzen in der Regel die Webservice-Standards, um die Kommunikation innerhalb des Unternehmens oder unternehmensübergreifend zu unterstützen. Bei dem PPS II-System handelt es sich jedoch um ein operatives System, welches von Grund auf nach dem SOA-Paradigma konzipiert ist und als solches an den Unternehmenszielen ausgerichtet ist. Aus diesem Grund leistet die Arbeit einen Beitrag dazu, das Potential von SOA für ein durchgängiges Produktionsplanungs- und -steuerungssystem bewerten zu können. Die gute Unterstützung der Verteilung von Planungsservices und lokal verfügbaren Steuerungsservices ist insbesondere ein Grund dafür, dass Planungs- und Steuerungsfunktionalitäten in einem System vereinigt werden können. Wie die prototypische Implementierung gezeigt hat, ist es dabei nicht relevant, dass sich alle Funktionalitäten in einem System befinden, sondern, dass alle Funktionalitäten auf einer einheitlichen Datenbasis beruhen.

Da das Verhalten des PPS II-Systems durch das Zusammenwirken voneinander unabhängiger Services beschrieben wird, bietet das System die Möglichkeit bestimmte in bestehenden Systemen zur Produktionsplanung und -steuerung eng miteinander verzahnte Prozesse zu entkoppeln. So werden die Prozesse des wohldefinierten MRP II-Laufs (vgl. [Kur05, 135]) wie Primärbedarfsplanung, Nettobedarfsplanung und Grobkapazitätsplanung auch im PPS II-System ausgeführt. Allerdings laufen die Prozesse, die jeweils durch einen spezifischen Service beschrieben werden, nicht in strenger Reihenfolge nacheinander ab, sondern basieren jeder für sich auf einer konsistenten Menge von Fertigungsaufträgen. Diese Fertigungsaufträge können durch die Ausführung der einzelnen Prozesse vereinigt, gesplittet oder detailliert werden, sodass im Ergebnis eine andere konsistente Menge von Fertigungsaufträgen existiert.

Auf diese Weise verfolgt das PPS II-System ein neues Paradigma, nach dem die Produktionsplanungsprozesse in regelmäßigen Intervallen wiederholt werden und in beliebiger Reihenfolge ablaufen. Dadurch kann es insbesondere die auftragsübergreifenden Auswirkungen von Änderungen optimal abdecken.

Ein wesentlicher Beitrag zum Erkenntnisgewinn wurde durch die grundständige Analyse führender ERP-Systeme und MES geleistet. Eine solche auf die speziellen Aspekte der Flexibilität bzw. Änderungsflexibilität ausgerichtete Analyse wurde zuvor in diesem Umfang noch nicht durchgeführt. Damit können die Ergebnisse als Motivation weiterer Forschungsvorhaben genutzt werden, die sich möglicherweise auch anderen Aspekten der Flexibilität von Systemen widmen. Auch die aus dieser Arbeit resultierenden Konzepte könnten Grundlage weiterer wissenschaftlicher Untersuchungen sein.

Wenn neben der flexiblen Produktionsplanung das Ziel der flexiblen Steuerung verfolgt wird, könnte das Konzept der Fähigkeiten erweitert werden, um die Fähigkeiten ebenfalls für die Steuerung von Arbeitsabläufen nutzbar zu machen. Dafür könnte es sinnvoll sein, eine hierarchische Struktur von Fähigkeiten aufzubauen, um beispielsweise die Fähigkeiten der oberen Hierarchiestufen zur Ressourcenauswahl und die der unteren Hierarchiestufen zur Maschinensteuerung zu nutzen. Dabei wäre es weiterhin notwendig nicht nur die Maschinen und Arbeiter durch Fähigkeiten zu beschreiben, sondern auch die einzelnen Werkzeuge und die möglichen Kombinationen.

In Zusammenhang mit einer hierarchischen Fähigkeitsbeschreibung, könnte die Hierarchiebildung weiterhin auf die Arbeitsschritte ausgeweitet werden, um nach dem in dieser Arbeit dargestellten Konzept ebenfalls einen mehrstufigen Arbeitsplan zu beschreiben. Hinsichtlich der Materialabstraktion hat diese Arbeit bereits aufgezeigt, dass mehrstufige Stücklisten ebenfalls durch entsprechende Regeln abgebildet werden können.

Aufgrund des Konzeptes der prozessnahe Gestaltungsentscheidung findet auch der Schritt der Ressourcenoptimierung erst kurz vor Ausführung statt, sodass im PPS II-System grundsätzlich keine langfristige Engpassanalyse der Ressourcenkapazitäten möglich ist. Für Unternehmen, für die das frühzeitige Kennen der Engpässe eine Rolle spielt, könnten Erweiterungen oder Kombinationen mit anderen Konzepten in Frage kommen. Es wäre beispielsweise möglich, Simulationsläufe, die den Aktivitäten des

Ressourcenauswahlmanagement-Services ähnlich sind, bereits in der Planungsphase ablaufen zu lassen.

Durch die serviceorientierte Architektur ist das PPS II-Systemkonzept sehr gut erweiterbar. Wie das System um weitere Services oder Module erweitert werden kann, wurde in der Arbeit beschrieben. Für den Anwender sind dabei insbesondere branchenspezifische Erweiterungen von Interesse wie auch die Zufriedenheitsstudie der Trovarit AG ergeben hat (vgl. [STS08, 3]). Welche Funktionalitäten in Abhängigkeit von einzelnen Branchen notwendig sind, könnte in weiteren Forschungsprojekten untersucht werden.

# Literatur

[Adl07] ADLER, Oliver: VR-Services - Kommunikation im genossenschaftlichen Verbund. In: STARKE, Gernot (Hrsg.); TILKOV, Stefan (Hrsg.): *SOA-Expertenwissen - Methoden, Konzepte und Praxis serviceorientierter Architekturen.* dpunkt.verlag Heidelberg, 2007, S. 681–694.

[AKF+08] ARNOLD, Dieter (Hrsg.); KUHN, Axel (Hrsg.); FUHRMANS, Kai (Hrsg.); ISERMANN, Heinz (Hrsg.); TEMPELMEIER, Horst (Hrsg.): *Handbuch Logistik.* 3. Auflage. Springer Berlin Heidelberg, 2008.

[Alt03] ALTMANN, Jörn: *Volkswirtschaftslehre.* 6. Auflage. Lucius & Lucius Stuttgart, 2003.

[Ame09] AMELING, Michael: *Systemunterstützung für den Abgleich von Geschäftsobjekten zwischen Anwendungsservern über Web Services*, TU Dresden, Diss., http://www.qucosa.de, September 2009.

[ANS00] ANSI/ISA AMERICAN NATIONAL STANDARD INSTITUTION / THE INSTRUMENTATION, SYSTEMS, AND AUTOMATION SOCIETY: *ANSI/ISA–95.00.01–2000 - Enterprise-Control System Integration - Part 1: Models and Terminology.* Instrument Society of America North Carolina, USA, Juli 2000.

[ARC05] ARC ADVISORY GROUP: *Total Automation Business to Discrete Industries to Exceed 38 Billion.* http://www.arcweb.com/-txtlstvw.aspx?LstID=6319620b-e217-4444-a334-ac9bbd1e8766. Dezember 2005. – *Letzter Zugriff: Januar 2008.*

[BDR+84] BROWNE, Jim; DUBOIS, Didier; RATHMILL, Keith; SETHI, Suresh Pal; STECKE, Kathryn E.: *Classification of Flexible Manufacturing Systems.* In: The FMS Magazine 2 (1984), Nr. 2, S. 114–117.

[BHKN03] BECKER, Jörg; HOLTEN, Roland; KNACKSTEDT, Ralf; NIEHAVES, Björn: *Forschungsmethodische Positionierung in der Wirtschaftsinformatik – epistemologische, ontologische und linguistische Leitfragen – (Arbeitsbe-*

*richt Nr. 93).* Westfälische Wilhelms-Universität Münster, Institut für Wirtschaftsinformatik Münster, 2003.

[BHW04] BRAUN, Christian; HAFNER, Martin; WORTMANN, Felix: *Methodenkonstruktion als wissenschaftlicher Erkenntnisansatz (Bericht Nr.: BE HSG/IWI 1).* Universität St. Gallen, Institut für Wirtschaftsinformatik St. Gallen, 2004.

[Bic06] BICHLER, Martin: Für Sie gelesen: Design Science in Information Systems Research. In: *Wirtschaftsinformatik* 48 (2006), Nr. 2, S. 133–142.

[Bil07] BILLING, Gunnar: SOA im IT-Service-Management. In: STARKE, Gernot (Hrsg.) ; TILKOV, Stefan (Hrsg.): *SOA-Expertenwissen - Methoden, Konzepte und Praxis serviceorientierter Architekturen.* dpunkt.verlag Heidelberg, 2007, S. 671–680.

[BKH⁺01] BECKER, Jörg; KNACKSTEDT, Ralf; HOLTEN, Roland; HANSMANN, Holger ; NEUMANN, Stefan: *Konstruktion von Methodiken: Vorschläge für eine begriffliche Grundlegung und domänenspezifische Anwendungsbeispiele (Arbeitsbericht Nr. 77).* Westfälische Wilhelms-Universität Münster, Institut für Wirtschaftsinformatik Münster, 2001.

[BME⁺07] BOOCH, Grady; MAKSIMCHUK, Robert A.; ENGEL, Michael W.; YOUNG, Bobbi J.; CONALLEN, Jim; HOUSTON, Kelli A.: *Object-Oriented Analysis and Design with Applications.* 3. Auflage. Addison-Wesley, 2007.

[BMW10] BMW GROUP: *Mini konfigurieren.* http://www.mini.de – Letzter Zugriff: August 2010.

[BoD06] BORTZ, Jürgen; DÖRING, Nicola: *Forschungsmethoden und Evaluation für Human- und Sozialwissenschaftler.* 4. Auflage. Springer Heidelberg, 2006.

[Bru09] BRUGGER, Ralph: *Der IT Business Case.* Springer Berlin Heidelberg, 2009.

[Bux89]   BUXEY, Geoff: *Production scheduling: Practice and theory*. In: European Journal of Operational Research 39 (1989), Nr. 1, S. 17–31.

[Cor07]   CORSTEN, Hans: *Produktionswirtschaft - Einführung in das industrielle Produktionsmanagement*. 11. Auflage. Oldenbourg München Wien, 2007.

[CWV09]   CARDOSO, Jorge; WINKLER, Matthias; VOIGT, Konrad: *A Service Description Language for the Internet of Services*. In: ALT, Rainer (Hrsg.); FÄHNRICH, Klaus-Peter (Hrsg.); FRANCZYK, Bogdan (Hrsg.): Proceedings First International Symposium on Services Science (ISSS'09), Leipzig, Deutschland, Logos Berlin, 2009.

[Dei04]   DEININGER, Olaf: *ERP - Marktübersicht, Produkteigenschaften und Perspektiven*. Mediaone Hamburg, 2004.

[Dei06]   DEININGER, Olaf: Drei ERP-Systeme auf dem Prüfstand. In: *Computerwoche* (2006), Nr. 34, S. 14–15.

[DIN89]   DIN - DEUTSCHES INSTITUT FÜR NORMUNG: *DIN 30781-1:1989-05: Transportkette; Grundbegriffe*. Beuth Berlin, 1989.

[DIN03a]  DIN - DEUTSCHES INSTITUT FÜR NORMUNG: *DIN 8580 - Fertigungsverfahren - Begriffe, Einteilung*. Beuth Berlin, September 2003.

[DIN03b]  DIN - DEUTSCHES INSTITUT FÜR NORMUNG: *DIN 8589-3 - Fertigungsverfahren Spanen: Teil 3 Fräsen - Einordnung, Unterteilung, Begriffe*. Beuth Berlin, September 2003.

[DIN03c]  DIN - DEUTSCHES INSTITUT FÜR NORMUNG: *DIN EN 61192-1 - Anforderungen an die Ausführungsqualität von Lötbaugruppen*. Beuth Berlin, November 2003.

[DIN05]   DIN - DEUTSCHES INSTITUT FÜR NORMUNG: *DIN EN ISO 9000 - Qualitätsmanagementsysteme – Grundlagen und Begriffe*. Beuth Berlin, Dezember 2005.

[DIN10]     DIN - DEUTSCHES INSTITUT FÜR NORMUNG: *DIN EN ISO 4063: Schweißen und verwandte Prozesse*. Beuth Berlin, 2010.

[DSA10]     DSAG - DEUTSCHE SAP ANWENDERGRUPPE: *Befragung: Kundenfeedback Future Manufacturing (unveröffentlicht)*. Juni 2010.

[FaG08]     FANDEL, Günter; GUBITZ, Klaus-Martin: *ERP-Systeme für Industrie-, Handels- und Dienstleistungsunternehmen*. AIP-Institut Hagen, 2008.

[FeS08]     FERSTL, Otto K.; SINZ, Elmar J.: *Grundlagen der Wirtschaftsinformatik - Band 1*. 6. Auflage. Oldenbourg München Wien, 2008.

[Fet04]     FETH, Gerd Gregor: *Die Flexibilität am Band hilft BMW, den Erfolg zu sichern*. In: Frankfurter Allgemeine Zeitung (2004), Nr. 254, 30.10.2004, S. 51.

[Fäh10]     FÄHRER, Jörg: *Analyse der logistischen Prozesse bei BMW - Interview (unveröffentlicht)*. März 2010.

[Fie00]     FIELDING, Roy Thomas: *Architectural Styles and the Design of Network-based Software Architectures*, University of California, Irvine, Diss., http://www.ics.uci.edu/~fielding/pubs/dissertation/-fielding_dissertation.pdf, 2000.

[Fre05]     FRESE, Erich: *Grundlagen der Organisation: Entscheidungsorientiertes Konzept der Organisationsgestaltung*. 9. Auflage. Gabler Wiesbaden, 2005.

[GCC+09]    GOODHUE, Dale L.; CHEN, Daniel Q.; CLAUDE, Marie; DAVIS, Ashley; COCHRAN, Justin D.: *Addressing Business Agility Challenges with Enterprise Systems*. In: MIS Quarterly Executive 8 (2009), Nr. 2, S. 73–87.

[Ger05]     GERWIN, Donald: *An agenda for research on the flexibility of manufacturing processes*. In: International Journal of Operations & Production Management 25 (2005), Nr. 12, S. 1171–1182.

[GGR92]     GLASER, Horst; GEIGER, Werner; ROHDE, Volker: *PPS - Produktionsplanung und -steuerung*. 2. Auflage. Gabler Wiesbaden, 1992.

[Göh03]  GÖHNER, Peter: *Softwareagenten – Einführung und Überblick über eine alternative Art der Softwareentwicklung*. In: atp - Automatisierungstechnische Praxis Sonderdruck (2003), April, S. 1–31.

[GIZ08]  GÜNTHER, Oliver; IVANTYSYNOVA, Lenka; ZIEKOW, Holger: *Production Data Collection: An Analysis (unveröffentlichte Studie für die SAP AG)*. März 2008

[GNF09]  GANGULY, Anirban; NILCHIANI, Roshanak; FARR, John V.: *Evaluating agility in corporate enterprises*. In: International Journal of Production Economics 118 (2009), Nr. 2, S. 410–423.

[Goh07]  GOHOUT, Wolfgang: *Operations Research - Einige ausgewählte Gebiete der linearen und nichtlinearen Optimierung*. 3. Auflage. Oldenbourg München, 2007.

[Got06]  GOTTSCHALK, Lutz Leo: *Flexibilitätsprofile - Analyse und Konfiguration von Strategien zur Kapazitätsanpassung in der industriellen Produktion*, Eidgenössische Technische Hochschule Zürich, Diss., 2006.

[Gro75]  GROCHLA, Erwin: *Betriebliche Planung und Informationssysteme*. Rowohlt Reinbek, 1975.

[Gud05]  GUDEHUS, Timm: *Logistik - Grundlagen, Strategien, Anwendungen*. 3. Auflage. Springer Berlin Heidelberg, 2005.

[Gud06]  GUDEHUS, Timm: *Dynamische Disposition*. 2. Auflage. Springer Berlin Heidelberg, 2006.

[GWLS10]  GRÄNING, André; WENDLER, Roy; LEYH, Christian; STRAHRINGER, Susanne: *Rigorous Selection of Input Artifacts in Design Science Research – TAVIAS*. In: Proceedings of the Sixteenth Americas Conference on Information Systems (AMCIS '10), Lima, Peru, 2010.

[HAP09]  HESTERMANN, Christian; ANDERSON, Robert P.; PANG, Chris: *Magic Quadrant for Midmarket and Tier 2-Oriented ERP for Product-Centric Companies*. Gartner-Studie. http://www.gartner.com/technology/mediaproducts/reprints/microsoft/vol4/article12/article12.html. Juni 2009 – Letzter Zugriff: August 2010.

[HaR94] HARES, John; ROYLE, Duncan: *Measuring the value of information technology.* John Wiley & Sons New York, 1994.

[Hei00] HEISERICH, Otto-Ernst: *Logistik - Eine praxisorientierte Einführung.* 2. Auflage. Gabler Wiesbaden, 2000.

[Hei09] HEINZE, Ronald: *Übersicht - Leitebene, Prozessebene, Feldebene.* In: Open Automation - Märkte, Trends, Innovationen 11 (2009), Nr. 3, S. 5.

[Hen08] HENGST, Roberto: *Analyse der Datenhaltung und der Kommunikationsschnittstellen von Manufacturing Execution Systems (MES)* - Diplomarbeit. Hochschule für Technik und Wirtschaft Dresden, Fachbereich Informatik/Mathematik, 2008.

[Hev07] HEVNER, Alan R.: *A Three Cycle View of Design Science Research.* In: Scandinavian Journal of Information Systems 19 (2007), Nr. 2, S. 87–92.

[HHK08] HERRMANN, Andreas; HOMBURG, Christian; KLARMANN, Martin: *Handbuch Marktforschung - Methoden Anwendungen Praxisbeispiele.* 3. Auflage. Gabler Wiesbaden, 2008.

[HMPR04] HEVNER, Alan R.; MARCH, Salvatore T.; PARK, Jinsoo; RAM, Sudha: *Design Science in Information Systems Research.* In: MIS Quarterly 28 (2004), Nr. 1, S. 75–105.

[HMSP03] HAIR, Joseph F.; MONEY, Arthur H.; SAMOUEL, Phillip; PAGE, Mike: *Research Methods for Business.* John Willey Chichester, 2003.

[HNB+02] HABERFELLNER, Reinhard; NAGEL, Peter; BECKER, Mario; BÜCHEL, Alfred; MASSOW, Heinrich von: *Systems Engineering: Methodik und Praxis.* 11. Auflage. Industrielle Organisation Zürich, 2002.

[HoK06] HOMBURG, Christian; KROHMER, Harley: *Marketingmanagement.* 2. Auflage. Gabler Wiesbaden, 2006.

[ISO91]   ISO/IEC - INTERNATIONAL ORGANIZATION FOR STANDARDIZATION / INTERNATIONAL ELECTROTECHNICAL COMMISSION: *ISO/IEC 9126:1991(E): Information technology - Software product evaluation - Quality characteristics and guidelines for their use.* ISO/IEC Copyright Office Genf, Dezember 1991.

[ISO98]   ISO/IEC - INTERNATIONAL ORGANIZATION FOR STANDARDIZATION / INTERNATIONAL ELECTROTECHNICAL COMMISSION: *ISO/IEC 14598-5:1998(E): Information technology - Software product evaluation.* ISO/IEC Copyright Office Genf, Juli 1998.

[ISO05]   ISO/IEC - INTERNATIONAL ORGANIZATION FOR STANDARDIZATION / INTERNATIONAL ELECTROTECHNICAL COMMISSION: *ISO/IEC 25000:2005(E): Software engineering - Software product Quality Requirements and Evaluation (SQuaRE) - Guide to SQuaRE.* ISO Copyright Office Genf, August 2005.

[Küh10]   KÜHNLE, Hermann (Hrsg.): *Distributed Manufacturing.* Springer London, 2010.

[Kle06]   KLETTI, Jürgen: *MES - Manufacturing Execution Systems.* 1. Auflage. Springer Berlin Heidelberg, 2006.

[Kle07]   KLETTI, Jürgen: *Konzeption und Einführung von MES-Systemen.* Springer Berlin Heidelberg, 2007.

[Kon09]   KONRADIN MEDIENGRUPPE: *Einsatz von ERP-Lösungen in der Industrie.* Konradin Leinfelden Echterdingen, März 2009.

[KSB10]   KSB AG - PUMPEN INDUSTRIE- UND WASSERTECHNIK: *Baureihenheft 1211.5/6 G3 - Etanorm.* http://www.pumpen-woltz.de/baureihenhefte/-Etanorm.pdf – Letzter Zugriff: August 2010.

[Kur05]   KURBEL, Karl: *Produktionsplanung und -steuerung im Enterprise Resource Planning und Supply Chain Management.* Oldenbourg München, 2005.

[Las06]   LASSMANN, Wolfgang (Hrsg.): *Wirtschaftsinformatik - Nachschlagewerk für Studium und Praxis*. Gabler Wiesbaden, 2006.

[Lüd06]   LÜDER, Arndt: *Strukturen zur verteilten Steuerung von Produktionssystemen, Habilitationsschrift*. 2006.

[Löd08]   LÖDDING, Hermann: *Verfahren der Fertigungssteuerung. Grundlagen, Beschreibung, Konfiguration*. 2. Auflage. Springer Berlin Heidelberg, 2008.

[LiE07]   LIEKENBROCK, Dirk; ELGER, Jürgen: *Modellbasiertes Requirements Engineering*. In: BULLINGER, Hans-Jörg (Hrsg.) ; HOMPEL, Michael ten (Hrsg.): Internet der Dinge. Springer Berlin Heidelberg, 2007, S. 127–156.

[Man08]   MANENTI, Pierfrancesco: *Competitive Analysis of Top 6 Software Vendors to the European Manufacturing Industry, 2007*. Manufacturing Insights-Studie. http://www.idc-mi.com/-getdoc.jsp?containerId=MIVC04P. Februar 2008 – Letzter Zugriff: August 2010.

[MaS95]   MARCH, Salvatore T.; SMITH, Gerald F.: *Design and natural science research on information technology*. In: Decision Support Systems 15 (1995), Nr. 4, S. 251–266.

[MCM10]  MCM S.P.A. MACHINING CENTERS MANUFACTURING: *Unternehmenshomepage*. http://www.mcmspa.it – Letzter Zugriff: August 2010.

[McW04]   MCKAY, Kenneth N.; WIERS, Vincent C. S.: *Practical production control: a survival guide for planners and schedulers*. J. Ross Boca Raton, Florida, 2004.

[MeB05]   MERTENS, Peter; BODENDORF, Freimut: *Programmierte Einführung in die Betriebswirtschaftslehre*. 12. Auflage. Gabler Wiesbaden, 2005.

[MES97]  MESA INTERNATIONAL: *MES Functionalities and MRP to MES Data Flow Possibilities - White Paper Number 2*. MESA International Pittsburgh, 1997.

[Mic10]  MICROSOFT CORPERATION: *Manufacturing in Microsoft Dynamics NAV*. http://download.microsoft.com/download/6/5/b/65bb2f88-cad9-4c02-ba8b-9deca1051d25/NAV/-Microsoft_Dynamics_NAV_Manufacturing_FactSheet_ DE.pdf - Letzter Zugriff: August 2010.

[MKG04]  MELVILLE, Nigel; KRAEMER, Kenneth; GURBAXANI, Vijay: *Information Technology and Organizational Performance: an integrative model of IT Business Value*. In: MIS Quarterly 28 (2004), Nr. 2, S. 283–322.

[MMG02]  MARTIN, Reiner; MAUTERER, Heiko; GEMÜNDEN, Hans-Georg: *Systematisierung des Nutzens von ERP-Systemen in der Fertigungsindustrie*. In: Wirtschaftsinformatik 44 (2002), Nr. 2, S. 109–116.

[MoP09]  MOORE, Jessica; PROPPER, Steven: *Oracle Previews Oracle® Rapid Planning*. http://www.oracle.com/us/corporate/press/018464. Mai 2009. – Letzter Zugriff: August 2010.

[MPW02]  MCKAY, Kenneth; PINEDO, Michael; WEBSTER, Scott: *Practice-focused research issues for scheduling systems*. In: Production and Operation Management 11 (2002), Nr. 2, S. 249–258.

[MuS02]  MURPHY, Kenneth E; SIMON, Steven John: *Intangible benefits valuation in ERP projects*. In: Information Systems Journal 12 (2002), Nr. 4, S. 301–320.

[MW09]  MUSSBACH-WINTER, Ute: *Ungeplante Produktionsstillstände: Der unterschätzte Produktivitätskiller*. In: Fraunhofer Fraunhofer-Institut für Produktionstechnik und Automatisierung-Newsletter (2009), Nr. 1, S. 7.

[NSIT10]  NEJAD, Hossein Tehrani N.; SUGIMURA, Nobuhiro; IWAMURA, Koji; TANIMIZU, Yoshitaka: *Multi agent architecture for dynamic incremental process planning in the flexible manufacturing system.* In: Journal of Intelligent Manufacturing 21 (2010), Nr. 4, S. 487–499.

[NyW02]  NYHUIS, Peter; WIENDAHL, Hans-Peter: *Logistische Kennlinien.* 2. Auflage. Springer Berlin Heidelberg, 2002.

[OAG03]  OAGI - OPEN APPLICATION GROUP, INC.: *OAGIS 9 Naming and Design Rules Standard.* http://www.openapplications.org. September 2003 – Letzter Zugriff: August 2010.

[OAS05]  OASIS - ORGANIZATION FOR THE ADVANCEMENT OF STRUCTURED INFORMATION STANDARDS: *UDDI Spec TC - Version 3.0.2.* http://www.oasis-open.org/committees/uddi-spec/doc/spec/v3/uddi-v3.0.2-20041019.htm. Februar 2005 – Letzter Zugriff: August 2010.

[Oes09]  OESTEREICH, Bernd: *Analyse und Design mit UML 2.1.* Oldenbourg München, 2009.

[PAB08]  PABADIS'PROMISE CONSORTIUM: *White Paper - Structure and Behaviour of a PABADIS'PROMISE System.* http://www.pabadis-promise.org. Januar 2008 – Letzter Zugriff: August 2010.

[PAB10]  PABADIS'PROMISE CONSORTIUM: *PABADIS based Product Oriented Manufacturing Systems for Re-Configurable Enterprises.* http://www.pabadis-promise.org/ – Letzter Zugriff: August 2010.

[PBR08]  PELLERIN, Robert; BAPTISTE, Pierre; ROBERT, Jean-Marc: *A lean scheduling concept for SMEs (unveröffentlichte Studie für die SAP AG).* Januar 2008.

[Phi09]  PHILIPP, Stefanie: Marktübersicht: MES-Systeme. In: AL-BADRI, Jamil (Hrsg.); AL-SCHEIKLY, B. (Hrsg.): *Automatisierungsatlas 2009.* Technik-Dokumentations-Verlag Marburg, 2009, S. 712–719.

[Phi10a]  PHILIPP, Stefanie: *IT&Production - Marktübersicht: Enterprise Resource Planning (ERP).* http://www.it-production.com/mue/index.php?id=61 – Letzter Zugriff: August 2010.

[Phi10b]  PHILIPP, Stefanie: *IT&Production - Marktübersicht: Manufacturing Exection Systems (MES)*. http://www.it-production.com/mue/-index.php?id=32 – Letzter Zugriff: August 2010.

[SAJK03]  SCHEER, August-Wilhelm (Hrsg.); ABOLHASSAN, Ferri (Hrsg.); JOST, Wolfram (Hrsg.); KIRCHMER, Mathias (Hrsg.): *Change Management im Unternehmen*. Springer Berlin Heidelberg, 2003.

[Sch90]  SCHEER, August-Wilhelm: *CIM - Computer Integrated Manufacturing - Der computergesteuerte Industriebetrieb*. 4. Auflage. Springer Berlin, 1990.

[Sch00]  SCHÖNSLEBEN, Paul: *Integrales Logistikmanagement*. 2. Auflage. Springer Berlin Heidelberg, 2000.

[Sch02]  SCHEER, August-Wilhelm: *ARIS - Vom Geschäftsprozess zum Anwendungssystem*. 4. Auflage. Springer Berlin Heidelberg, 2002.

[Sch04]  SCHERER, Eric: *ERP-Zufriedenheit: Best Practises und Best Fit bei der ERP-Systemauswahl*. In: PPS Management 9 (2004), Nr. 2, S. 38–40.

[Sch06]  SCHUH, Günther (Hrsg.): *Produktionsplanung und -steuerung - Grundlagen, Gestaltung und Konzepte*. 3. Auflage. Springer Berlin Heidelberg, 2006.

[See06]  SEETHAMRAJU, Ravi: *Influence of Enterprise Systems on Business Process Agility*. In: Proceedings of Global Conference on Emergent Business Phenomena in the Digital Economy (ICEB+eBRF), Tampere, Finland, November 2006.

[SeS90]  SETHI, Andrea Krasa; SETHI, Suresh Pal: *Flexibility in manufacturing: A survey*. In: International Journal of Flexible Manufacturing Systems 2 (1990), Nr. 4, S. 289–328.

[ShS00]  SHANG, Shari; SEDDON, Peter B: *A Comprehensive Framework for Classifying the Benefits of ERP Systems*. In: Proceedings of Americas Conference on Information Systems (AMCIS '00), 2000.

[SMN00]   SHEN, Weiming; MATURANA, Francisco ; NORRIE, Douglas H.: *Meta-Morph II: an agent-based architecture for distributed intelligent design and manufacturing*. In: Journal of Intelligent Manufacturing 11 (2000), Nr. 3, S. 237–251.

[SSR07]   STEWART, David W.; SHAMDASANI, Prem M.; ROOK, Dennis W.: *Focus Groups - Theory and Praxis*. 2. Auflage. Sage Publications London, 2007.

[STS08]   SONTOW, Karsten; TREUTLEIN, Peter; SCHERER, Eric: *Anwender-Zufriedenheit: ERP/Business Software Deutschland 2008/2009 - Management Summary*. http://www.trovarit.com/studien/erp-zufriedenheit.html. Oktober 2008 - Letzter Zugriff: August 2010.

[StT07]   STARKE, Gernot (Hrsg.); TILKOV, Stefan (Hrsg.): *SOA-Expertenwissen - Methoden, Konzepte und Praxis serviceorientierter Architekturen*. dpunkt.verlag Heidelberg, 2007.

[Swa00]   SWAMIDASS, Paul M. (Hrsg.): *Encyclopedia of production and manufacturing management*. Kluwer Academic Publishers Norwell Massachusetts, 2000.

[Sys06]   SYSKA, Andreas: *Produktionsmanagement - Das A – Z wichtiger Methoden und Konzepte für die Produktion von heute*. Gabler Wiesbaden, 2006.

[TiS07]   TILKOV, Stefan; STARKE, Gernot: Einmaleins der serviceorientierten Architekturen. In: STARKE, Gernot (Hrsg.); TILKOV, Stefan (Hrsg.): *SOA-Expertenwissen - Methoden, Konzepte und Praxis serviceorientierter Architekturen*. dpunkt.verlag Heidelberg, 2007, S. 9–39.

[TMF08]   THIEL, Klaus; MEYER, Heiko; FUCHS, Franz: *MES - Grundlagen der Produktion von morgen*. Oldenbourg Industrieverlag München, 2008.

[ToT98]   TONI, Alberto De; TOCHIA, Stefano: *Manufacturing flexibility: a literature review*. In: International Journal of Production Research 36 (1998), Nr. 6, S. 1587–1617.

[Tot04]     TOTH, Michael: *Heute bestellt, morgen geliefert: Zukünftige Anforderungen an die Order-to-Delivery Prozesse der Automobilindustrie*. In: Fachtagung im Fraunhofer IML am 22. April 2004, 2004.

[TrS10]     TREUTLEIN, Peter; SONTOW, Karsten: *IT-Matchmaker*. http://www.it-matchmaker.com – Letzter Zugriff: August 2010.

[VDI06]     VDI - VEREIN DEUTSCHER INGENIEURE: *VDI 3210 - Tiefbohrverfahren*. Beuth Berlin, März 2006.

[VDI07a]    VDI - VEREIN DEUTSCHER INGENIEURE: *VDI 3300 - Kosten des Materialflusses*. Beuth Berlin, Juni 2007.

[VDI07b]    VDI - VEREIN DEUTSCHER INGENIEURE: *VDI 56000 - Fertigungsmanagementsysteme - Manufacturing Execution Systems (MES)*. Beuth Berlin, Dezember 2007.

[VeH05]     VERSCHUREN, Piet; HARTOG, Rob: *Evaluation in Design-Oriented Research*. In: Quality & Quantity 39 (2005), Nr. 6, S. 733–762.

[VoOK00]    VOKURKA, Robert J.; O'LEARY-KELLY, Scott W.: *A review of empirical research on manufacturing flexibility*. In: Journal of Operations Management 18 (2000), Nr. 4, S. 485–501.

[W3C04]     W3C - WORLD WIDE WEB CONSORTIUM: *Web Service Glossary*. http://www.w3.org/TR/ws-gloss/. Februar 2004 – Letzter Zugriff: August 2010.

[WüB07]     WÜNSCH, Daniela; BRATUKHIN, Aleksey: *Multilevel Order Decomposition in Distributed Production*. In: 12th IEEE Conference on Emerging Technologies and Factory Automation (ETFA'07), 2007, S. 872–879.

[WBF07]     WBF - WORLD BATCH FORUM: *B2MML - Business To Manufacturing Markup Language- Version 0400*. https://www.wbf.org/catalog/b2mml.php. Juni 2007 – Letzter Zugriff: August 2010.

[WeK01] WEIHRAUCH, Klaus; KELLER, Gerhard: *Produktionsplanung und -steuerung - Einführung in die diskrete Fertigung und die Serienfertigung mit SAP PP.* Galileo Press Bonn, 2001.

[Wie97a] WIENDAHL, Hans-Peter: *Fertigungsregelung - Logistische Beherrschung von Fertigungsabläufen auf Basis des Trichtermodells.* Carl Hanser München Wien, 1997.

[Wie97b] WIERS, Vincent C. S.: *A Review of the Applicability of OR and AI Scheduling Techniques in Practice.* In: OMEGA - International Journal of Management Science 25 (1997), Nr. 2, S. 145–153.

[WiH07] WILDE, Thomas; HESS, Thomas: *Forschungsmethoden der Wirtschaftsinformatik: Eine empirische Untersuchung.* In: Wirtschaftsinformatik 49 (2007), Nr. 4, S. 280–287.

[WJK00] WOOLDRIDGE, Michael; JENNINGS, Nicholas R.; KINNY, David: *The gaia methodology for agent-oriented analysis and design.* In: Autonomous Agents and Multi-Agent Systems 3 (2000), Nr. 3, S. 285–312.

[WKS+09] WINTER, Robert; KRCMAR, Helmut; SINZ, Elmar J.; ZELEWSKI, Stephan; HEVNER, Alan R.: *Was ist eigentlich Grundlagenforschung in der Wirtschaftsinformatik?* In: Wirtschaftsinformatik 51 (2009), Nr. 2, S. 223–231.

[WLH10] WÜNSCH, Daniela; LÜDER, Arndt; HEINZE, Michael: *Flexibility and Reconfigurability in Manufacturing by Means of Distributed Automation Systems - an Overview.* In: KÜHNLE, Hermann (Hrsg.): Distributed Manufacturing. Springer London, 2010. S. 51–70.

[WMWK07] WIENDAHL, Hans-Hermann; MUSSBACH-WINTER, Ute; KIPP, Rolf: *Marktspiegel Business Software MES - Fertigungssteuerung.* 2. Auflage. Fraunhofer IPA Stuttgart / Trovarit AG Aachen, 2007.

[Woo08] WOODS, Jeff: *Modernizing ERP: How to Make Users Fall in Love With ERP All Over Again.* Gartner-Studie. http://www.sdn.sap.com. März 2008. – Letzter Zugriff: August 2010.

[Zel82]  ZELENOVIC, Dragutin M.: *Flexibility - a condition for effective production systems*. In: International Journal of Production Research 20 (1982), Nr. 3, S. 319–337.

# Anlage 1: Ordnungsrahmen der Wirtschaftsinformatik als Basis für die Arbeit

Der Ordnungsrahmen der Wirtschaftsinformatik (vgl. [BHKN03, 5]; [BHW04, 3]) bestimmt sich durch die wissenschaftstheoretische Grundpositionierung, die Forschungsziele und die Forschungsmethodik.

Die Wirtschaftsinformatik in ihrem Verständnis als Realwissenschaft untersucht Phänomene der Wirklichkeit. Die Darstellung der epistemologischen, ontologischen und linguistischen Grundpositionen hat das Ziel, die Art der Beziehung zu diesen Objekten der Wirklichkeit zu beschreiben. Die Wirtschaftsinformatik weist ebenfalls Züge einer Formalwissenschaft auf und bedient sich als solche formaler Beschreibungsverfahren und Theorien zur Erklärung, Prognose und Gestaltung von Informations- und Kommunikationssystemen. Da die Gestaltung von IKS einem konstruktionsmäßigen Vorgehen entspricht, versteht sich die Wirtschaftsinformatik auch als Ingenieurwissenschaft bzw. Gestaltungswissenschaft. Auf dieser Einordnung basiert die Bestimmung der Erkenntnis- und Gestaltungsziele dieser Arbeit. Die Grundpositionierung und die Forschungsziele bilden den Ausgangspunkt für die Wahl der Forschungsmethoden.

Die epistemologische Sichtweise beschreibt die erkenntnisorientierte Beziehung zum Forschungsgegenstand. Als Quellen der Erkenntnis werden entweder Erfahrungen und sinnliche Wahrnehmungen (Empirismus) oder der Verstand und die Vernunft (Rationalismus) angenommen (vgl. [BHKN03, 6]; [BHW04, 3]). Ein Weg zur Erkenntnis ist der induktive Weg, bei dem einzelne Beobachtungen bzw. Aussagen verallgemeinert werden. Eine andere Art zur Erkenntnis zu gelangen ist die Deduktion, die auf den Gesetzen der Logik basiert und bei der eine einzelne Aussage aus anderen Aussagen abgeleitet wird (vgl. [BHKN03, 7]; [BHW04, 5]). In Abhängigkeit, ob das zu erforschende Objekt objektiv oder subjektiv wahrgenommen werden kann, unterscheidet die Epistemologie weiterhin zwischen Realismus und Idealismus (vgl. [BHKN03, 7]; [BHW04, 3]). Die ontologische Position bildet die Basis für die epistemologische Position, da sie festlegt, ob es eine objektive Welt überhaupt gibt (vgl. [BHKN03, 8]). Nur wenn es eine objektive Wirklichkeit gibt, kann diese auch objektiv wahrgenommen werden. Die linguistische Position bestimmt, welche Funktion der Sprache im Verständnis der Wirklichkeit beigemessen wird. Für die Beziehung zum Forschungsobjekt ist die expressive Funktion der Sprache zu untersuchen, die festlegt, ob den Sprachartefakten eine objektive, eindeutige Bedeutung zukommt (vgl. [BHKN03, 9]). Voraussetzung für eine objektive linguistische Position ist eine epistemologisch realistische Position, denn nur wenn die Wirklichkeit objektiv wahrgenommen werden kann, kann sie auch objektiv beschrieben werden.

Nach der Festlegung der Grundpositionierung sind die Forschungsziele zu bestimmen. In Bezug auf den Gegenstand der Wirtschaftsinformatik (Informations- und Kommunikationssysteme (IKS) in Wirtschaft und Verwaltung) lassen sich Forschungsziele in Erkenntnis- und Gestaltungsziele unterteilen. Erkenntnisziele bezeichnen den Willen, gegebene Sachverhalte zu verstehen und auf dieser Basis, Aussagen über ihre Veränderung zu machen, während Gestaltungsziele die Veränderung bestehender und damit die Schaffung neuer Sachverhalte betreffen (vgl. [BHKN03, 11]). Forschungsziele können weiterhin hinsichtlich ihres inhaltlichen Schwerpunktes bzw. Auftrages kategorisiert werden. Wenn Methoden und Techniken zur Beschreibung, Entwicklung, Einführung und Nutzung von IKS im Mittelpunkt stehen, spricht man von einem methodischen Auftrag. Ein inhaltlich-funktionaler Auftrag liegt vor, wenn die Forschung das Verständnis und die Gestaltung von IKS für betriebswirtschaftliche Branchen zum Ziel hat (vgl. [BHKN03, 12]).

Um die Forschungsziele zu erreichen, kommen verschiedene Forschungsmethoden zum Einsatz. Eine Methode ist durch ihre Zielorientierung bzw. den Zweckbezug und eine Systematik oder Regelmenge, die den Weg zur Zielerreichung beschreibt, gekennzeichnet (vgl. [BKH+01, 42]; [BHW04, 10]). Werden einzelne Methoden integriert, spricht man von einer Methodik (vgl. [BKH+01, 42]). Im Bereich der Wirtschaftsinformatik bedient man sich einerseits konstruktiver Methoden, die überwiegend die Veränderung von Sachverhalten anstreben und somit die Erreichung der Gestaltungsziele unterstützen. Beispiele hierfür sind die Entwicklung von Prototypen, die deduktive Analyse, die Simulation und die Modellierung. Andererseits kommen empirische Methoden wie die qualitative oder quantitative Querschnittsanalyse (Befragungen, Beobachtungen), die Fallstudie und die Feldstudie zum Einsatz (vgl. [BHW04, 7]; [WiH07, 284]).

# Anlage 2: Vordefinierte Fähigkeiten des PPS II-Systems

Fähigkeiten der Kategorie Urformen

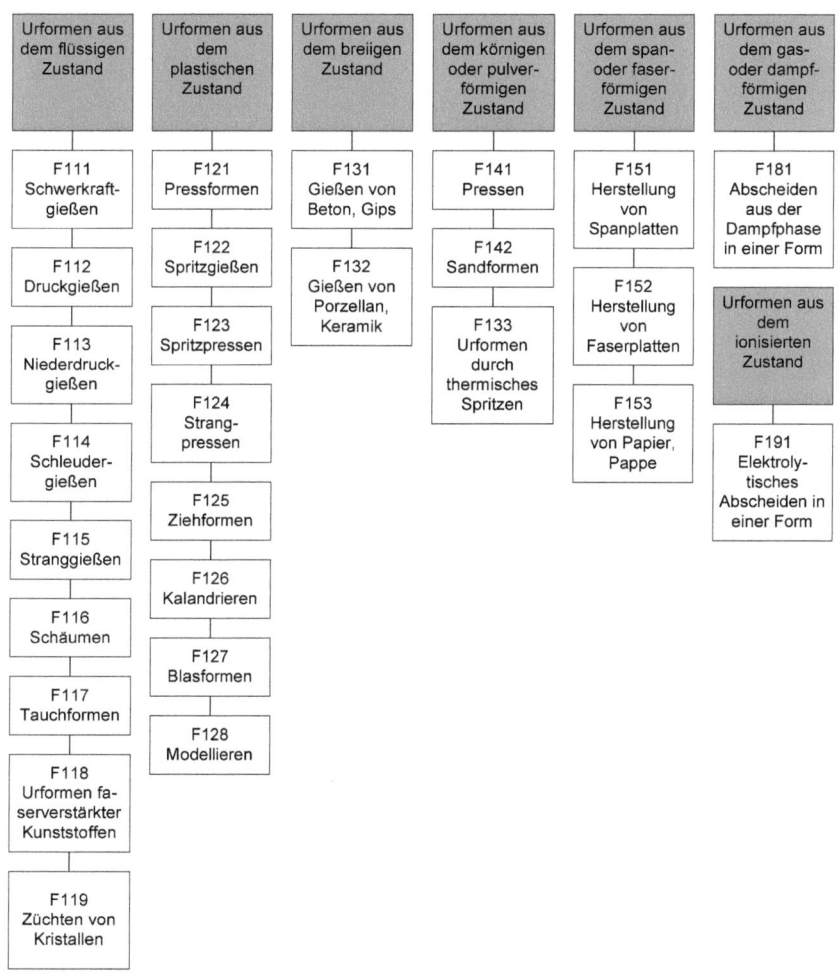

Änderungsflexibilität in der kundenindividuellen Fertigung

Fähigkeiten der Kategorie Umformen

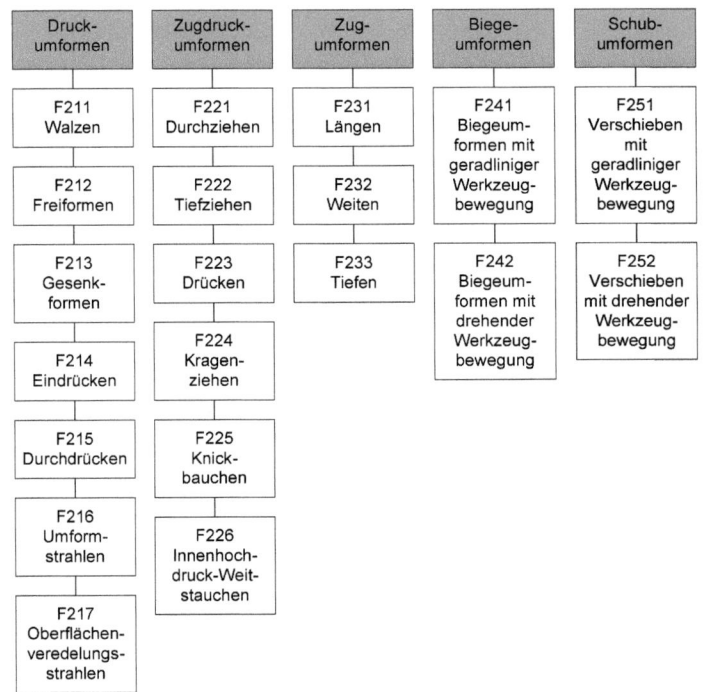

# Anlagen

## Fähigkeiten der Kategorie Trennen

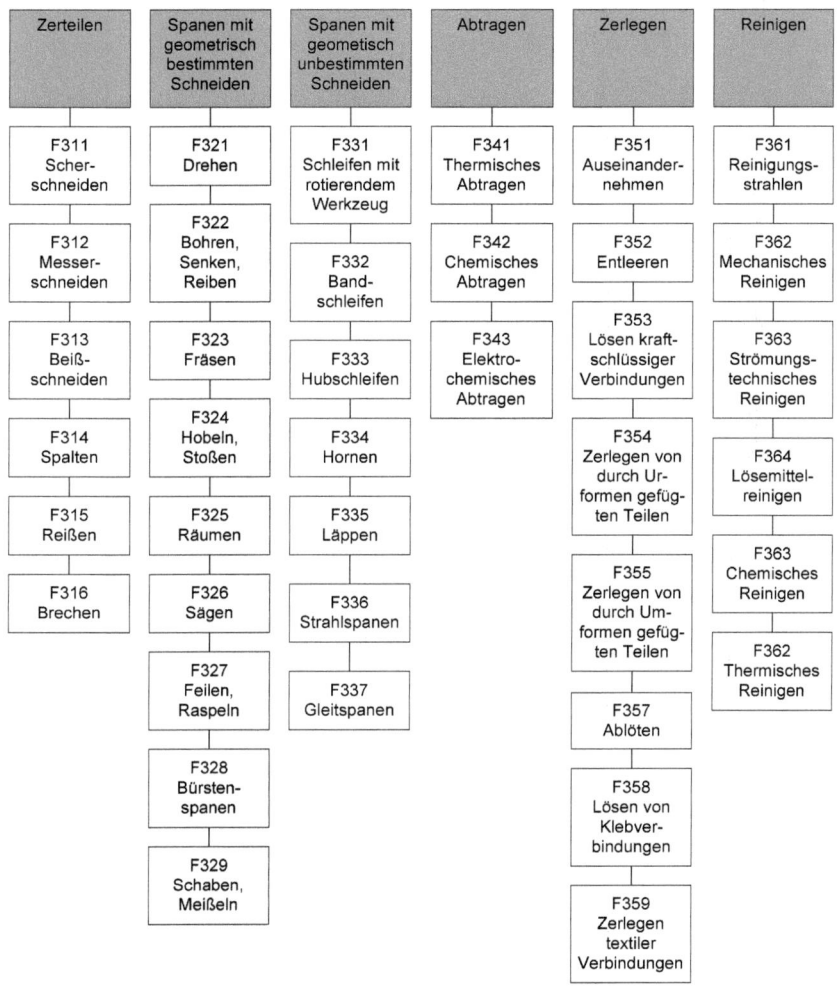

Änderungsflexibilität in der kundenindividuellen Fertigung

Fähigkeiten der Kategorie Fügen

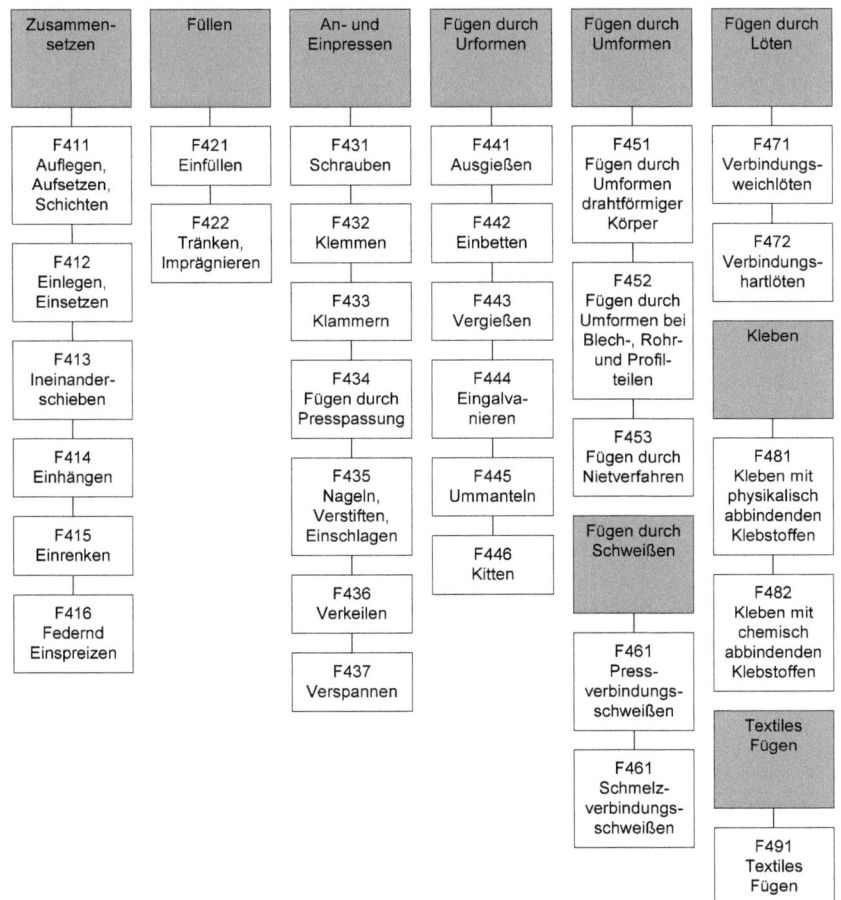

Anlagen

## Fähigkeiten der Kategorie Beschichten

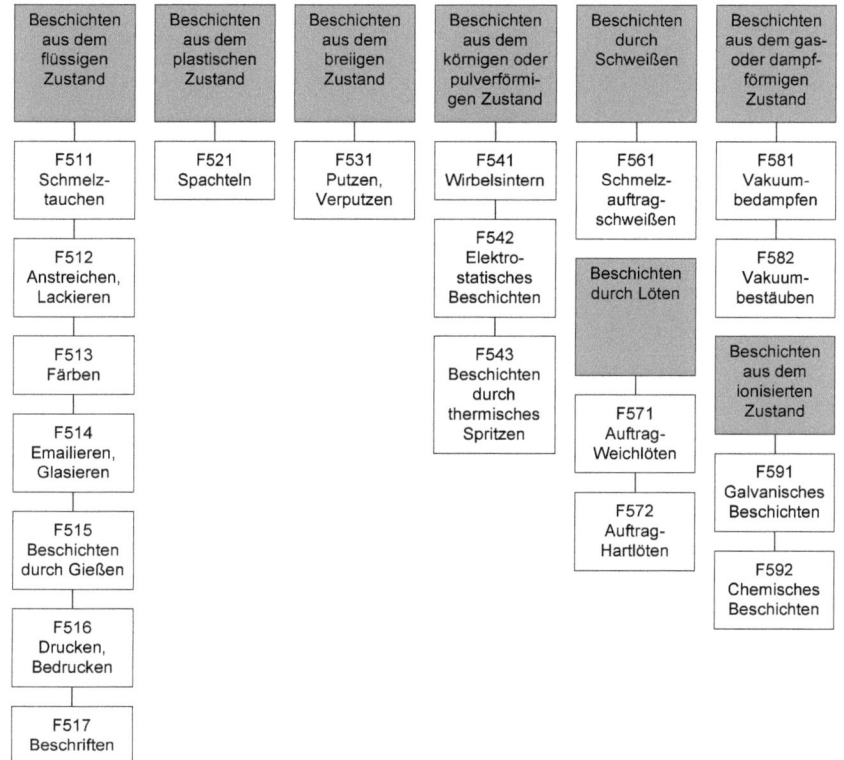

Änderungsflexibilität in der kundenindividuellen Fertigung

## Fähigkeiten der Kategorie Stoffeigenschaft ändern

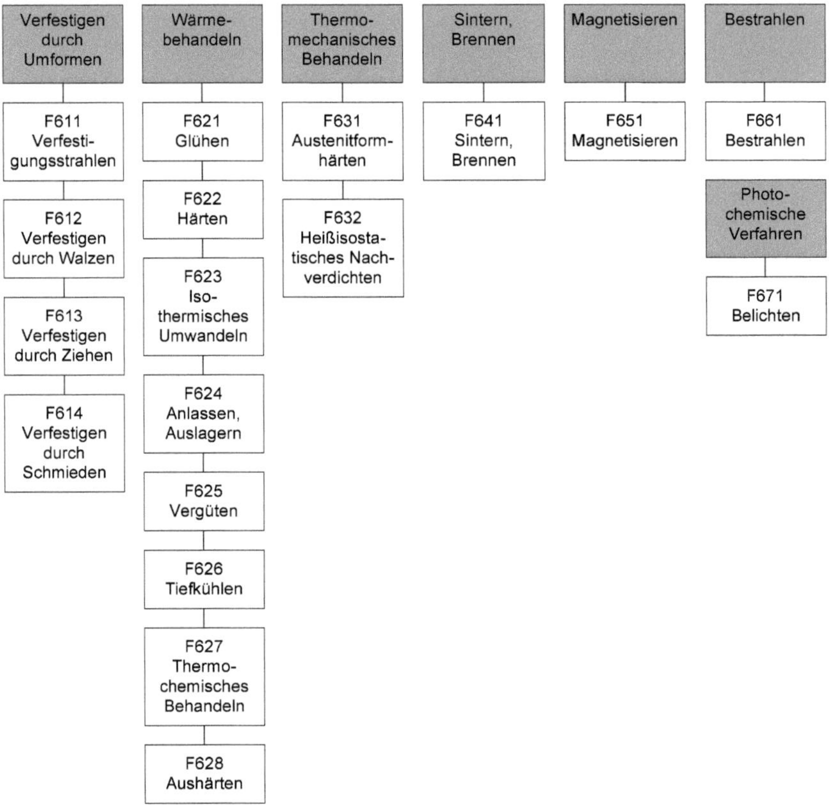

| Verfestigen durch Umformen | Wärmebehandeln | Thermomechanisches Behandeln | Sintern, Brennen | Magnetisieren | Bestrahlen |
|---|---|---|---|---|---|
| F611 Verfestigungsstrahlen | F621 Glühen | F631 Austenitformhärten | F641 Sintern, Brennen | F651 Magnetisieren | F661 Bestrahlen |
| F612 Verfestigen durch Walzen | F622 Härten | F632 Heißisostatisches Nachverdichten | | | Photochemische Verfahren |
| F613 Verfestigen durch Ziehen | F623 Isothermisches Umwandeln | | | | F671 Belichten |
| F614 Verfestigen durch Schmieden | F624 Anlassen, Auslagern | | | | |
| | F625 Vergüten | | | | |
| | F626 Tiefkühlen | | | | |
| | F627 Thermochemisches Behandeln | | | | |
| | F628 Aushärten | | | | |

## Fähigkeiten der Kategorie Qualitätsuntersuchung

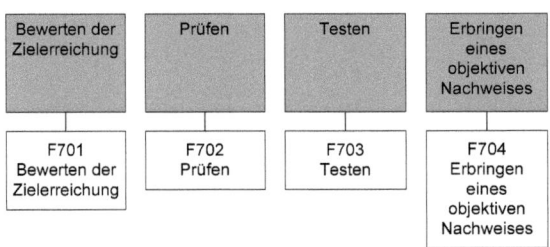

| Bewerten der Zielerreichung | Prüfen | Testen | Erbringen eines objektiven Nachweises |
|---|---|---|---|
| F701 Bewerten der Zielerreichung | F702 Prüfen | F703 Testen | F704 Erbringen eines objektiven Nachweises |

# Anlage 3: Bewertung der Input-Artefakte

Tabelle X-1: Legende der TAVIAS-Kriterien für die Bewertung von Input-Artefakte

| Kriterium | Level 1 | Level 2 | Level 3 | Level 4 | Level 5 |
|---|---|---|---|---|---|
| **Wissenschaftliche Fundierung (Glaubwürdigkeit)** | | | | | |
| Transparenz des Entwicklungsprozesses | nicht verfügbar oder zugreifbar | unvollständig | fragmentiert | lückenhaft | vollständig |
| Wissenschaftliche Evaluierung des Artefakts | fehlt | formale Anforderungen existieren | einige Eigenschaften sind evaluiert | quantitative oder qualitative Evaluation existieren | quantitative und qualitative Evaluation existieren |
| Methoden, die im Entwicklungsprozess zum Einsatz kommen | keine Methoden | unausgereifte oder selbst entwickelte Methoden | gut bekannte Werkzeuge und Techniken | State of the Art-Methoden | bewährte wissenschaftliche Methoden |
| **Verbreitung (Umsetzbarkeit)** | | | | | |
| Verwendung in der Forschung | gar nicht oder fast nicht | gelegentlich, aber forschungsgebietsspezifisch | üblich für bestimmten Domäne und gelegentlich in anderen | etabliert, in ausgewählten Domänen | weithin akzeptiertes Artefakt |
| Einsatz in der Praxis | gar nicht oder fast nicht | gelegentlich, aber anwendungsfeldspezifisch | üblich für bestimmten Domäne und gelegentlich in anderen | etabliert, in ausgewählten Domänen | weithin akzeptiertes Artefakt |
| **Einfluss auf Output-Artefakt (Relevanz)** | | | | | |
| Direkter Einfluss auf Output-Artefakt | kein oder nahezu kein | gering | signifikant | substantiell | hoch, integraler Bestandteil |
| Austauschbarkeit des Input-Artefakts | ohne Probleme ersetzbar | ersetzbar, bewirkt geringe Änderungen des Output-Artefakt | ersetzbar, bewirkt substantielle Änderungen des Output-Artefakt | ersetzbar, aber kritisch | unersetzbar |

Tabelle X-2: Bewertung des *IA 1: Architekturseitige Anforderungen an PPS-Systeme* nach TAVIAS

| Kriterium | Level 1 | Level 2 | Level 3 | Level 4 | Level 5 | Erläuterung |
|---|---|---|---|---|---|---|
| **Wissenschaftliche Fundierung (Glaubwürdigkeit)** | | | | | | |
| Transparenz des Entwicklungsprozesses | | | | | X | Die architekturseitigen Anforderungen an PPS-Systeme wurden aus den Aufgaben, die PPS-Systeme erfüllen müssen, abgeleitet. |
| Wissenschaftliche Evaluierung des Artefakts | | | | | X | Die architekturseitigen Anforderungen sind qualitativ und quantitativ durch theoretische (wissenschaftliche Literatur) und praktische Evaluierungen (in ERP, PPS und MES) nachgewiesen wurden. |
| Methoden, die im Entwicklungsprozess zum Einsatz kommen | | | | | X | Um die architekturseitigen Anforderungen aus den Aufgaben abzuleiten, wurde die bewährte Methode der argumentativ-deduktiven Analyse angewendet. |
| **Verbreitung (Umsetzbarkeit)** | | | | | | |
| Verwendung in der Forschung | | | | | X | Die Architektur von standalone-PPS oder PPS, welche in ERP-Systemen bzw. MES integriert sind, wird vielfach in der wissenschaftlichen Literatur diskutiert. |
| Einsatz in der Praxis | | | | | X | Die architekturseitigen Anforderungen werden von bestehenden PPS-Systemen, ERP-Systemen bzw. MES berücksichtigt. |
| **Einfluss auf Output-Artefakt (Relevanz)** | | | | | | |
| Direkter Einfluss auf Output-Artefakt | | | | X | | Die Aufteilung in Module und Services des PPS II-System orientiert sich an dem Input-Artefakt 5. |
| Austauschbarkeit des Input-Artefakts | | | | X | | Ohne die architekturseitigen Anforderungen würde das PPS II-System einen anderen nicht wissenschaftlich fundierten Aufbau haben. |

Tabelle X-3: Bewertung des *IA 2: Aufgaben eines PPS-Systems* nach TAVIAS

| Kriterium | Level 1 | Level 2 | Level 3 | Level 4 | Level 5 | Erläuterung |
|---|---|---|---|---|---|---|
| **Wissenschaftliche Fundierung (Glaubwürdigkeit)** ||||||||
| Transparenz des Entwicklungsprozesses | | | | X | | Die grundsätzlichen Aufgaben eines PPS wurden aus den Anforderungen der Realität abgeleitet und spiegeln sich in den PPS, ERP und MES wider. |
| Wissenschaftliche Evaluierung des Artefakts | | | | X | | Die Bedeutung der einzelnen Aufgaben wurde qualitativ und quantitativ in der wissenschaftlichen Literatur bewertet. |
| Methoden, die im Entwicklungsprozess zum Einsatz kommen | | | | X | | Um die Aufgaben zu ermitteln, kam die bewährte Methode der argumentativ-deduktiven Analyse zum Einsatz. |
| **Verbreitung (Umsetzbarkeit)** ||||||||
| Verwendung in der Forschung | | | X | | | Die Aufgaben werden in der produktionsdomänenspezifischen Literatur diskutiert. |
| Einsatz in der Praxis | | | | X | | Die Aufgaben spiegeln sich in den relevanten Systemen zu PPS (PPS-Systeme, ERP-Systeme, MES) wider. |
| **Einfluss auf Output-Artefakt (Relevanz)** ||||||||
| Direkter Einfluss auf Output-Artefakt | | | | X | | Die Aufgaben sind wesentlicher Bestandteil der Funktionalität des PPS II-Systems. |
| Austauschbarkeit des Input-Artefakts | | | | X | | Ohne die grundsätzlichen Aufgaben zur PPS zu berücksichtigen, wäre die Anwendbarkeit des PPS II-Systems gefährdet, da Änderungsflexibilität allein nicht ausreicht. |

Tabelle X-4: Bewertung des *IA 3: Einflussfaktoren auf Produktionsprozess* nach TAVIAS

| Kriterium | Level 1 | Level 2 | Level 3 | Level 4 | Level 5 | Erläuterung |
|---|---|---|---|---|---|---|
| **Wissenschaftliche Fundierung (Glaubwürdigkeit)** ||||||||
| Transparenz des Entwicklungsprozesses | | | X | | | Die drei Einflussfaktoren Zeit, Ressource, Material als die bestimmenden Faktoren für den Produktionsprozess wurden aus dem Prozess selbst und diesen beschreibenden Stammdaten abgeleitet. |
| Wissenschaftliche Evaluierung des Artefakts | | | X | | | In der vorliegenden Arbeit wird anhand des Konzeptes, des Beispiels und des Prototyps qualitativ nachgewiesen, dass diese drei Faktoren, die Hauptbestimmungsfaktoren sind. |
| Methoden, die im Entwicklungsprozess zum Einsatz kommen | | | | X | | Um die Faktoren zu ermitteln, kam die bewährte Methode der argumentativ deduktiven Analyse zum Einsatz. |
| **Verbreitung (Umsetzbarkeit)** ||||||||
| Verwendung in der Forschung | | | X | | | Diese drei Faktoren werden in der Domäne der Produktionssteuerung in der Literatur diskutiert und liegen praktischen Implementierungen in ERP-Systemen und MES zugrunde. |
| Einsatz in der Praxis | | | X | | | |
| **Einfluss auf Output-Artefakt (Relevanz)** ||||||||
| Direkter Einfluss auf Output-Artefakt | | | | X | | Diese drei Faktoren bilden die Basis für das Grundkonzept der prozessnahen Gestaltungsentscheidung (Output-Artefakt 2). |
| Austauschbarkeit des Input-Artefakts | | | | X | | Ohne diese Basis würde die Kernfunktionalität des PPS II-Systems verloren gehen. |

Tabelle X-5: Bewertung des *IA 4: Phasen der PPS* nach TAVIAS

| Kriterium | Level 1 | Level 2 | Level 3 | Level 4 | Level 5 | Erläuterung |
|---|---|---|---|---|---|---|
| **Wissenschaftliche Fundierung (Glaubwürdigkeit)** | | | | | | |
| Transparenz des Entwicklungsprozesses | | | | X | | Die Phasen Entwurf, Planung und Steuerung sind die grundlegenden Phasen für die PPS. Deren Definition wurde aus verschiedenen Literaturquellen (z. B. [Cor07]) hergeleitet und deren Entwicklungsprozess ist somit sehr gut nachvollziehbar. |
| Wissenschaftliche Evaluierung des Artefakts | | | X | | | Die Evaluierung der Phasendefinition erfolgte in dieser Arbeit anhand des Systemkonzeptes des PPS II-Systems und des Prototypen. |
| Methoden, die im Entwicklungsprozess zum Einsatz kommen | | | | X | | Um die Phasen zu ermitteln, kam die bewährte Methode der Dokumentenanalyse zum Einsatz. |
| **Verbreitung (Umsetzbarkeit)** | | | | | | |
| Verwendung in der Forschung | | | X | | | Die Phasen werden in der Domäne Produktionsplanung und -steuerung in der Literatur diskutiert. |
| Einsatz in der Praxis | | | X | | | Existierende PPS-Systeme, ERP-Systeme oder MES basieren auf diesen Phasen. |
| **Einfluss auf Output-Artefakt (Relevanz)** | | | | | | |
| Direkter Einfluss auf Output-Artefakt | | | | X | | Anhand der Phasen wird einerseits das Grundkonzept der prozessnahen Gestaltungsentscheidung beschrieben und andererseits die Architekturgestaltung definiert. |
| Austauschbarkeit des Input-Artefakts | | | | X | | Ohne dass die Phasen in dem PPS II-Systemkonzept verwendet werden, wäre sowohl die Architektur als auch die Funktionsweise anders. |

Tabelle X-6: Bewertung des *IA 5: DIN 8580 Fertigungsverfahren* nach TAVIAS

| Kriterium | Level 1 | Level 2 | Level 3 | Level 4 | Level 5 | Erläuterung |
|---|---|---|---|---|---|---|
| **Wissenschaftliche Fundierung (Glaubwürdigkeit)** | | | | | | |
| Transparenz des Entwicklungsprozesses | | | | | X | Als Standard folgt die DIN 8580 der bekannten Entwicklungsprozedur für DIN-Normen. |
| Wissenschaftliche Evaluierung des Artefakts | | | | | X | Das Potential der DIN 8580 wurde qualitativ und quantitativ erfolgreich evaluiert. |
| Methoden, die im Entwicklungsprozess zum Einsatz kommen | | | | | X | Es wurden die bewährten Methoden zur Entwicklung eines Standards angewendet. |
| **Potentielle Verbreitung (Umsetzbarkeit)** | | | | | | |
| Verwendung in der Forschung | | | | X | | Die DIN 8580-Norm ist in der wissenschaftlichen Literatur in der Domäne der Produktion etabliert. |
| Einsatz in der Praxis | | X | | | | In existierenden Produktionsumgebungen wird die Norm gelegentlich der Beschreibung von Fertigungsverfahren zugrunde gelegt. |
| **Einfluss auf Output-Artefakt (Relevanz)** | | | | | | |
| Direkter Einfluss auf Output-Artefakt | | | | | X | Die in dieser Norm definierten Fertigungsverfahren sind die Basis für die Beschreibung der Fähigkeiten im Output-Artefakt 2. |
| Austauschbarkeit des Input-Artefakts | | | | | X | Ohne diese Norm wäre die Beschreibung der Fähigkeiten nicht allgemeingültig möglich und somit wäre die Skalierbarkeit des PPS II-Systems stark gefährdet. |

Tabelle X-7: Bewertung des *IA 6: DIN EN ISO 9000 Qualitätsmanagementsysteme* nach TAVIAS

| Kriterium | Level 1 | Level 2 | Level 3 | Level 4 | Level 5 | Erläuterung |
|---|---|---|---|---|---|---|
| **Wissenschaftliche Fundierung (Glaubwürdigkeit)** | | | | | | |
| Transparenz des Entwicklungsprozesses | | | | | X | Als Standard folgt die DIN EN ISO 9000 der bekannten Entwicklungsprozedur für ISO-Normen. Als DIN und EN wurde sie nachträglich übernommen. |
| Wissenschaftliche Evaluierung des Artefakts | | | | | X | Das Potential der ISO 9000 wurde qualitativ und quantitativ erfolgreich evaluiert. |
| Methoden, die im Entwicklungsprozess zum Einsatz kommen | | | | | X | Es wurden die bewährten Methoden zur Entwicklung eines Standards, um die Anforderungen an Qualitätsmanagementsysteme zu definieren, angewendet. |
| **Verbreitung (Umsetzbarkeit)** | | | | | | |
| Verwendung in der Forschung | | | | | X | Die ISO 9000 ist zusammen mit der ISO 9001 der entscheidende Standard für Qualitätsmanagementsysteme in verschiedensten Domänen. |
| Einsatz in der Praxis | | | | | X | In der Praxis ist es ein Gütesiegel für ein Unternehmen, wenn es die in der ISO 9000-Familie definierten Prozesse implementiert. Dies wird somit von vielen Unternehmen versucht zu realisieren. |
| **Einfluss auf Output-Artefakt (Relevanz)** | | | | | | |
| Direkter Einfluss auf Output-Artefakt | | | X | | | Der ISO 9000-Standard definiert unter anderem die Fähigkeiten, die für die Qualitätsuntersuchung innerhalb des Produktionsprozesses im PPS II-System verantwortlich sind. |

| Kriterium | Level 1 | Level 2 | Level 3 | Level 4 | Level 5 | Erläuterung |
|---|---|---|---|---|---|---|
| **Austauschbarkeit des Input-Artefakts** | | | X | | | Wenn diese Untersuchungsverfahren durch die andere nicht standardisierte Qualitätsuntersuchungsverfahren ersetzt werden, hat dies auf das Gesamtkonzept nur insofern einen Einfluss, dass dann nicht mehr alle Fähigkeiten auf Standards basieren. Da die Qualitätsuntersuchungsverfahren jedoch einen sehr geringen Teil der Fähigkeiten ausmachen, hätte dies keine kritischen Auswirkungen. |

Tabelle X-8: Bewertung des *IA 7: SOA-Paradigma* nach TAVIAS

| Kriterium | Level 1 | Level 2 | Level 3 | Level 4 | Level 5 | Erläuterung |
|---|---|---|---|---|---|---|
| **Wissenschaftliche Fundierung (Glaubwürdigkeit)** | | | | | | |
| Transparenz des Entwicklungsprozesses | | | | X | | Die SOA hat sich aus vorherigen Architektur-paradigmen (z. B. OOA, EAI) und der Dienstleistungsidee entwickelt. Die Entwicklung der Idee der Registry ist schwer nachvollziehbar. |
| Wissenschaftliche Evaluierung des Artefakts | | | | X | | In verschiedenen Veröffentlichungen wurde das Potential von SOA evaluiert (z. B. [StT07]). |
| Methoden, die im Entwicklungsprozess zum Einsatz kommen | | | | X | | Die Entwicklung der SOA stützt sich auf Methoden der deduktiven Analyse, der iterativen Entwicklung, Gruppendiskussionen und anderer State of the Art-Methoden |
| **Verbreitung (Umsetzbarkeit)** | | | | | | |
| Verwendung in der Forschung | | | | X | | In der Forschung wird SOA als modernes Paradigma für Systemarchitekturen diskutiert. |
| Einsatz in der Praxis | | X | | | | Die Anwendung der SOA in praktischen Anwendungen beschränkt sich bislang noch auf vereinzelte Beispiele. Durchgesetzt hat sie sich bislang auch noch nicht in einer speziellen Domäne. |
| **Einfluss auf Output-Artefakt (Relevanz)** | | | | | | |
| Direkter Einfluss auf Output-Artefakt | | | | X | | Insbesondere die Architektur des PPS II-Systems baut auf dem SOA-Gedanken auf und, sodass die SOA einen integralen Bestandteil des Gesamtkonzeptes bildet. |
| Austauschbarkeit des Input-Artefakts | | | | X | | Ohne SOA wäre weder die Systemarchitektur noch die Funktionalität des PPS II-Systems so umsetzbar, wie sie beschrieben wird. |

Tabelle X-9: Bewertung des *IA 8: OOA-Paradigma* nach TAVIAS

| Kriterium | Level 1 | Level 2 | Level 3 | Level 4 | Level 5 | Erläuterung |
|---|---|---|---|---|---|---|
| **Wissenschaftliche Fundierung (Glaubwürdigkeit)** | | | | | | |
| Transparenz des Entwicklungsprozesses | | | | | X | Das OOA-Paradigma hat seinen Ursprung in den Programmiersprachen und eroberte nach und nach auch andere Gebiete. |
| Wissenschaftliche Evaluierung des Artefakts | | | | | X | Stärken und Schwächen sind in Literatur und Praxis sehr gut und umfassend evaluiert. |
| Methoden, die im Entwicklungsprozess zum Einsatz kommen | | | X | | | Für die Entwicklung der Programmiersprache wurden bekannte Werkzeuge genutzt. Die Übertragung auf andere Gebiete basiert auf der argumentativ-deduktiven Analyse. |
| **Verbreitung (Umsetzbarkeit)** | | | | | | |
| Verwendung in der Forschung | | | | | X | Sowohl in der Forschung als auch in der Praxis ist das OOA-Paradigma domänenübergreifend diskutiert und implementiert wurden. |
| Einsatz in der Praxis | | | | | X | |
| **Einfluss auf Output-Artefakt (Relevanz)** | | | | | | |
| Direkter Einfluss auf Output-Artefakt | | X | | | | SOA beruht auch auf Konzepten der OOA, sodass OOA indirekten Einfluss auf das PPS II-System hat. Außerdem wurde OOA als alternatives Architekturparadigma für das PPS II-System diskutiert. |
| Austauschbarkeit des Input-Artefakts | X | | | | | Da kein direkter Einfluss vorhanden ist, ist das OOA ohne Probleme ersetzbar. |

Tabelle X-10: Bewertung des *IA 9: AOA-Paradigma* nach TAVIAS

| Kriterium | Level 1 | Level 2 | Level 3 | Level 4 | Level 5 | Erläuterung |
|---|---|---|---|---|---|---|
| **Wissenschaftliche Fundierung (Glaubwürdigkeit)** ||||||||
| Transparenz des Entwicklungsprozesses | | | | X | | Ursprünge des AOA-Paradigmas sind in der OOA und in der Produktionstechnik zu finden. Von der Nutzung als Steuerungskonzept entwickelte es sich zum Paradigma. |
| Wissenschaftliche Evaluierung des Artefakts | | | | X | | Es existieren viele qualitative Evaluierungen, die das Konzept positiv bewerten. Die quantitativen Evaluierungen sind jedoch noch nicht zufriedenstellend. |
| Methoden, die im Entwicklungsprozess zum Einsatz kommen | | | X | | | Die AOA wurde aus vorherigen Konzepten mit bekannten Werkzeugen weiterentwickelt. Die Entwicklung zum Paradigma basiert auf der argumentativ-deduktiven Analyse. |
| **Verbreitung (Umsetzbarkeit)** ||||||||
| Verwendung in der Forschung | | | | X | | Es gibt zahlreiche wissenschaftliche Diskussionen zum AOA-Paradigma in verschiedenen Domänen. |
| Einsatz in der Praxis | | | X | | | Praktische Anwendungen der AOA gibt es hauptsächlich in der Domäne der Produktionssteuerung, aber auch in anderen Domänen (z. B. Elektronischer Markplatz). |
| **Einfluss auf Output-Artefakt (Relevanz)** ||||||||
| Direkter Einfluss auf Output-Artefakt | | X | | | | AOA wurde als alternatives Architekturparadigma für das PPS II-System diskutiert und Teile wurden auch prototypisch implementiert. |
| Austauschbarkeit des Input-Artefakts | X | | | | | Da die AOA auf die finale Architektur des PPS II-Systems keinen direkten Einfluss mehr hat, ist sie ohne Probleme ersetzbar. |

Tabelle X-11: Bewertung des *IA 10: Webservice-Technologie* nach TAVIAS

| Kriterium | Level 1 | Level 2 | Level 3 | Level 4 | Level 5 | Erläuterung |
|---|---|---|---|---|---|---|
| **Wissenschaftliche Fundierung (Glaubwürdigkeit)** | | | | | | |
| Transparenz des Entwicklungsprozesses | | | | X | | Als Technologie, welche auf Standards beruht, ist die Entwicklung von Webservices gut nachvollziehbar. |
| Wissenschaftliche Evaluierung des Artefakts | | | | X | | Das Potential von Webservices wurde qualitativ und quantitativ erfolgreich evaluiert. |
| Methoden, die im Entwicklungsprozess zum Einsatz kommen | | | | X | | Es wurden die bewährten Methoden zur Entwicklung eines Standards für SOAP, WSDL und UDDI angewendet. |
| **Verbreitung (Umsetzbarkeit)** | | | | | | |
| Verwendung in der Forschung | | | | X | | Das Konzept der Webservices ist nicht auf einzelne Domänen beschränkt, sondern wird als etabliertes Artefakt diskutiert. |
| Einsatz in der Praxis | | | | X | | Die praktische Umsetzbarkeit, konnte in vielen Produktivanwendungen verschiedener Domänen nachgewiesen werden. |
| **Einfluss auf Output-Artefakt (Relevanz)** | | | | | | |
| Direkter Einfluss auf Output-Artefakt | | | | X | | Die Webservice-Technologie ist integraler Bestandteil des PPS II-Systems. |
| Austauschbarkeit des Input-Artefakts | | | X | | | Soll die Webservice-Technologie ersetzt werden, bräuchte man eine andere webbasierte Kommunikationstechnologie, welche netzwerkübergreifende SOA unterstützen kann. Ohne die Basis auf einem Standard würde die PPS II-Systemarchitektur einige Vorteile verlieren. |

# i want morebooks!

Buy your books fast and straightforward online - at one of world's fastest growing online book stores! Environmentally sound due to Print-on-Demand technologies.

Buy your books online at

## www.get-morebooks.com

Kaufen Sie Ihre Bücher schnell und unkompliziert online – auf einer der am schnellsten wachsenden Buchhandelsplattformen weltweit! Dank Print-On-Demand umwelt- und ressourcenschonend produziert.

Bücher schneller online kaufen

## www.morebooks.de

VDM Verlagsservicegesellschaft mbH
Heinrich-Böcking-Str. 6-8
D - 66121 Saarbrücken

Telefon: +49 681 3720 174
Telefax: +49 681 3720 1749

info@vdm-vsg.de
www.vdm-vsg.de

Printed by Books on Demand GmbH, Norderstedt / Germany